元脱脱等撰

宋史

第三四册

卷三八一至卷三九六（傳）

中華書局

宋史卷三百八十一

列傳第一百四十

范如圭 吳表臣 王居正 晏敦復 黃龜年 程瑀 張闡
洪擬 趙逵

范如圭字伯達〔一〕，建州建陽人。少從舅氏胡安國受春秋。登進士第，授左從事郎、武安軍節度推官。始至，帥將斬人，如圭白其誤，帥爲已署不易也。如圭正色曰：「節下奈何重易一字而輕數人之命？」帥矍然從之。自是府中事無大小悉以咨焉。居數月，以憂去。辟江東安撫司書寫機宜文字。近臣交薦，召試秘書省正字，遷校書郎兼史館校勘。

秦檜力建和議，金使來，無所於館，將虛秘書省以處之。如圭亟見宰相趙鼎曰：「秘府，謨訓所藏，可使仇敵居之乎？」鼎竦然爲改館。既而金使至悖傲，議多不可從，中外憤鬱。如圭與同省十餘人合議，幷疏爭之，既具草，駭遽引却者衆。如圭獨以書責檜以曲學倍師、忘讎辱國之罪，且曰：「公不喪心病狂，奈何爲此，必遺臭萬世矣！」檜怒。草奏與史官六人上之。金歸河南地，檜方自以爲功。如圭輪對，言：「兩京之版圖既入，則九廟、八陵瞻望咫尺，今朝修之使未遣，何以慰神靈、萃民志乎？」帝泫然曰：「非卿不聞此言。」即日命宗室士㒟及張燾以行。檜以不先白己，益怒。

如圭謁告去，奉柩歸葬故鄉，既窆，差主管台州崇道觀。杜門十餘歲，起通判邵州，又通判荆南府。荆南舊戶口數十萬，寇亂後無復人迹，時蠲口錢以安集之，百未還一二也。議者希檜意，遽謂流庸浸復而增之，積逋二十餘萬緡，他負亦數十萬，版曹日下書責償甚急。如圭白帥，悉奏蠲之。

檜死，被旨入對，言：「爲治以知人爲先，知人以清心寡慾爲本。」語甚切。又論：「東南不舉子之俗，傷絕人理，請舉漢胎養令以全活之，抑亦勾踐生聚報吳之意也。」帝善其言。又奏：「今屯田之法，歲之所穫，官盡征之。而田卒賜衣廩食如故，使力穡者絕贏餘之望〔三〕，惰農者無飢餓之憂，貪小利，失大計，謀近效，妨遠圖，故久無成功。宜籍荆、淮曠土，畫爲丘井，倣古助法，別爲科條，令政役法，則農利修而武備飭矣。」

以直祕閣提舉江西常平茶鹽移利州路提點刑獄，以病請祠。時宗藩並建，儲位未定，道路竊有異言。如圭在遠外，獨深憂之，掇至和、嘉祐間名臣奏章凡三十六篇，合爲一書，囊封以獻，請深考羣言，仰師成憲，斷以至公勿疑。或以越職危之，如圭曰：「以此獲罪，奚憾！」帝感悟，謂輔臣曰：「如圭可謂忠矣。」即日下詔以普安郡王爲皇子，進封建王。復起如圭知泉州。

南外宗官寄治郡中，挾勢爲暴，占役禁兵以百數，如圭以法義正之，宗官大沮恨，密爲浸潤以去如圭，遂以中旨罷，領祠如故。僦舍邵武以居，士大夫高之，學者多從之質疑。卒年五十九。

如圭忠孝誠實，得之於天。其學根於經術，不爲無用之文。所草具屯田之目數千言，未及上，張浚視師日，奏下其家取之，浚罷，亦不果行。有集十卷，皆書疏議論之語，藏于家。子念祖、念德、念兹。

吳表臣字正仲，永嘉人。登大觀三年進士第，擢通州司理。陳瓘謫居郡中，一見而器之。盛章者，朱勔黨也，嘗市婢，有武臣彊取之，章誣以罪，繫獄。表臣方鞫之，郡將曰：「知有盛待制乎？」表臣佯若不知者，卒直其事。累官監察御史，遷右正言。

高宗詔臺諫條陳大利害，表臣請措置上流以張形勢，安輯淮甸以立藩蔽，擇民兵以守險阻，集海舶以備不虞。其策多見用。帝方鄉儒術，表臣乞選講官以裨聖德，且於古今成敗、民物情僞、邊防利害，詳熟講究。由是詔開經筵。邇臣有請用蔡京、王黼之黨者，侍御史沈與求乞明指其人，顯行黜責，執政不悅，奪其言職。表臣爭曰：「臺諫爲天子耳目，所以防壅蔽、杜姦邪，若咎其切直而黜之，後誰敢言，非國家福也。請還與求以開言路。」

時防秋，議選守邊者，患乏才。表臣曰：「唐蕭復言於德宗，陳少游任兼將相，首敗臣節，韋皋幕府下僚，獨建忠義，以皋代少游鎭淮南。善惡著明，則天下知逆順之理，初不以皋名賤官卑爲疑。今取忠義不屈有已試之驗者，不次而用，豈特可以勸，扞禦方略，亦堪倚仗。」於是陳敏等十數人寖以錄用。久之，以病請補外，以直祕閣知信州。

紹興元年，召爲司勳郎中，遷左司。詔百官陳裕國彊兵之策，表臣條十事以獻，曰：蠲稅役以墾閑田，汰儒卒以省兵費，罷添差以澄冗員，停度牒以蕃生齒，拘佃租以防乾沒，委計臣以制邦用，奬有功以厲將帥，招弓手以存舊籍，嚴和買以絕弊倖，簡法令以息瘡痍。

宰相擬表臣爲檢正，帝曰：「朕將自用之。」遂除左司諫。給事中胡安國以論事不合罷，表臣上疏留之。前宰相朱勝非同都督江、淮軍馬，表臣力言都督不可罷。除侍讀，又累疏爭之，不聽，遂罷。表臣送吏部。授台州黃巖丞，尋除提點浙西刑獄，召爲秘書少監，同修哲宗實錄。

帝如建康，詔表臣兼留司參議官，除中書舍人、給事中、兵部侍郎。建、崇二國公就外傅，兼翊善。帝曰：「二國公誦習甚進，卿力也。」徙禮部侍郎，遷吏部尚書兼翰林學士。時秦檜欲使使金議地界，指政事堂曰：「歸來可坐此。」表臣不答。又以議大禮忤意，罷去。

俄起知婺州。會大水，發常平米振貸之，然後以聞，郡人德之。課最，除敷文閣待制。三歲請祠，進直學士，提舉江州太平興國宮。家居數年，卒，年六十七。

表臣晚號湛然居士，自奉無異布衣時，鄉論推其清約。

王居正字剛中，揚州人。少嗜學，工文辭。入太學，時習新經、字說者，主司輒置高選，居正語人曰：「窮達自有時，心之是非，可改邪？」流落十餘年，司業黃齊得其文，曰：「王佐才也。」及同知貢舉，欲擢爲首，以風多士，他考官持之，置次選。調饒州安仁丞、荆州教授，皆不赴。大名、鎮江兩帥交辟教授府學，亦不就。

范宗尹薦于朝，召至，謂宗尹曰：「時危如此，公不極所學，拔元元塗炭中，尙誰待？居正避寇陽羨山間，勉出見公，一道此意爾。」宗尹愧謝。入對，奏：「昔人有云：『君以爲難，易將至矣。』今日之事，朝廷皆曰難，則當有易爲之理。然國勢日弱，敵氣日驕，何邪？蓋昔人於難者勉強爲之，今以爲難，不復有所爲，以俟天意自回，強敵自斃也。宣和末，以爲難者十五六，至靖康與宣和孰難？靖康末，以爲難者十八九，至建炎與靖康孰難？由此而言，今日雖難於前日，安知他日不難於今日？蓋宣和以爲難，故有靖康之禍；靖康以爲難，故有今日之憂。今而亦云，臣有所不忍聞。」高宗嘉之，諭宗尹曰：「如王居正人才，歲月間得一人亦幸矣。」

除太常博士，遷禮部員外郎。建議合祭天地於明堂，請奉太祖、太宗配，宗尹是之，議遂定，天地復合祭。侍御史沈與求劾宗尹，因及居正，宗尹去，居正乞補外，不許。撫州守高衞言甘露降于州之祥符觀，爲圖以獻。居正論今日恐非天降祥瑞之時，却其圖。

試太常少卿兼修政局參議，遷起居郎。帝方鄉規諫，居正次前世聽納事爲集諫十五卷，以廣帝意。詔以時務訪羣臣，居正獻疏數千言，論省費尤切，曰：「宋興百七十三年矣，所行多彌文之事。今陛下所至曰行在，於一日二日少駐蹕之頃，欲盡爲向者百七十三年之事，非所謂知變也。夫不知隨時以省事，而乃隨事以省費，故今日例有減半之說，究其實未始不重費。願詔大臣計百事之實而論定之，苟非禦寇備敵，任賢使能，振恤百姓，一切姑置，則費省而國裕。」

居正素與秦檜善，檜爲執政，與居正論天下事甚銳，既相，所言皆不酬。居正疾其詭，見帝言曰：「秦檜嘗語臣：『中國人惟當着衣噉飯，共圖中興。』臣心服其言。又自謂『使檜爲相數月，必聳動天下。』今爲相施設止是，願陛下以臣所聞問檜。」檜銜之，出居正知婺州。州貢羅，舊制歲萬匹，崇寧後增五倍，建炎中減爲二萬。至是，主計者請復崇寧之數，居正力言于朝，戶部督趣愈峻，居正置檄不行，語其屬曰：「吾願身坐，不以累諸君。」呼吏爲文書付之曰：「卽有譴，以此自解。」復手疏「五不可」以聞。詔如建炎中數。漕司市御炭，須胡桃文、鵓鴿色者，居正曰：「民以炭自業者，率居山谷，安知所謂胡桃文、鵓鴿色耶？」入朝以聞，詔止之。

召爲太常少卿，遷起居舍人兼權中書舍人、史館修撰。帝欲遷趙令懬大中大夫，居正奏：「官非侍從不可轉，此祖宗法，若令懬以庶官得遷，則宗室爲承宣者，不旋踵求爲節度，何以却之？」遂寢其命。上書人陳東、歐陽澈已贈官，居正乞重貶黃潛善、汪伯彥，以彰二子殺身成仁之美。大將張俊遣卒至彭澤，卒故縣吏，怙俊勢侵辱令，令郭彥恭械之，俊訴于朝，帝爲罷彥恭。居正言：「彥恭不畏彊禦，無可罪。」俊又乞免徭役，居正言：「兵興以來，士大夫及勳戚家賦役與編戶均，蓋欲貴賤上下，共濟國事，以寬民力，俊反不能體此乎？」和州請蠲進奉大禮絹，居正言：「大禮進奉，乃臣子享上之誠，初非朝廷取於百姓之物，若察民力無所從出，不能預降旨蠲之，至使州縣自陳，已爲非是，乞速如所請。」除目有自中出者，居正奏：「近習請託，進擬不自朝廷，所繫非輕。」因錄皇祐詔書以進。帝皆嘉納。

兼權直學士院，又除兵部侍郎。入對，以所論王安石父子之言不合於道者，裒得四十二篇，名曰辨學，上之。又曰：「陛下惡安石之學，嘗於聖心灼見，其弊安在？」帝曰：「安石之學，雜以伯道，欲效商鞅富國彊兵，今日之禍，人徒知蔡京、王黼之罪，而不知生於安石。」居正曰：「安石得罪萬世者不止此。」因陳安石釋經無父無君者。帝作色曰：「是豈不害名教邪？孟子所謂邪說，正謂是矣。」居正退，序帝語繫於辨學首。

出知饒州，尋改吉州〔三〕。侍御史謝祖信劾居正凶暴詭詐，傾陷大臣，罷官，屏居括蒼三載。其弟駕部郎居修入對，帝曰：「卿兄今安在？行大用矣。」中書舍人劉大中侍帝，論制誥，帝曰：「王居正極得詞臣體。」侍御史蕭振論守令賢否，帝舉居正守婺免貢羅、御炭事，曰：「守臣愛百姓皆如此，朕復何憂。」

起知温州。是時檜專國，居正自知不爲所容，以目疾請祠，杜門，言不及時事，客至談論經、史而已。檜終忌之，風中丞何鑄劾居正爲趙鼎汲引，欺世盜名，奪職奉祠，凡十年。檜死，復故職。紹興二十一年卒，年六十五。

居正儀觀豐偉，聲音洪暢。奉祿班兄弟宗族，無留者。郊祀恩以任其弟居厚，及卒，季子猶布衣。其學根據六經，楊時器之，出所著三經義辨示居正曰：「吾舉其端，子成吾志。」

居正感厲，首尾十載爲書辨學十三卷，詩辨學二十卷，周禮辨學五卷，辨學外集一卷。居正既進其書七卷，而楊時三經義辨亦列祕府，二書既行，天下遂不復言王氏學。

晏敦復字景初，丞相殊之曾孫。少學于程頤，頤奇之。第進士，爲御史臺檢法官。紹興初，大臣薦，召試館職，不就。特命祠部郎官，遷吏部，以守法忤呂頤浩，出知貴溪縣。會有爲敦復直其事者，改通判臨江軍，召爲吏部郎官、左司諫、權給事中，爲中書門下省檢正諸房公事。

淮西宣撫使劉光世請以淮東私田易淮西田，帝許之。敦復言：「光世帥一道，未聞爲朝廷措置毫髮，乃先易私畝。比者岳飛屬官以私事干朝廷，飛請加罪，中外稱美，謂有古賢將風。光世自處必不在飛下，乞以臣言示光世，且令經理淮南，收撫百姓，以爲定都建康計，中興有期，何患私計之未便。」權吏部侍郎兼詳定一司敕令。

渡江後，庶事草創，凡四選格法多所裁定。敦復素剛嚴，居吏部，請謁不行，銓綜平允，除給事中。冬至節，旨下禮部，取度牒四百充賜予。敦復奏：「兵興費廣，凡可助用度者尤當惜，矧兩宮在遠，陛下當此令節，欲奉一觴爲萬歲壽不可得，有司乃欲舉平時例行慶賜乎？」遂寢。有卒失宣帖，得中旨給據，太醫吳球得旨免試，敦復奏：「一卒之微，乃至上瀆聖聽，醫官免試，皆壞成法。自崇寧、大觀以來，姦人欺罔，臨事取旨，謂之『暗嬴指揮』，紀綱敗壞，馴致危亂，正蹈前弊，不可長也。」汪伯彥子召嗣除江西監司，敦復論：「伯彥姦庸誤國，其子素無才望，難任澄清。」改知袁州。又奏：「召嗣既不可爲監司，亦不可爲守臣。」居右省兩月，論駁凡二十四事，議者憚之。復爲吏部侍郎。

彗星見，詔求直言。敦復奏：「昔康澄以『賢士藏匿，四民遷業，上下相徇，廉恥道消，毀譽亂眞，直言不聞，爲深可畏』。臣嘗卽其言考已然之事，多本於左右近習及姦邪以巧佞轉移人主之意。其惡直醜正，則能使賢士藏匿；其造爲事端，則能使四民遷業；其委曲彌縫，則能使上下相徇；其假寵竊權，簧鼓流俗，則能使廉恥道消；其誣人功罪，則能使毀譽亂眞；其壅蔽聰明，則能使直言不聞。臣願防微杜漸，以助應天之實。」又論：「比來百司不肯任責，瑣屑皆取決朝省，事有不當，上煩天聽者，例多取旨。由是宰執所治煩雜，不減有司，天子聽覽，每及細務，非所以爲政。願詳其大，略其細。」

八年，金遣使來要以難行之禮，詔侍從、臺諫條奏所宜。敦復言：「金兩遣使，直許講和，非畏我而然，安知其非誘我也。且謂之屈己，則一事既屈，必以他事來屈我。今所遣使以詔諭爲名，儻欲陛下易服拜受，又欲分廷抗禮，還可從乎？苟從其一二，則此後可以號令我，小有違異，卽成釁端，社稷存亡，皆在其掌握矣。」時秦檜方力贊屈己之說，外議羣起，計雖定而未敢行。勾龍如淵說檜，宜擇人爲臺官，使擊去異論，則事遂矣。於是如淵、施廷臣、莫將皆據要地，人皆駭愕。敦復同尙書張燾上疏言：「前日如淵以附會和議得中丞，今施廷臣又以此躋橫榻，衆論沸騰，方且切齒，莫將又以此擢右史。夫如淵、廷臣庸人，但知觀望，將則姦人也。陛下奈何與此輩斷國論乎？乞加斥逐，杜羣枉門，力爲自治自彊之策。」既又與燾等同班入對，爭之。檜使所親諭敦復曰：「公能曲從，兩地旦夕可至。」敦復曰：「吾終不爲身計誤國家，況吾薑桂之性，到老愈辣，請勿言。」檜卒不能屈。

胡銓謫昭州，臨安遣人械送貶所。敦復往見守臣張澄曰：「銓論宰相，天下共知，祖宗時以言事被謫，爲開封者必不如是。」澄媿謝，爲追還。始檜拜相，制下，朝士相賀，敦復獨有憂色曰：「姦人相矣。」張致遠、魏矼聞之，皆以其言爲過。至是竄銓，敦復謂人曰：「頃言秦之姦，諸君不以爲然，今方專國便敢爾，他日何所不至耶？」

權吏部尙書兼江、淮等路經制使。故事，侍從過宰相閤，既退，宰相必送數步。敦復見檜未嘗送，每曰：「人必自侮而後人侮之。」尋請外，以寶文閣直學士知衢州，提舉亳州明道宮。閑居數年卒，年七十一。

敦復靜默如不能言，立朝論事無所避。帝嘗謂之曰：「卿鯁峭敢言，可謂無忝爾祖矣。」

黃龜年字德邵，福州永福人。登崇寧五年進士第，調洺州司理參軍，累官河北西路提舉學士〔四〕。呂頤浩見而奇之，入爲太常博士。

靖康元年，除吏部員外郎，拜監察御史，尋除尚書左司員外郎、中書門下檢正諸房公事，充修政局檢討官。乞令檢正官察通進司，帝從其請。時頤浩再相，植黨傾秦檜，引朱勝非奉京祠兼侍讀，恐中書舍人胡安國持錄黃不下，特命龜年書行，議者譏其侵官。

遷殿中侍御史。會邊報王倫來歸，龜年劾檜專主和議，沮止恢復，植黨專權，漸不可長。乃上書曰：「臣聞一言而盡事君之道曰忠，罪莫大於欺君；一言而盡輔政之道曰公，罪莫大於私己。臣人者背公而徇私，則刑賞僭濫。慮人主之照其姦，則合黨締交，相與比周，熒惑主聽。故附下罔上之黨盛，而威福之柄下移，禍有不可勝言者。伏見秦檜還自金國，陛下驟任，不一年而超至宰輔，乃不顧國家，盜威福在己，欲永塞言路。」書上，檜罷，併劾檜黨王喚、王昞、王守道，皆罷之。檜乃授觀文殿大學士、提舉江州太平觀，官如故。龜年又奏：「比論檜徇私欺君，合正典刑，投諸裔土，以禦魑魅。今乃任便居住，雖陛下曲全大臣之禮，秦檜姦狀暴露，復寵以儒學最上職名，俾優游琳館，聽其自如。律斷羣盜，必分首從，爲之從者皆已伏誅，獨置渠魁可乎？」又曰：「臣聞恩莫隆於父子，義莫重於君臣。不義則後其君，不仁則遺其親。君親既然，則何忌憚而不爲。檜厚貌深情，矯言僞行，進迫君臣之勢，陽爲面從；退恃朋比之姦，陰謀沮格。上不畏陛下，中不畏大臣，下不畏天下之議，無忌憚如此。欺君私己，有一卽可黜，况檜之欺與私顯著者爲多乎？」章凡三上，遂褫檜職。復上章曰：「檜行詭而言譎，外縮而中邪，以巧詐取相位，姦回竊國柄，收召險佞，蟠結黨與。陛下以智臨而辨之早，以剛决而去之速，故端人正士，舉手相慶，蓋以公天下之同惡耳。臣願陛下發明詔，以檜潛慝隱惡暴白於天下，使知陛下數易相位眞不得已也；又所以破爲臣姦膽，庶朋比之風不復作矣。」除太常少卿，累遷起居舍人、中書舍人兼給事中。

侍御史常同言龜年陰結大臣，致身要地，又交結諸將，趣操不正，罷歸。司諫詹大方希檜意劾龜年附麗匪人，搢紳不齒，落職，本貫居住。卒，六十三。

龜年微時，永福簿李朝旌奇之，許妻以女。龜年既登第，而朝旌已死，家貧甚。或勸龜年別娶，龜年正色曰：「吾許以諾，死而負之，何以自立。」遂娶之。任子恩，先奏其弟之子，人皆義之。子衡，仕至湖南提舉。

程瑀字伯寓，饒州浮梁人。其姑臧氏婦，養瑀爲子，姑沒，始復本姓。少有聲太學，試爲第一，累官至校書郎。爲臧氏父母服，服闋，除兵部員外郎。適高麗使回，充送伴使。先是，使者往返江、浙間，調挽舟夫甚擾，有詔禁止。提舉人舡王珣畫別敕，遇風逆水澁許調夫。瑀渡淮，見民丁挽舟如故，遂劾珣，珣反奏瑀違御筆。詔命淮南提舉潘良貴核實，良貴奏珣言非是。

金人入侵，求可使者，瑀請往。未行，會欽宗卽位，議割三鎭，命瑀往河東，秦檜往河中。瑀奏：「臣願奉使，不願割地。」不報。至中山，諸將已得密諭，城守不下。瑀與金使王汭俱至燕山。還，除左正言，卽言股肱大臣莫肯以身任天下事，且論：「欲慕祖宗而遹追無術，欲斥奄宦而寵任益堅，欲鋤姦惡而薄示典刑，欲汰濫謬而苟容僥倖，兼聽而不能行其言，委任而不能責其效，苟且之習復成，黨與之私寖廣，最時病之大者。」帝曰：「朕非不知此，慮有未盡，決意行之有失耳。」瑀曰：「事固當熟慮，然優柔不斷，實隳事功。」帝問：「李綱宣撫兩路，外議謂何？」瑀曰：「僉論固以爲宜。然綱前與大臣議論不合，須賴聖明照察其心，任之無疑可也。」

金酋斡离不、粘罕爭功，故斡离不欲和，粘罕欲戰，朝廷遣人齎蠟書約余覩，皆爲粘罕所得。瑀因言：「金兵圍我重鎭，數月不能解，豈能出塞共謀人之國。莫若遣使議和，然謹飭邊備，徐觀其變。」使未行。瑀復言：「徐處仁庸俗，吳敏昏懦，唐恪傾險，政事所以不振。請盡黜免，別選英賢，共圖大計。」帝嘉納之。

時御史李光言星變，帝疑以問瑀，對言：「陛下毋問有無，第正事修德，則變異可消。」瑀嘗論蔡京罪，帝因言吳敏庇京，又疑光黨京，謂瑀曰：「須卿作文字來。」瑀辭。改屯田郎官，謫添監潭州鹽稅。

高宗卽位，召爲司封員外郎，遷光祿少卿、國子司業。請祠，主管亳州明道宮。尋召赴行在，疏十事以獻。除直秘閣、提點江東刑獄，召爲太常少卿，遷給事中兼侍講。

建修政局，其目曰省費裕國、彊兵息民。瑀條上十四事，皆切時務。時三衙單弱，五軍多出於盜，瑀言：「李捧、崔增輩各將其徒，張俊、王𤫉本無兵機，今呂頤浩出征，卽捧、增輩便可使隸戎行。」帝因言：「頤浩熟於軍事，在外總諸將，檜在朝廷，庶幾內外相應，然檜誠實，但太執耳。」瑀曰：「如求機警能順旨者，極不難得，但不誠實，則終不可倚。」帝然之。

權邦彥除簽書樞密院，瑀言邦彥五罪，疏三上，不報。求罷，除兵部侍郎，不拜，以敷文閣待制知信州。侍御史江公躋、左司諫方公孟卿〔五〕言瑀不可去，復以爲給事中。久之，復命知信州。胡安國、劉一止言：「瑀忠信可以備獻納，正直可以司風憲，不宜去。」遂復留。頤浩薦席益，既得旨，以御批示後省官。瑀曰：「益爲人公豈不知，何必用？」頤浩曰：「給事不見御批耶？」璹曰：「已見矣。公不能執奏，乃先示璹輩，欲使不敢論駮耶？然益之來，非公福也。」頤浩赧然，卽劾益。未幾，以言者罷，提舉亳州明道宮，尋復徽猷閣待制、知撫州，無何，提舉江州太平興國宮。

居父母喪，服除，知嚴州，徙宣州，復奉祠。俄召赴行在，除兵部侍郎兼侍讀。因論：「鄧禹嘗言『興衰在德厚薄，初不論大小』。光武不數年定大業，禹言如合符契。今英俊滿朝，豈無爲陛下畫至計者，願厲志而已。」尋遷翊善。論金人入侵，未嘗一大衄，有輕我心，豈可保其不背盟。宜省費抑末，常賦外一毫不取於民，民日益厚，兵日益彊，使金人不敢窺，爲長計。」帝曰：「且作十年。」璹再拜曰：「十年之說，願陛下早夜毋忘。」除兵部尚書。

檜旣主和，璹議論不專以和爲是，檜忌之，改龍圖閣學士、知信州。會大水，檜見璹奏牘，謂同列曰：「堯之洪水，不至如是。」璹遂稱疾，提舉江州太平興國宮。坐通書李光，降朝議大夫，卒，年六十六。

璹在朝無詭隨，嘗爲論語說，至「弋不射宿」，言孔子不欲陰中人。至「周公謂魯公」，則曰可爲流涕。洪興祖序述其意，檜以爲譏己，逐興祖。魏安行鋟版京西漕司，亦奪安行官，籍其家，毀版。檜死，璹子孫乃免錮云。有奏議六卷。

張闡字大猷，永嘉人。幼力學，博涉經史，善屬文。將命名，夢神人大書「闡」字曰：「以是名爾。」父異之，力勉其爲學。未冠，由舍選貢京師。

登宣和六年進士第，調嚴州兵曹掾兼治右獄。時方臘作亂，闡倡守禦計。有義士請身督戰，既戰，稍却，州將怒，付闡治，將殺之，闡力爭曰：「是士以義請戰，官軍却，勢不得獨前，非首奔者，殺之何罪？」州將意解，士得免。

李回帥江西，席益帥湖南，皆辟置幕下。羣盜據洞庭，官軍多西北人，不閑水戰。闡建策造戰艦，以大艦爲營，小艦出戰，乘水涸直擣賊巢，賊勢以衰。諸司交薦，改秩，吏部以徵文沮之，闡弗辯，求嶽祠歸。歷鄂、台二州教授。

紹興十年，詔侍從各舉所知，給事中林待聘以闡聞，召對。時金人議和，歸關中地。闡首言：「關中必爭之地，古號天府，願固守以蔽巴蜀，圖中原。」次言監司、郡守薦舉之弊。又乞嚴禁遏糴，以濟江、浙水患。召試館職，除秘書省正字，遷校書郎兼吳、益王府教授。時諸將恃功邀爵賞，有過則姑息，又兵布於外，禁衞單寡，闡上疏極論之。後稍進退諸將必當其實，且召諸道兵以益禁旅，皆如闡言。

十三年，遷秘書郎兼國史院檢討官。秦檜每薦臺諫，必先諭以己意，嘗謂闡曰：「秘書久次，欲以臺中相處何如？」闡謝曰：「丞相見知，得老死秘書幸矣！」檜默然，竟罷，主管台州崇道觀，歷泉、衢二州通判。

二十五年冬，帝躬攬萬機，起闡提舉兩浙路市舶，入爲御史臺檢法官，升吏部員外郎。孝宗在王邸，帝妙選宮僚，謂「莊重老成無踰闡者」，改命祠部兼建王府贊讀。

三十一年春，大雨，無麥苗，荆、浙盜起，詔侍從、臺諫條陳弭災、禦盜之術。闡上疏曰：「和議以來，歲有聘幣，民不堪命，臣願陛下毋以金人困中國可乎？歸正人時有遣還之命，怨聲聞道路，臣願陛下毋使金人得以甘心可乎？州縣吏職卑地遠，漁奪之禍被于編籍，臣願陛下嚴贓吏之誅可乎？蠲租之令，已赦復征，寬大之澤例爲虛文，臣願陛下申詔令之禁可乎？是數者能次第行之，則足以動天地，召和氣，災異、盜賊不足慮也。」又言：「金主亮將入侵，宜守要害，防海道，三邊不可無良將，督視不可無大帥。」疏奏，帝嘉納，面諭曰：「卿所言深中時病，但遣人北歸，已載約書，朕不忍渝也。」遷將作監，進宗正少卿。

三十二年，孝宗卽位，闡權工部侍郎兼侍講，入謝，言：「諸將以敗爲捷，冒受爵秩，州廂禁軍因覃霈鼓譟，希厚賞，不可不正其罪。」時悉爲施行。

金主亮死，葛王褒復求和，再議遣使。闡言：「宜嚴遣使之命，正敵國之禮，彼或不從，則有戰爾。如是，則中國之威可以復振。」帝曰：「使者報聘，故事也，舊約不從，朕志定矣。」

是冬，給札侍從、臺諫條具時務，闡上十事皆剴切。當時應詔數十人，惟闡與國子司業王十朋指陳時事，斥權倖，無所回隱。明日，召兩人對內殿，帝大加稱賞，賜酒及御書。時進太上皇帝、太上皇后册寶，工部例進官，闡辭。或曰：「公轉一階，則澤可以及子孫，奈何辭？」闡笑曰：「寶册非吾功也，吾能爲子孫冒無功賞乎？」

隆興元年，眞拜工部侍郎。闡奏：「臣去冬乞守禦兩淮，陛下謂春首行之，夏秋當畢，今其時矣。」帝曰：「江、淮事盡付張浚，朕倚浚爲長城。」會督府請受蕭琦降，詔問闡，闡請受其降。俄報王師收復靈壁縣，闡慮大將李顯忠，邵宏淵深入無援，奏請益兵殿後。已而王師果失利，衆論歸罪於戰。闡曰：「陛下出師受降是也。諸將違節度且無援而敗，當矯前失，安可遽沮銳氣。」帝壯其言，益出御前器甲付諸軍，手詔勞浚，軍聲復振。

時數易臺諫，闡力言之，請增廣諫員。帝曰：「臺諫好名，如某人但欲得直聲而去。」闡曰：「唐德宗疑姜公輔爲賣直，陸贄切諫，願陛下深以爲鑒。」帝再三嘉獎。

金人求和，帝與闡議，闡曰：「彼欲和，畏我耶？愛我耶？直款我耳。」力陳六害不可許。帝曰：「朕意亦然，姑隨宜應之。」帝記「賣直」之語，謂：「胡銓亦及此。朕非拒諫者，辨是非耳。」闡曰：「聖度當如天，奈何與臣下爭名。」帝曰：「卿言是也。」頃之，除工部尙書兼侍讀。

金副元帥紇石烈志寧以書諭通好，所請三事，國書、歲幣之議已定，惟割唐、鄧、海、泗未決，將遣王之望、龍大淵通問，而衆言紛紛不已。闡謂：「不與四州乃可通和，議論先定乃可遣使，今彼爲客，我爲主，我以仁義撫天下，彼以殘酷虐吾民，觀金勢已衰，何必先示以弱。」朝論韙之。

帝用眞宗故事，命經筵官二員遞宿學士院，以備顧問，闡入對尤數。屢引疾乞骸骨，帝不忍其去。二年，闡請益力，迺除顯謨直學士、提舉太平興國宮。陛辭，帝問所欲言，闡奏：「許和則忘祖宗之讎，棄四州則失中原之心，遣歸正人則傷忠義之氣。惟陛下毋忘老臣平昔之言。」其指時事尤諄切，帝眷益篤。諭以秋涼復召，加賜金犀帶，特許佩魚。居家踰月卒，年七十四。特贈端明殿學士。

朱熹嘗言：「秦檜挾敵要君，力主和議，羣言勃勃不平。檜既摧折忠臣義士之氣，遂使士大夫懷安成習。至癸未和議，則知其非者鮮矣。朝論間有建白，率雜言利害，其言金人世讎不可和者，惟胡右史銓、張尙書闡耳。」子叔椿。

洪擬字成季，一字逸叟，鎭江丹陽人。本弘姓，其先有名璆者，嘗爲中書令，避南唐諱，改今姓。後復避宣祖廟諱，遂因之。

擬登進士甲科。崇寧中爲國子博士，出提舉利州路學事，尋改福建路。坐譴，通判鄆州，復提舉京西北路學事，歷湖南、河北東路。宣和中，爲監察御史，遷殿中，進侍御史。時王黼、蔡京更用事，擬中立無所附會。殿中侍御史許景衡罷，擬亦坐送吏部，知桂陽軍，改海州。時山東盜起，屢攻城，擬率兵民堅守。

建炎間，居母憂，以秘書少監召，不起。終喪，爲起居郎、中書舍人，言：「兵興累年，饋餉悉出於民，無屋而責屋稅，無丁而責丁稅，不時之須，無名之斂，殆無虛日，所以去而爲盜。今關中之盜不可急，宜求所以弭之，江西之盜不可緩，宜求所以滅之。夫豐財者政事之本，而節用者又豐財之本也。」高宗如越，執政議移蹕饒、信間，擬上疏力爭，謂「舍四通五達而趨偏方下邑，不足以示形勢、固守禦。」

遷給事中、吏部尚書，言者以擬未嘗歷州縣，以龍圖閣待制知溫州。宣撫使孟庾總師討閩寇，過郡，擬趣使赴援。庾怒，命擬犒師。擬借封樁錢用之，已乃自劾。賊平，加秩一等，召爲禮部尚書，遷吏部。

渡江後，法無見籍，吏隨事立文，號爲「省記」，出入自如。至是修七司敕令，命擬總之，以舊法及續降指揮詳定成書，上之。

金人再攻淮，詔日輪侍從赴都堂，給札問以攻守之策。擬言：「國勢彊則戰，將士勇則戰，財用足則戰，我爲主、彼爲客則戰。陛下移蹕東南，前年幸會稽，今年幸臨安，興王之居，未有定議，非如高祖在關中、光武在河內也。以國勢論之，可言守，未可言戰。」擬謂時相姑議戰以示武，實不能戰也。

紹興三年，以天旱地震詔羣臣言事，擬奏曰：「法行公，則人樂而氣和；行之偏，則人怨而氣乖。試以小事論之：比者監司、守臣獻羨餘則黜之，宣撫司獻則受之，是行法止及疏遠也。有自庶僚爲侍從者，臥家視職，未嘗入謝，遂得美職而去，若鼓院官移疾廢朝謁，則斥罷之，是行法止及冗賤也。榷酤立法甚嚴，犯者籍家財充賞，大官勢臣連營列障，公行酤賣則不敢問，是行法止及孤弱也。小事如此，推而極之，則怨多而和氣傷矣。」尋以言者罷爲徽猷閣直學士、提舉江州太平觀。始，擬兄子駕部郎官興祖與擬上封事侵在位者，故父子俱罷。起知溫州，提舉亳州明道宮。卒，年七十五，諡文憲。

初，擬自海州還居鎭江。趙萬叛兵逼郡，守臣趙子崧戰敗，遁去。擬挾母出避，遇賊至，欲兵之，擬曰：「死無所避，願勿驚老母。」賊舍之。他賊又至，臨以刃，擬指其母曰：「此吾母也，幸勿怖之。」賊又舍去。有淨智先生集及注杜甫詩二十卷。

趙逵字莊叔，其先秦人，八世祖處榮徙蜀，家於資州。逵讀書數行俱下，尤好聚古書，考歷代興衰治亂之迹，與當代名人鉅公出處大節，根窮底究，尙友其人。紹興二十年，類省奏名，明年對策，論君臣父子之情甚切，擢第一。時秦檜意有所屬，而逵對獨當帝意，檜不悅。卽罷知舉王曮，授逵左承事郎、簽書劍南東川。帝嘗問檜，趙逵安在？檜以實對。久之，帝又問，除校書郎。逵單車赴闕，征稅者希檜意，搜行橐皆書籍，才數金而已。旣就職，未嘗私謁，檜意愈恨。

逵賡御製芝草詩，有「皇心未敢宴安圖」之句，檜見之怒曰：「逵猶以爲未太平耶？」又謂逵曰：「館中祿薄，能以家來乎？」逵曰：「親老不能涉險遠。」檜徐曰：「當以百金爲助。」逵唯唯而已。又遣所親申前言，諷逵往謝，逵不答，檜滋怒，欲擠之，未及而死。

帝臨哭檜還，卽遷逵著作佐郎兼權禮部員外郎。帝如景靈宮，秘省起居惟逵一人。帝屢目逵，卽日命引見上殿，帝迎謂曰：「卿知之乎？始終皆朕自擢。自卿登第後，爲大臣沮格，久不見卿。秦檜日薦士，未嘗一語及卿，以此知卿不附權貴，眞天子門生也。」詔充普安郡王府敎授。逵奏：「言路久不通，乞廣賜開納，勿以微賤爲間，庶幾養成敢言之氣。」帝嘉納之。普安府勸講至戾太子事，王曰：「於斯時也，斬江充自歸於武帝，何如？」逵曰：「此非臣子所能。」王意蓋有所在也。

二十六年，遷著作郎，尋除起居郎。入謝，帝又曰：「秦檜炎炎，不附者惟卿一人。」逵曰：「臣不能效古人抗折權姦，但不與之同爾，然所以事宰相禮亦不敢闕。」又曰：「受陛下爵祿而奔走權門，臣不惟不敢，亦且不忍。」明年同知貢舉，盡公考閱，以革舊弊，遂得王十朋、閻安中。

始，逵未出貢闈，蔣璨除戶部侍郎，給事中辛次膺以璨交結希進，還之。帝怒，罷次膺，付逵書讀，逵不可，璨以此出知蘇州，次膺仍得次對，逵兼給事中。未幾，除中書舍人，登第六年而當外制，南渡後所未有也。帝語王綸曰：「趙逵純正可用，朕於蜀士未見其比。朕所以朿二歲令至此，報其不附權貴也。」

先是，逵嘗薦杜莘老、唐文若、孫道夫皆蜀名士，至是奉詔舉士，又以馮方、劉儀鳳、李石、鄭汝雲應詔，宰執以聞。帝曰：「蜀人道遠，其間文學行義有用者，不因論薦無由得知。前此蜀中宦游者多隔絕，不得一至朝廷，甚可惜也。」自檜顓權，深抑蜀士，故帝語及之。

逵以疾求外，帝命國醫王繼先視疾，不可爲矣。卒年四十一。帝爲之抆淚嘆息。逵嘗自謂：「司馬温公不近非色，不取非財，吾雖不肖，庶幾慕之。」

方檜權盛時，忤檜者固非止逵一人，而帝亟稱逵不附麗，又謂逵文章似蘇軾，故稱爲

「小東坡」，未及用而遠死，惜其論建不傳于世。有樓雲集三十卷。

論曰：如圭師于安國，居正師于楊時，敦復師于程頤，表臣交于陳瓘，其師友淵源有自來矣。故其議論讜直，剛嚴鯁峭，不惑異說，不畏彊禦，大略相似。若夫居正辨王氏三經之繆，龜年首劾秦檜主和之非，程瑀力排蔡京之黨，尤爲有功於名教。張闡論事無避，洪擬朴實端亮，趙逵純正善文，皆一時之良，爲檜所忌而不撓者。語曰：「歲寒然後知松柏之後凋。」信哉！

校勘記

〔一〕范如圭字伯達　原作「伯逵」，據朱文公文集卷九四范直閣墓記、李幼武四朝名臣言行錄別集下卷一〇范如圭條改。

〔二〕使力穡者絕贏餘之望　「絕」原作「有」，據朱文公文集卷八九范公神道碑改。

〔三〕吉州　按四朝名臣言行錄別集下卷八王居正條作「台州」。

〔四〕提舉學士　按本書卷一六七職官志記提舉學事司，「崇寧二年置，宣和三年罷。」並無「提舉學士」職官，疑「士」爲「事」字之誤。

〔五〕左司諫方公孟卿　「方公孟卿」原作「方公孟」。按繫年要錄卷五二、中興聖政卷一一，紹興二年爲殿中侍御史者是江躋，爲右司諫者爲方孟卿，此處脫「卿」字，據補；又「左司諫」當爲「右司諫」之誤。

宋史卷三百八十二

列傳第一百四十一

張燾　黃中　孫道夫　曾幾 兄開　勾濤　李彌遜 弟彌大〔一〕

張燾字子公，饒之德興人，祕閣修撰根之子也。政和八年〔二〕進士第三人，嘗爲辟雍錄、祕書省正字。靖康元年，李綱爲親征行營使，辟燾入幕。綱貶，親知坐累者十七人，燾亦貶。

建炎初，起通判湖州。明受之變，賊矯詔俾燾撫諭江、浙，燾不受。上旣復辟，詔求言。燾上書略曰：「人主戡定禍亂，未有不本於至誠而能有濟者。陛下踐祚以來，號令之發未足以感人心，政事之施未足以慰人望，豈非在我之誠有未修乎？天下治亂，在君子小人用舍而已。小人之黨日勝，則君子之類日退，將何以弭亂而圖治？」又言措置江防非計，徒費民財、損官賦，不適於用。又言：「侍從、臺諫觀望意指，毛舉細務，至國家大事，坐視不言。」又言：「巡幸所至，營繕困民，越棲會稽，似不如是。」

紹興二年，呂頤浩薦，除司勳員外郎〔三〕，遷起居舍人。言：「自古未有不知敵人之情而能勝者，願詔大臣、諸將，厚爵賞，募可任用者往伺敵動靜。既審知之，則戰守進退，在我皆備，彼尙安得出不意犯吾行闕。」詔以付都督府及沿邊諸帥。遷中書舍人。

呂祉之撫諭淮西也，燾謂張浚曰：「祉書生，不更軍旅，何可輕付。」浚不從，遂致酈瓊之變。七年，張滉特賜進士出身。滉，浚兄也，將母至行在，上引對而命之。燾言：「宣和以來，姦臣子弟濫得儒科。陛下方與浚圖回大業，當以公道革前弊。今首賜滉第，何以塞公議？」上念浚功，欲慰其母心，乃命起居郎樓炤行下，炤又封還。著作郎兼起居舍人何掄曰：「賢良之子，宰相之兄，賜科第不爲過。」乃與書行。燾不自安，與炤皆求去，不許，言者論之，以集英殿修撰提舉江州太平觀〔四〕。

明年，以兵部侍郎召，詔引對，上曰：「卿去止緣張滉。」燾曰：「臣苟有所見，不敢不言。如內侍王鑑，陛下所親信，臣尙論列，豈有宰相親兄自賜出身，公論不與。臣若不言，豈惟負陛下，亦負張浚。」上因問：「朕圖治一紀，收効蔑然，其弊安在？」燾曰：「自昔有爲之君，未有不先定規模而能收効者。臣紹興初首以是爲言，今七年。往者進臨大江，退守吳會，未期月而或進或却，豈不爲敵所窺乎？今陛下相與斷國論者，二三大臣而已。一紀之間，十四命相，執政遞遷無慮二十餘。日月逝矣，大計不容復誤，願以先定規模爲急。」

尋權吏部尚書。徽猷閣待制黎確卒，詔贈官推恩，燾言：「確素號正人，一旦臨變，失臣節，北面邦昌之庭，且爲將命止勤王之師。今曲加贈恤，何以示天下？」詔追奪職名。

時金使至境，詔欲屈己就和，令侍從、臺諫條上。燾言：「金使之來，欲議和好，將歸我梓宮，歸我淵聖，歸我母后，歸我宗社，歸我土地人民，其意甚美，其言甚甘，廟堂以爲信然，而羣臣、國人未敢以爲信然也。蓋事關國體，臣請推原天意爲陛下陳之。傳曰：『天將興之，誰能廢之？』臣考人事以驗天意，陛下飛龍濟州，天所命也。敵騎屢犯行闕，不能爲虞。甲寅一戰敗敵師，丙辰再戰却劉豫，丁巳酈瓊雖叛，實爲僞齊廢滅之資，皆天所贊也。是蓋陛下躬履艱難，側身修行，布德立正，上副天意，而天祐之之所致也。臣以是知上天悔禍有期，中興不遠矣。願益自修自彊，以享天心，以俟天時。時之既至，吉無不利，則何戰不勝，何功不立。今此和議，姑爲聽之，而必無信之可恃也。彼使已及境，勢難固拒。使其果願和好，如前所陳，是天誘其衷，必不復強我以難行之禮。如其初無此心，二三其說，責我以必不可行之禮，要我以必不可從之事，其包藏何所不有，便當以大義絕之。謹邊防，厲將士，相時而動。願斷自淵衷，毋取必於彼而取必於天而已。乃若略國家之大恥，置宗社之深讐，躬率臣民，屈膝于金而臣事之，而覬和議之必成，非臣所敢知也。」上覽奏，愀然變色曰：「卿言可謂忠，然朕必不至爲彼所紿，方且熟議，必非詐僞而後可從，不然，當再使審虛實，拘其使人。」燾頓首謝。

金使張通古、蕭哲至行在，朝議欲上拜金詔。燾曰：「陛下信王倫之虛詐，發自聖斷，不復謀議，便欲行禮，羣臣震懼罔措。必已得梓宮，已得母后，已得宗族，始可議通好經久之禮。今彼特以通好爲說，意謂割地講和而已，陛下之所願欲而切於聖心者，無一言及之，其情可見，奈何遽欲屈而聽之。一屈之後，不可復伸，廷臣莫能正救，曾魯仲連之不如，豈不獲罪於天下萬世。」

既而監察御史施廷臣抗章力贊和議，擢爲侍御史。司農寺丞莫將忽賜第，擢爲起居郎。朝論大駭。燾率吏部侍郎晏敦復上疏曰：「仰惟陛下痛梓宮未還，兩宮未復，不憚屈己與敵議和，特以衆論未同，故未敢輕屈爾。幸小大之臣，無復異議，從容獻納，庶幾天聽爲回，卒不敢屈，此宗社之福也。彼施廷臣乃務迎合，輒敢抗章，力贊此議，姑爲一身進用之資，不恤君父屈辱之恥，罪不容誅，乃由察官超擢柱史。夫御史府朝廷紀綱之地，而陛下耳目之司，前日勾龍如淵以附會而得中丞，衆論固已喧鄙之矣。今廷臣又以此而躋横榻，一臺之中，長貳皆然，既同鄉曲，又同心腹，惟相朋附，變亂是非，豈不紊紀綱而蔽陛下之耳目乎？衆論沸騰，方且切齒，而莫將者又以此議由寺丞擢右史。如淵、廷臣庸人也，初無所長，但知觀望，而將則姦人也，考其平昔無所不爲，此輩烏可與之斷國論乎？望加斥逐，庶幾少杜羣枉之門。至於和議，則王倫實爲謀主，彼往來敵中至再四矣，陛下恃以爲心腹，信之如蓍龜，今其爲言自巳二三，事之端倪，蓋亦可見。更望仰念祖宗付託之重，俯念億兆愛戴之誠，貴重此身，無輕於屈。但務雪恥以思復讎，加禮其使，厚資遣發，諭以必得事實之意，告以國人皆曰不可之狀。使彼悔禍，果出誠心，惟我所欲，盡歸于我，然後徐議報之之禮，亦未晚也。如其變詐，誘我以虛詞，則包藏終不可測，便當厲將士，保疆埸，自治自彊，以俟天時，何爲不成？伏願陛下少忍而已。自朝廷有屈己之議，上下解體，儻遂成屈己之事，則上下必至離心，人心既離，何以立國？伏願戒之重之。」於是將、廷臣皆不敢拜。燾又面折如淵曰：「達觀其所舉，君薦七人，皆北面張邦昌，今囁嚅附會，墮敵計，他日必背君親矣。」

燾既力詆拜詔之議，秦檜患之，燾亦自知得罪，託疾在告。檜使樓炤諭之曰：「北扉闕人，欲以公爲直院。」燾大駭曰：「果有此言，愈不敢出矣。」檜不能奪，乃止。

和議成，范如圭請遣使朝八陵，遂命判大宗正士㒟與燾偕行，且命修奉，令荊湖帥臣岳飛濟其役。燾與士㒟道武昌，出蔡、潁，河南百姓懽迎夾道，以喜以泣曰：「久隔王化，不圖今日復爲宋民。」九年五月，至永安諸陵，朝謁如禮。陵前石澗水久涸，二使垂至忽湧溢，父老驚歎，以爲中興之兆。

燾等入柏城，披鉏荆棘，隨所葺治，留二日而還，自鄭州歷汴、宋、宿、泗、淮南以歸。即奏疏曰：「金人之禍，上及山陵，雖殄滅之，未足以雪此恥、復此讎也。陛下聖孝天至，豈勝痛憤，顧以梓宮、兩宮之故，方且與和，未可遽言兵也。祖宗在天之靈，震怒既久，豈容但已，異時恭行天罰，得無望於陛下乎？自古戡定禍亂，非武不可，狼子野心不可保恃久矣；伏望修武備，俟釁隙起而應之，電掃風驅，盡俘醜類以告諸陵。夫如是然後盡天子之孝，而爲人子孫之責塞矣。」上問諸陵寢如何？燾不對，唯言「萬世不可忘此賊」。上黯然。

燾因請永固陵不用金玉，大略謂：「金玉珍寶，聚而藏之，固足以動人耳目，又其爲物，自當流布於世，理必發露，無足怪者。」上覽疏，謂秦檜曰：「前世厚葬之禍，如循一軌。朕斷不用金玉，庶先帝神靈有萬世之安。」燾又言：「頃劉豫初廢，人情恟恟，我斥候不明，坐失機會。今又聞敵於淮陽作筏、造繩索，不知安用？諸將朝廷戒勿得遣間探〔五〕，遂不復遣，我之動息，敵無不知，敵之情狀，我則不聞。又見黃河船盡拘北岸，悉爲敵用，往來自若，無一人敢北渡者。願飭邊吏廣耳目，先事而防。」又言：「酈瓊部伍皆西陲勁兵，今在河南，倘可收用。新疆租賦已蠲，而使命絡繹，推恩費用猶循兵興時例，願加裁損，非甚不得已勿遣使，以寬民力。」又論：「陝西諸帥不相下，動輒喧爭，請置一大帥統之，庶首尾相應，緩急可恃。」燾所言皆切中時病，秦檜方主和，惟恐少忤敵意，悉置不問。

成都謀帥，上諭檜曰：「張燾可，第道遠，恐其憚行。」檜以諭燾，燾曰：「君命也，焉敢辭。」十月，以寶文閣學士知成都府兼本路安撫使，付以便宜，雖安撫一路，而四川賦斂無藝者，悉得蠲減。陛辭，奏曰：「蜀民困矣，官吏從而誅剝之，去朝廷遠，無所赴愬。倖臣至所部，首宣德意，但一路咸霑惠澤。」上曰：「豈惟一路，四川恤民事悉委卿。」燾因言官吏害民者，請先罷後劾，上許之。又言：「軍興十餘年，日不暇給。今和議甫定，願汲汲以政刑爲先務。」上曰：「當書之座右。」十年三月，至成都。

在蜀四年，戢貪吏，薄租賦；撫雅州蕃部，西邊不驚；歲旱則發粟，民得不饑；暇則修學校，與諸生講論。會有詔令宣撫司納契丹降人，燾爲宣撫使胡世將言：「蜀地狹不能容，前朝常勝軍可爲戒。」世將奏寢其事。

燾乞祠，以李璆代之。燾自蜀歸，臥家凡十有三年。二十五年冬，檜死，舊人在者皆起，燾除知建康府兼行宮留守。金陵積歲負內庫錢帛鉅萬，悉爲奏免。池有義子與父爭訟，守昏謬，繫父，連年不決，燾移大理，出其守。居二年，進端明殿學士。二十九年，提舉萬壽觀兼侍讀，以衰疾力辭，不許。除吏部尙書。

初，上知普安郡王賢，欲建爲嗣，顯仁皇后意未欲，遲回久之。顯仁崩，上問燾方今大計，燾曰：「儲貳者，國之本也，天下大計，無踰於此。」上曰：「朕懷此久矣，卿言契朕心，開春當議典禮。」又勸上省賜予，罷土木，減冗吏，止北貨。上嘉奬之。

金使施宜生來，燾奉詔館客。宜生本閩人，素聞燾名，一見顧副使曰：「是南朝不拜詔者。」燾以「首丘桑梓」動之，宜生於是漏敵情，燾密奏早爲備。

先是，御前置甲庫，凡乘輿所需圖畫什物，有司不能供者悉聚焉，日費不貲。禁中既有內酒庫，釀殊勝，酤賣其餘，頗侵大農。燾因對，言甲庫萃工巧以蕩上心，酒庫酤良醞以奪官課。且乞罷減教坊樂工人數。上曰：「卿言可謂責難於君。」明日悉詔罷之。

屢以衰疾乞骸。三十年，以資政殿學士致仕，尋遷太中大夫，給眞奉。三十一年八月，落致仕，復知建康府。時金人窺江，建業民驚徙過半，聞燾至，人情稍安。尋詔沿江帥臣條上恢復事宜，燾首陳十事，大率欲預備不虞，持重養威，觀釁而動，期於必勝。

孝宗受禪，除同知樞密院，遣子埏入辭。詔肩輿至宮，給扶上殿，首問爲治之要，言內治乃可外攘。又乞命百執條弊事，詔從之，令侍從、臺諫集都堂給札以聞。隆興元年，遷參知政事，以老病不拜，臺諫交章留之，除資政殿大學士、提舉萬壽觀兼侍讀。謁告將理，許之。及家，固求致仕。後二年卒，年七十五，謚忠定。

燾外和內剛，帥蜀有惠政，民祠之不忘。始論和議，歸之于天，士論歉然。洎繳駁施廷臣之奏，朝野復一辭歸重焉。

黃中字通老，邵武人。幼受書，一再輒成誦。初以族祖蔭補官。紹興五年廷試，言孝弟動上心，擢進士第二人，授保寧軍節度推官。二十餘年，秦檜死，乃召爲校書郎，歷遷普安、恩平府教授。中在王府時，龍大淵已親幸，中未嘗與之狎，見則揖而退，後他教授多蒙其力，中獨不徙官。

遷司封員外郎兼國子司業。芝草生武成廟，官吏請以聞，中不答，官吏陰畫圖以獻。宰相謂祭酒周綰與中曰：「治世之瑞，抑而不奏，何耶？」綰未對，中曰：「治世何用此爲？」綰退，謂人曰：「黃司業之言精切簡當，惜不爲諫官。」

充賀金生辰使，還，爲祕書少監，尋除起居郎，累遷權禮部侍郎。中使金回，言其治汴宮，必徙居見迫，宜早爲計。上矍然。宰相顧謂中曰：「沈介歸，殊不聞此，何耶？」居數日，中白宰相，請以妄言待罪。湯思退怒，語侵中。已乃除介吏部侍郎，徙中以補其處。中猶以備邊爲言，又不聽，遂請補外，上不許，曰：「黃中恬退有守。」除左史，且錫鞍馬。

金使賀天申節，遽以欽宗訃聞，朝論俟使去發喪，中馳白宰相：「此國家大事，臣子至痛，一有失禮，謂天下後世何！」竟得如禮。中自使還，每進見輒言邊事，又獨陳禦備方略，高宗稱善。不數月，金亮已擁衆渡淮。中因入謝，論淮西將士不用命，請擇大臣督師。既而以殿帥楊存中爲御營使，中率同列力論不可遣。敵既臨江，朝臣爭遣家逃匿，中獨晏然。比敵退，唯中與陳康伯家屬在城中，衆慚服。

天申節上壽，議者以欽宗服除當舉樂。中言：「春秋君弒賊不討，雖葬不書，以明臣子之罪，況欽宗實未葬而可遽作樂乎？」事竟寢。兼給事中。內侍遷官不應法，諫官劉度坐論近習龍大淵忤旨補郡，已復罷之，中皆不書讀。羣小相與媒蘗，中罷去。尹穡希意詆中爲張浚黨。

乾道改元，中年適七十，卽告老，以集英殿修撰致仕，進敷文閣待制。居六年，上御講筵，顧侍臣曰：「黃中老儒，今居何許？年幾許？筋力或未衰耶？」召引對內殿，問勞甚渥，以爲兵部尙書兼侍讀。

中前在禮部，嘗諫止作樂事，中去，卒用之。至是又將錫宴，遂奏申前說。詔遣范成大使金以山陵爲請。中言：「陛下聖孝及此，天下幸甚，然欽廟梓宮置不問，有所未盡。」上善其言，不能用。

未滿歲，有歸志，乃陳十要道：以爲用人而不自用；以公議進退人才；察邪正；廣言路；核事實；節用度；擇監司；懲貪吏；陳方略；考兵籍。上亟稱善。中力求去，除顯謨閣〔六〕、提舉江州太平興國宮，賜犀帶、香茗。

除龍圖閣學士，致仕。凡邑里後生上謁，必訓以孝弟忠信。朱熹裁書以見，有曰：「今日之來，將再拜堂下，惟公坐而受之，俾進於門弟子之列，則某之志也。」其爲人敬慕如此。其後，上手書遣使訪朝政闕失，進職端明殿學士。屬疾，手草遺表，猶以山陵、欽宗梓宮爲言，深以人主之職不可假之左右爲戒。淳熙七年八月庚寅卒，年八十有五。九月，詔贈正議大夫。中有奏議十卷。謚簡肅。

孫道夫字太冲，眉州丹稜人。年十八貢辟雍。時禁元祐學，坐收蘇氏文除籍。再貢，入優等。張浚薦于高宗，召對，道夫奏：「願修德以回天意，定都以繫人心，任賢材、圖興復以雪國恥。」

上在越，浚遣道夫奏事，賜出身，改左承奉郎。再詔對，言：「漢中前瞰三秦，後蔽巴蜀，孔明、蔣琬出圖關輔，未有不屯漢中者。今欲進兵陝右，當先經營漢中。荆南東連吳會，北通漢沔，號用武之國，晉、宋以來，嘗倚爲重鎭。武帝亦以荆南居上流，故以諸子居之。今守江當先措置荆南，時至則蜀漢師出秦關，荆楚師出宛洛，陛下親御六軍，由淮甸與諸將會咸陽，孰能禦之？」上嘉納，召試館職。上諭宰相：「自渡江以來，文氣未有如道夫者，涵養一二年，當命爲詞臣。」

除祕書正字、權禮部郎官。徽宗凶問禮儀，多所草定。尋權左司員外郎。上問蜀中水運陸運孰便？道夫奏：「水運遲而省費，陸運速而勞民。宣撫司初由水運，率石費錢十千，後以爲緩，從陸起丁夫十數萬，率石費五十餘千。」上曰：「水運便，行之。」

遷校書郎。出知懷安軍，乞罷都運司以寬民力，罷戍兵以弭亂階，罷泛使以省浮費。知資州，宣撫鄭剛中薦其治行第一。移知蜀州，盜不敢入境。州產綾，先是，守以軍匠置機買絲虧直，民病之，道夫斷其機。遇事明了，人目爲「水晶燈籠」。九年不遷，蓋非秦檜所樂也。以吏部郎中入對，言蜀民二稅鹽酒茶額之弊，上納其言。除太常少卿，假禮部侍郎充賀金正旦使。金將敗盟，詰秦檜存亡，及闕、陝買馬非約，道夫隨事折之。使還，擢權禮部侍郎。上曰：「卿自小官已爲朕知，第趙鼎與張浚相失後，蜀士仕于朝者，皆爲沮抑。繼自今有所見，可數求對。」

兼侍講，奏敵有窺江、淮意。上曰：「朝廷待之甚厚，彼以何名爲兵端？」道夫曰：「彼金人身弒其父兄而奪其位，興兵豈問有名，臣願預爲之圖。」宰相沈該不以爲慮，道夫每進對，輒言武事，該疑其引用張浚，忌之。道夫不自安，請出，除知綿州，致仕，卒，年六十六。道夫居官，一意爲民，不可干以私。仕宦三十年，奉給多置書籍。然性剛直，喜面折，不容人之短，或以此少之云。

曾幾字吉甫，其先贛州人，徙河南府。幼有識度，事親孝，母死，蔬食十五年。入太學有聲。兄弼，提舉京西南路學事，按部溺死，無後，特命幾將仕郎。試吏部，考官異其文，寘優等，賜上舍出身，擢國子正兼欽慈皇后宅教授。遷辟雍博士，除校書郎。

林靈素得幸，作符書號神霄錄，朝士爭趨之，幾與李綱〔七〕、傅崧卿皆稱疾不往視。久之，爲應天少尹，庭無留訟。閹人得旨取金而無文書，府尹徐處仁與之，幾力爭不得。

靖康初，提舉淮東茶鹽。高宗卽位，改提舉湖北，徙廣西運判、江西提刑，又改浙西。會兄開爲禮部侍郎，與秦檜力爭和議，檜怒，開去，幾亦罷。逾月，除廣西轉運副使，徙荆南路〔八〕。盗駱科起郴之宜章，郴、桂皆頒洞，宣撫司調兵未至，謾以捷聞。幾疏其實，朝廷遣他將平之。請閒，得崇道觀。復爲廣西運判，固辭，僑居上饒七年。

檜死，起爲浙西提刑〔九〕、知台州，治尚清淨，民安之。黄巖令受賄爲兩吏所持，令械吏寘獄，一夕皆死，幾詰其罪。或曰：「令，丞相沈該客也。」治之益急。

賀允中薦，召對，以疾辭，除直祕閣，歸故治。未幾，復召對，幾言：「士氣久不振，陛下欲起之於一朝，矯枉者必過直，雖有折檻斷鞅、牽裾還笏、若賣直干譽者，願加優容。」時帝懲檜擅權之弊，方開言路，應詔者衆，幾懼有獲戾者，先事陳之。帝大悅，授祕書少監。

幾承平時已爲館職，去三十八年而復至，須鬢皓白，衣冠偉然。每會同舍，多談前輩言行、臺閣典章，薦紳推重焉。詔修神宗寶訓，書成，奏薦，帝稱善。權禮部侍郎。兄棶、開皆嘗貳春官，幾復爲之，人以爲榮。

吳、越大水、地震，幾舉唐貞元故事反覆論奏，帝韙其言。他日謂幾曰：「前所進陸贄事甚切，已遣漕臣振濟矣。」引年請謝，上曰：「卿氣貌不類老人，姑爲朕留。」謝曰：「臣無補萬一，惟進退有禮，尙不負陛下拔擢。」上閔勞以事，提舉玉隆觀，紹興二十七年也。除集英殿修撰，又三年，升敷文閣待制。

金犯塞，中外大震，帝召楊存中偕宰執對便殿，諭以將散百官，浮海避之。左僕射陳康伯持不可。存中言：「敵空國遠來，已闖淮甸，此正賢智馳騖不足之時。臣願率先將士，北首死敵。」帝喜，遂定議親征，下詔進討。有欲遣使詣敵求緩師者，幾疏言：「增幣請和，無小益，有大害，爲朝廷計，正當嘗膽枕戈，專務節儉，經武外一切置之，如是雖北取中原可也。

且前日詔諸將傳檄數金君臣，如叱奴隸，何辭可與之和耶？」帝壯之。

孝宗受禪，幾又上疏數千言。將召，屢請老，乃遷通奉大夫，致仕，擢其子逮爲浙西提刑以便養。乾道二年卒，年八十二，謚文清。

幾三仕嶺表，家無南物，人稱其廉。早從舅氏孔文仲、武仲講學。初佐應天時，諫官劉安世亡恙，黨禁方厲，無敢窺其門者，幾獨從之，談經論事，與之合。避地衡嶽，又從胡安國游，其學益粹。爲文純正雅健，詩尤工。有經說二十卷、文集三十卷。

二子：逢仕至司農卿，逮亦終敷文閣待制，而逢最以學稱。

開字天游。少好學，善屬文。崇寧間登進士第，調眞州司戶，累遷國子司業，擢起居舍人，權中書舍人。掖垣草制，多所論駁，忤時相意，左遷太常少卿，責監大寧監鹽井，匹馬之官，不以自卑。召還，時相復用事，監杭州市易務。除直祕閣，知和州，徙知恩州。請祠，得鴻慶宮，判南京國子監。復爲中書舍人，罷。提舉洞霄宮。

欽宗卽位，除顯謨閣待制、提舉萬壽觀、知潁昌府，兼京西安撫使。奪職，奉祠。建炎初，復職，知潭州、湖南安撫使。踰年求去，復得鴻慶宮，起知平江府、廣東經略安撫使。奉詔駐潮陽招捕虔寇，訖事，乃之鎭。居二年，盡平羣盜。提舉太平觀。

復以中書舍人召，首論：「自古興衰撥亂之主，必有一定之論，然後能成功。願講明大計，使議論一定，斷而必行，則功烈可與周宣侔矣。」又論：「車駕撫巡東南，重兵所聚，限以大江，敵未易遽犯，其所窺伺者全蜀也。一失其防，陛下不得高枕而臥矣。願擇重臣與吳玠協力固護全蜀。」屢請去，進寶文閣待制，知鎮江府兼沿江安撫使。

召爲刑部侍郎。言：「太祖懲五季尾大不掉之患，畿甸屯營，倍于天下，周廬宿衞，領以三衙。今禁旅單弱，願參舊制增補之。」帝悉嘉納。

遷禮部侍郎兼直學士院。時秦檜專主和議，開當草國書，辨視體制非是，論之，不聽，遂請罷，改兼侍讀。檜嘗招開慰以温言，且曰：「主上虛執政以待。」開曰：「儒者所爭在義，苟爲非義，高爵厚祿弗顧也。願聞所以事敵之禮。」檜曰：「若高麗之於本朝耳。」開曰：「主上以聖德登大位，臣民之所推戴，列聖之所聽聞，公當彊兵富國，尊主庇民，奈何自卑辱至此，非開所敢聞也。」又引古誼以折之。檜大怒曰：「侍郎知故事，檜獨不知耶？」他日，開又至政事堂，問「計果安出」？檜曰：「聖意已定，尙何言！公自取大名而去，如檜，第欲濟國事耳。」然猶以梓宮未還，母后、欽宗未復，詔侍從、臺諫集議以聞。開上疏略曰：「但當修德立政，嚴於爲備，以我之仁敵彼之不仁，以我之義敵彼之不義，以我之戒懼敵彼之驕泰，眞積力久，如元氣固而病自消，大陽升而陰自散，不待屈己，陛下之志成矣。不然，恐非在天之靈與太后、淵聖所望於陛下者也。」檜曰：「此事大係安危。」開曰：「今日不當說安危，只當論存亡。」檜矍然。

會樞密編修胡銓上封事，痛詆檜，極稱開，由是罷，以寶文閣待制知婺州。開言：「議論妄發，實緣國事。」力請歸。檜議奪職，同列以爲不可，提舉太平觀、知徽州。以病免，居閒十餘年。黃達如請籍和議同異爲士大夫升黜，即擢達如監察御史，首劾開，褫職。引年請還政，僅復祕閣修撰，卒，年七十一。檜死，始復待制，盡還致仕遺表恩數。

開孝友厚族，信于朋友。其守歷陽也，從游酢學，日讀論語，求諸言而不得，則反求諸心，每有會意，欣然忘食。其留南京，劉安世一見如舊，定交終身。故立朝遇事，臨大節而不可奪，師友淵源，固有所自云。

勾濤字景山，成都新繁人。登崇寧二年進士第，調嘉州法掾、川陝鑄錢司屬官。建炎初，通判黔州。田祐恭兵道境上，濤白守，燕勞之，祐恭感恩厲下，郡得以無犯。湖湘賊王闢破秭歸，桑仲、郭守忠攻茶務箭窠砦，將犯夔門。夔兵素單弱，宣司檄祐恭捍禦，濤帥黔兵佐之，賊潰去。宣撫張浚奏濤知巴州，不赴。

翰林侍讀學士范冲薦，召見，論五事，除兵部郎中。七年，遷右司郎官兼校正。日食，上言。八月，遷起居舍人，以足疾，命閤門賜墩待班。九月，兼權中書舍人。

時沿邊久宿兵，江、浙罷於餽餉，荆、襄、淮、楚多曠土，燾因進羊祜屯田故事，事下諸大將，於是邊方議行屯田。淮西都統制劉光世乞罷，丞相張浚欲以呂祉代之，燾謂：「祉疏庸淺謀，必敗事，莫若就擇將士素所推服者用之，否則劉錡可。」浚不納，祉至，果以輕易失士心，未幾，酈瓊叛，祉死於亂。浚聞之，夜半召燾愧謝。

時帝駐蹕建康，欲亟還臨安。燾入見曰：「今江、淮列戍十餘萬，苟付託得人，可無憂顧。適此危疑，詎宜輕退，以啓敵心。」因薦劉錡。帝卽命以其衆鎭合肥。川、陝宣撫使吳玠言都轉運使李迨朘刻賞格，迨亦奏玠苛費，帝以問燾。燾曰：「玠忠在西蜀，縱費，寧可覈？第移迨他路可爾。」帝然之。

會金人廢劉豫，金、房鎭撫使郭浩遣其弟汭奏事。燾察汭警敏可仗，乞詔諭陝右諸叛將乘機南歸，帝命燾草詔，汭持以往，聞者流涕。十二月，除中書舍人。

八年，除史館修撰。重修哲宗實錄，帝諭之曰：「昭慈聖獻皇后病革，朕流涕問所欲言，后愴然謂朕曰：『吾逮事宣仁聖烈皇后，見其任賢使能，約己便民，憂勤宗社，疏遠外家，古今母后無與爲比。不幸姦邪罔上，史官蔡卞等同惡相濟，造謗史以損聖德，誰不切齒！在天之靈亦或介介。其以筆屬正臣，亟從删削，以信來世。』朕痛念遺訓，未嘗一日輒忘，今以命卿。」濤奏：「數十年來，宰相不學無術，邪正貿亂，所以姦臣子孫得逞其私智，幾亂裕陵成書。非賴陛下聖明，則任申必先有過嶺之謫〔一〇〕，臣亦恐復蹈媒蘖之禍。」帝慰勉之。六月，實錄成，進一秩，就館賜宴。復修徽宗實錄，以中書舍人呂本中爲薦，丞相趙鼎諭旨宜婉辭紀載。濤曰：「崇寧、大觀大臣誤國，以稔今禍，藉有隱諱，如天下野史何？」

七月，除給事中。求去，以徽猷閣待制知池州，改提舉江州太平觀。俄除荆湖北路安撫使、知潭州。秦檜嘗令人諭意，欲與共政，濤以書謝之。檜諷言劾之，不報。

濤上書論時事之害政者：「大臣密諭王倫變易地界，一也；蔡攸之妻近居臨平，咫尺行都，略不畏避，二也；小大之臣，凡在謫籍，皆已甄敍，惡如京、黼，尚蒙寬宥，今侍從之臣，初無大過，理宜牽復，三也；河南故地復歸中國，新附之民，延頸德澤，承流之寄，當加精選，四也；臺諫爲耳目之司，今宰相引援，皆同舍之舊，倚爲鷹犬，五也。」帝歎其忠直，賜以緡綵、茶藥，且令事有大於此者，悉以聞。秩滿，提舉太平觀。

十一年，帝謂秦檜曰：「勾濤久閑，性喜泉石，可進職與一山水近郡。」檜對：「永嘉有天台、鴈蕩之勝。」帝曰：「永嘉太遠，其以湖州命之。」俄以疾卒，年五十九。遺表聞，帝震悼，顧近臣曰：「勾濤死矣，惜哉！」贈左太中大夫。

濤身長七尺，風貌偉然，頗以忠亮自許。國有大議，帝必委心延訪，往復酬詰，率漏下數刻始罷。料邊情如在目前，知名之士多所薦進。有文集十卷，西掖制書十卷，奏議十卷。

李彌遜字似之，蘇州吳縣人。弱冠以上舍登大觀三年第，調單州司戶，再調陽穀簿。政和四年，除國朝會要所檢閱文字。引見，特遷校書郎，充編修六典校閱，累官起居郎。以封事剴切，貶知廬山縣，改奉嵩山祠。廢斥隱居者八載。

宣和末，知冀州。金人犯河朔，諸郡皆警備，彌遜損金帛，致勇士，修城堞，決河護壍，邀擊其遊騎，斬首甚衆。兀朮北還，戒師毋犯其城。

靖康元年，召爲衞尉少卿，出知瑞州〔一〕。二年，建康府牙校周德叛〔二〕，執帥宇文粹中，殺官吏，嬰城自守，勢猖獗。彌遜以江東判運領郡事〔三〕，單騎扣賊闉，以蠟書射城中招降。賊通款，開關迎之，彌遜諭以禍福，勉使勤王。時李綱行次建康，共謀誅首惡五十人，撫其餘黨，一郡帖然。

改淮南運副。後奉興國宮祠，知饒州，召對，首奏「當堅定規模，排斥姦言」。又謂：「朝廷一日無事，幸一日之安，一月無事，幸一月之安，欲求終歲之安，已不可得，況能定天下大計乎？」帝嘉其讜直。輔臣有不悅者，以直寶文閣知吉州。陛辭，帝曰：「朕欲留卿，大臣欲重試卿民事，行召卿矣。」

七年秋，遷起居郎。彌遜自政和末以上封事得貶，垂二十年，及復居是職，直前論事，鯁切如初。冬，試中書舍人，奏六事曰：「固藩維以禦外侮，嚴禁衞以尊朝廷，練兵以壯國勢，節用以備軍食，收民心以固根本，擇守帥以責實効。」時駐蹕未定，有旨料舟給卒以濟宮人。彌遜繳奏曰：「六飛雷動，百司豫嚴，時方孔艱，宜以宗社爲心，不宜於內倖細故，更勤聖慮，事雖至微，懼傷大體。」帝嘉納之。試戶部侍郎。

秦檜再相，惟彌遜與吏部侍郎晏敦復〔一四〕有憂色。八年〔一五〕，彌遜上疏乞外甚力，詔不允。趙鼎罷相，檜專國，贊帝決策通和。金國遣烏陵思謀等入界，索禮甚倨，軍民皆不平，人言紛紛。檜於御榻前求去，欲要決意屈己從和。樞密院編修官胡銓上疏乞斬檜，校書郎范如圭以書責檜曲學背師，忘讎辱國，禮部侍郎曾開抗聲引古誼以折檜，相繼貶逐。

彌遜請對，言金使之請和，欲行君臣之禮，有大不可。帝以爲然，詔廷臣大議，即日入奏。彌遜手疏力言：「陛下受金人空言，未有一毫之得，乃欲輕祖宗之付託，屈身委命，自同下國而尊奉之，倒持太阿，授人以柄，危國之道，而謂之和可乎？借使金人姑從吾欲，假以目前之安，異時一有無厭之求，意外之欲，從之則害吾社稷之計，不從則釁端復開，是今日徒有屈身之辱，而後患未已。」又言：「陛下率國人以事讎，將何以責天下忠臣義士之氣？」力陳不可者三。

檜嘗邀彌遜至私第，曰：「政府方虛員，苟和好無異議，當以兩地相浼。」答曰：「彌遜受國恩深厚，何敢見利忘義。顧今日之事，國人皆不以爲然，獨有一去可報相公。」檜默然。次日，彌遜再上疏，言愈切直，又言：「送伴使揣摩迎合，不恤社稷，乞別選忠信之人，協濟國事。」檜大怒。彌遜引疾，帝諭大臣留之。時和議已決，附會其說者，至謂「向使明州時，主上雖百拜亦不問」，議論靡然。賴彌遜廷爭，檜雖不從，亦憚公論。再與金使者計，議和不受封冊，如宰相就館見金使，受其書納入禁中，多所降殺，惟君臣之禮不得盡爭。

九年春，再上疏乞歸田，以徽猷閣直學士知端州〔一六〕，改知漳州。十年，歸隱連江西山。是歲，兀朮分四道入侵，明年，又侵淮西，取壽春，竟如彌遜言。

十二年，檜乘金兵既敗，收諸路兵，復通和好，追仇向者盡言之臣，嗾言者論彌遜與趙鼎、王庶、曾開四人同沮和議。於是彌遜落職，十餘年間不通時相書，不請磨勘，不乞任子，不序封爵，以終其身，常憂國，無怨懟意。二十三年，卒。朝廷思其忠節，詔復敷文閣待制。有奏議三卷，外制二卷，議古三卷，詩十卷。弟彌大。

彌大字似矩，登崇寧三年進士第。以大臣薦召對，除校書郎，遷監察御史。假太常少卿充契丹賀正旦使。時傳聞燕民欲歸漢，徽宗遣彌大覘之。使還，奏所聞有二：「或謂彼主淫刑滅親，種類畔離，女眞侵迫，國勢危殆爲可取；或謂下詔罪己，擢用耆舊，招赦盜賊，國尙有人未可取；莫若聽其自相攻併。」遷起居郎，試中書舍人，同修國史。

童貫宣撫永興，走馬承受白鍔恃貫不報師期，朝廷止從薄責。彌大繳奏，以爲邊報不至，非朝廷福。鍔坐除名，彌大亦出知光州。移知鄂州。召爲給事中兼校正御前文籍詳定官，拜禮部侍郎。

金人大舉入侵，李綱定城守之策，命彌大爲參議，與綱不合，罷。未幾，除刑部尙書。初，朝廷許割三鎭畀金人，既而遣种師道、師中援河北，姚古援河東，彌大上疏乞起河東西境鱗、府諸郡及陝西兵以濟古之師，起河東路及京東近郡兵以濟師道、師中之師，爲腹背攻劫之圖。遂除彌大河東宣撫副使。張師正領勝捷軍敗於河東，潰歸，彌大誅之。復遣餘卒援眞定，餘卒叛。

宣撫罷，命彌大知陝州。河東破，小將李彥先來謁，言軍事，彌大壯之，留爲將，戍崤、澠間以遏敵。詔遣使召援，彌大未敢進。會永興帥范致虛糾兵勤王，檄彌大充諸道計議。行至方城，道阻，乃率衆赴大元帥府。

建炎元年，除知淮寧府。到郡未幾，杜用等夜叛，彌大縋城出，賊散乃還，坐貶秩。尋召爲吏部侍郎。帝如杭州，命權紹興府，試戶部尚書兼侍讀。呂頤浩視師，以彌大爲參謀官。彌大奏：「王導、謝安爲都督，未嘗離朝廷，今邊圉幸無他，頤浩不宜輕動。」又言：「已爲天子從官，非宰相可辟。乞於諸軍悉置軍正，如漢朝故事，以察官、郎官爲之。陛下必欲留臣，當別爲一司，伺察頤浩過失。」忤旨，出知平江府。

中丞沈與求劾彌大謀間君臣，妄自尊大，奪職歸。起知靜江府，奏廣西邊防利害。入爲工部尚書。未幾，罷去。廣西提刑韓璜劾其在靜江日斷強盜死罪，引絞入斬，貶兩秩。紹興十年卒，年六十一。

論曰：宋既南渡，日以徽宗梓宮及韋后爲念。秦檜主和，甘心屈己。張燾連章論列，謀深慮遠，其言取必於天，豈忘宗社之讎哉，亦曰相時而動耳！惜其利澤專於蜀也。黃中不黨不阿，明察料敵，立朝忠實，退不忘君。道夫受知張浚，憂國而不爲身謀。曾幾積學潔行，風節凜凜，陳嘗膽枕戈之言，以贊親征，亦壯矣哉！勾濤直節正論，不受檜私，潔身歸老。彌遜、曾開同沮和議，廢絀以沒，無怨懟心，所謂臨大節而不可奪者歟！

校勘記

〔一〕弟彌大　按筠谿集李彌遜家傳，李彌遜兄弟六人，長彌性，次彌綸，次彌大，「次卽公也」。又樓鑰筠谿集序，李彌遜爲仲六人，「兄尚書彌大」，此處「弟」爲「兄」字之誤。

〔二〕政和八年　原作「宣和八年」。按宣和無八年。周必大周益國文忠公集卷六一張燾神道碑：「政和八年，廷試，親擢第三，授文林郎，辟雍學錄。」又李幼武四朝名臣言行錄別集下卷三張燾條：「政和八年，廷試三人，授太學錄。」此處「宣和」乃「政和」之誤，據改。

〔三〕除司勳員外郎　按同上兩書同卷皆作「司封員外郎」。

〔四〕以集英殿修撰提舉江州太平觀　按周益國文忠公集卷六一張燾神道碑，紹興七年二月眞拜中書舍人，因論張浚事，「罷爲提舉台州崇道觀」，尋「加集英殿修撰」，「十三年冬始命提舉江州太平觀」。李幼武四朝名臣言行錄別集下卷三張燾條所記略同。此誤。

〔五〕諸將朝廷戒勿得遣間探　按繫年要錄卷一二九、中興聖政卷二五皆作「諸將以朝廷嘗有不得遣間探指揮」，疑此處「諸將」下脫「以」字。

〔六〕除顯謨閣　按朱熹朱文公文集卷九一黃中墓誌銘作「除顯謨閣學士」，疑此處脫「學士」二字。

〔七〕李綱　原作「李剛」，據陸游渭南文集卷三二曾文清公墓誌銘改。

〔八〕荊南路　原作「京南路」。按渭南文集卷三二曾文清公墓誌銘作「荊湖南路」，下文有「郴之宜章」語，據本書卷八八地理志，郴州宜章屬荊湖南路，此「京南路」當爲「荊南路」之誤，據改。

〔九〕起爲浙西提刑　按渭南文集卷三二曾文清公墓誌銘，紹興二十五年十一月，起曾幾爲「提點兩浙東路刑獄」，「明年，知台州」。又寶慶續會稽志卷二提刑題名：「曾幾，紹興二十五年十二月，以左朝請大夫到任，二十六年三月，改知台州。」此處「浙西」當爲「浙東」之誤。

〔一〇〕任申必先有過嶺之謫　按本書卷三四五任伯雨傳，任伯雨論蔡卞誣罔宣仁皇后之罪，被卞所陷，謫昌化軍；其子任申先亦下獄，以無所傳致得釋。勾濤奉命修史爲宣仁辯誣，而對以此語，似係引任伯雨事爲鑑。此語疑是本書修纂者誤記爲任申先事，繕時又脫略爲「任申」，當作「任伯雨必先有過嶺之謫」。

〔一一〕瑞州　李彌遜筠谿集李彌遜家傳作「筠州」。據本書卷八八地理志：瑞州，本筠州，「寶慶元年避理宗諱改今名」。此處所載爲靖康時事，當作「筠州」。

〔一二〕建康府牙校周德叛　「建康府」，筠谿集李彌遜家傳作「江寧」。按九域志卷六：江寧府，「開寶八年爲昇州，天禧二年爲江寧府」；本書卷八八地理志：建炎三年「復爲建康府」。此處所載爲靖康時事，當作「江寧府」。

〔一三〕彌遜以江東判運領郡事　按筠谿集李彌遜家傳：「除公江東路轉運判官，就領郡事。」繫年要錄卷六亦作「江東轉運判官李彌遜」，此處「判運」當爲「運判」之誤。

〔一四〕晏敦復　原作「晏端復」，據本書卷三八一本傳、筠谿集李彌遜家傳改。

〔一五〕八年　據繫年要錄卷一一八、筠谿集李彌遜家傳，李彌遜試戶部侍郎及上疏乞外，都在紹興八年，此「八年」應置於上文「試戶部侍郎」之上。

〔一六〕端州　筠谿集李彌遜家傳作「筠州」。

宋史卷三百八十三

列傳第一百四十二

陳俊卿　虞允文　辛次膺

陳俊卿字應求，興化人。幼莊重，不妄言笑。父死，執喪如成人。紹興八年，登進士第，授泉州觀察推官。服勤職業，同僚宴集，恆謝不往。一日，郡中失火，守汪藻走視之，諸掾屬方飲某所，俊卿與卒亦假之行，於是例以後至被詰，俊卿唯唯攉謝。已而知其實，問故，俊卿曰：「某不能止同僚之行，又資其僕，安得爲無過。時公方盛怒，其忍幸自解，重人之罪乎？」藻歎服，以爲不可及。

秩滿，秦檜當國，察其不附己，以爲南外睦宗院教授。尋添通判南劍州，未上而檜死，乃以校書郎召。孝宗時爲普安郡王，高宗命擇端厚靜重者輔導之，除著作佐郎兼王府教授。講經輒寓規戒，正色特立。王好鞠戲，因誦韓愈諫張建封書以諷，王敬納之。

累遷監察御史、殿中侍御史。首言：「人主以兼聽爲美，必本至公；人臣以不欺爲忠，必達大體。御下之道，恩威並施，抑驕將，作士氣，則紀綱正而號令行矣。」遂劾韓仲通本以獄事附檜，寃陷無辜，檜黨盡逐而仲通獨全；劉寶總戎京口，恣掊尅，且拒命不分戍；二人遂抵罪。湯思退專政，俊卿言：「冬日無雲而雷，宰相上不當天心，下不厭人望。」詔罷思退。

時災異數見，金人侵軼之勢已形。俊卿乃疏言：「張浚忠藎，白首不渝，竊聞讒言其陰有異志。夫浚之得人心、伏士論，爲其忠義有素。反是，則人將去之，誰復與爲變乎？」疏入，未報，因請對，力言之，上始悟。數月，以浚守建康。又言：「內侍張去爲陰沮用兵，且陳避敵計，搖成算，請按軍法。」上曰：「卿可謂仁者之勇。」除權兵部侍郎。

金主亮渡淮，俊卿受詔整浙西水軍，李寶因之遂有膠西之捷。亮死，詔俊卿治淮東堡砦屯田，所過安輯流亡。金主褎新立，申舊好，廷臣多附和議。俊卿奏：「和戎本非得已，若以得故疆爲實利，得之未必能守，是亦虛文而已。今不若先正名，名正則國威彊，歲幣可損。」因陳選將練兵、屯田減租之策，擇文臣有膽略者爲參佐，俾察軍政、習戎務以儲將材。

孝宗受禪，言：「爲國之要有三：用人、賞功、罰罪，所以行之者至公而已，願留聖意。」遷中書舍人。時孝宗志在興復，方以閫外事屬張浚。以俊卿忠義，沈靖有謀，以本職充江、淮宣撫判官兼權建康府事。奏曰：「吳璘孤軍深入，敵悉衆拒戰，久不決，危道也。兩淮事勢已急，盍分遣舟師直擣山東，彼必還師自救，而璘得乘勝定關中。我及其未至，潰其腹心，此不世之功也。」會主和議方堅，詔璘班師，亦召俊卿。奏陳十事：定規模，振紀綱，勵風俗，明賞罰，重名器，遵祖宗之法，蠲無名之賦〔一〕。

隆興初元，建都督府，俊卿除禮部侍郎參贊軍事。張浚初謀大舉北伐，俊卿以爲未可。會諜報敵聚糧邊地，諸將以爲秋必至，宜先其未動舉兵，浚乃請于朝出師。已而邵宏淵果以兵潰，俊卿退保揚州。主和議者幸其敗，橫議搖之。浚上疏待罪，俊卿亦乞從坐，詔貶兩秩。諫臣尹穡附思退，議罷浚都督，改宣撫使治揚州。俊卿奏：「浚果不可用，別屬賢將；若欲責其後效，降官示罰，古法也。今削都督重權，置揚州死地，如有奏請，臺諫沮之，人情解體，尙何後效之圖？議者但知惡浚而欲殺之，不復爲宗社計。願下詔戒中外協濟，使浚自效。」疏再上，上悟，卽命浚都督，且召爲相，卒爲思退、穡所擠，遣視師江、淮。俊卿累章請罪，以寶文閣待制知泉州，請祠，提舉太平興國宮。

思退旣竄，太學諸生伏闕下乞召俊卿。乾道元年，入對，上勞撫之，因極論朋黨之弊。除吏部侍郎、同修國史。論人才當以氣節爲主，氣節者，小有過當容之；邪佞者，甚有才當察之。錢端禮起戚里爲參政，窺相位甚急，館閣之士上疏斥之。端禮遣客密告俊卿，已即相，當引共政。深拒不聽。翌日，進讀寶訓，適及外戚，因言：「本朝家法，外戚不預政，有深意，陛下宜謹守。」上首肯，端禮憾之。知建康府〔三〕。逾年，授吏部尚書。

時上未能屏鞠戲，將游獵白石。俊卿引漢桓靈、唐敬穆及司馬相如之言力以爲戒。上喜曰：「備見忠讜，朕決意用卿矣。朕在藩邸，知卿爲忠臣。」俊卿拜謝。

受詔館金使，遂拜同知樞密院事。時曾覿、龍大淵怙舊恩，竊威福，士大夫頗出其門。及俊卿館伴，大淵副之，公見外，不交一語，大淵納謁，亦謝不接。洪邁白俊卿：「人言鄭聞除右史，某當除某官，信乎？」詰所從，邁以淵、覿告。具以邁語質於上，上曰：「朕曷嘗謀及此輩，必竊聽得之。」有旨出淵、覿，中外稱快。

金移文邊吏，取前所俘。俊卿請報以「誓書云：俘虜叛亡是兩事，俘虜發已多，叛亡不應遣。且本朝兩淮民，上國俘虜亡慮數萬，本朝未嘗以爲言，恐壞和議，使兩境民不安。或至交兵，則屈直勝負有在矣」。

鎭江軍帥戚方刻削軍士，俊卿奏：「內臣中有主方者，當併懲之。」卽詔罷方，以內侍陳瑤、李宗回付大理究贓狀。十一月，當郊而雷，上內出手詔，戒飭大臣，葉顒、魏杞坐罷。俊卿參知政事。時四明獻銀鑛，將召冶工卽禁中鍛之。俊卿奏：「不務帝王之大，而屑屑有司之細，恐爲有識所窺。」從官梁克家、莫濟俱求補外，俊卿奏：「二人皆賢，其去可惜。」於是劾奏洪邁姦險讒佞，不宜在左右，罷之。減福建鈔鹽，罷江西和糴、廣西折米鹽錢，蠲諸道宿逋金穀錢帛以巨萬計，於是政事稍歸中書矣。

龍大淵死，上憐曾覿，欲召之。俊卿曰：「自出此兩人，中外莫不稱頌。今復召，必大失天下望。臣請先罷。」遂不召。殿前指揮使王琪被旨按視兩淮城壁還，薦和州教授劉甄夫，得召。俊卿言：「琪薦兵將官乃其職，教官有才，何預琪事。」會揚州奏琪傳旨增築城已訖事，俊卿請於上，未嘗有是命。俊卿曰：「若詐傳上旨，非小故。」奏言：「人主萬幾，豈能盡防閑，所恃者紀綱、號令、賞罰耳。不誅琪，何所不爲。」琪削秩罷官。

先是，禁中密旨直下諸軍，宰相多不預聞，內官張方事覺，俊卿奏：「自今百司承御筆處分事，須奏審方行。」從之。既而以內諸司不樂，收前命。俊卿言：「張方、王琪事，聖斷已明，忽諭臣曰：『禁中取一飲一食，必待申審，豈不留滯。』臣所慮者，命令之大，如三衙發兵，戶部取財，豈爲宮禁細微事。臣等備數，出內陛下命令耳。凡奏審欲取決陛下，非臣欲專之，且非新條，申舊制耳。已行復收，中外惶惑，恐小人以疑似激聖怒。」上曰：「朕豈以小人言疑卿等耶？」

同知樞密院事劉珙進對，爭辨激切，忤旨，既退，手詔除珙端明殿學士，奉外祠。俊卿卽藏去，密具奏：「前日奏箚，臣實草定，以爲有罪，臣當先罷。珙之除命，未敢奉詔。陛下卽位以來，納諫諍，體大臣，皆盛德事。今珙以小事獲罪，臣恐自此大臣皆阿順持祿，非國家福。」上色悔久之，命珙帥江西。俊卿退自劾，上手札留之，且曰：「卿雖百請，朕必不從。」

四年十月，制授尙書右僕射、同中書門下平章事兼樞密使。俊卿以用人爲己任，所除吏皆一時選，獎廉退，抑奔競。或才可用，資歷淺，密薦於上，未嘗語人。每接朝士及牧守自遠至，必問以時政得失，人才賢否。

虞允文宣撫四川，俊卿薦其才堪相。五年正月，上召允文爲樞密使，至則以爲右相，俊卿爲左相。允文建議遣使金以陵寢爲請，俊卿面陳，復手疏以爲未可。上御弧矢，弦激致目眚，六月始御便殿。俊卿疏曰：「陛下經月不御外朝，口語籍籍，皆輔相無狀，不能先事開陳，虧損聖德。陛下憂勤恭儉，淸靜寡欲，前代英主所不能免者皆屛絕，顧於騎射之末猶未能忘。臣知非樂此，志圖恢復，故俯而從事，以閱武備，激士氣耳。願陛下任智謀，明賞罰，恢信義，則英聲義烈，不越尊俎，固已震慴敵人於萬里之遠，豈待區區騎射於百步間哉。陛下一身，宗社生靈之休戚繫焉，願以今日之事，永爲後戒。」

曾覿官滿當代，俊卿預請處以浙東總管。上曰：「覿意似不欲爲此官。」俊卿曰：「前此陛下去二人，公論甚愜。願捐私恩，伸公議。」覿怏怏而去。樞密承旨張說爲親戚求官，憚俊卿不敢言，會在告，請於允文，得之。俊卿聞敕已出，語吏留之。說皇恐來謝，允文亦愧，猶爲之請，俊卿竟不與，說深憾之。吏部尚書汪應辰與允文議事不合，求去，俊卿數奏應辰剛毅正直，可爲執政。上初然之，後竟出應辰守平江。自是上意鄉允文，而俊卿亦數求去。

明年，允文復申陵寢之議，上手札諭俊卿，俊卿奏：「陛下痛念祖宗，思復故疆，臣雖疲駑，豈不知激昂仰贊聖謨，然於大事欲計其萬全，俟一二年間，吾之事力稍充乃可，不敢迎合意指誤國事。」即杜門請去，以觀文殿大學士帥福州。陛辭，猶勸上遠佞親賢，修政攘敵，泛使未可輕遣。既去，允文卒遣使，終不得要領。曾覿亦召還，建節鉞，躋保傅，而士大夫莫敢言。

俊卿至福州，政尚寬厚，嚴於治盜，海道晏清，以功進秩。轉運判官陳峴建議改行鈔鹽法，俊卿移書宰執，極言福建鹽法與淮、浙異，遂不果行。明年，請祠，提舉洞霄宮。歸第，弊屋數楹，怡然不介意。

淳熙二年，再命知福州。累章告歸，除特進，起判建康府兼江東安撫。召對垂拱殿，命坐賜茶，因從容言曰：「將帥當由公選，臣聞諸將多以賄得。曾覿、王抃招權納賄，進人皆以中批行之。贓吏已經結勘，而內批改正，將何所勸懲？」上曰：「卿言甚當。」朝辭，奏曰：「去國十年，見都城穀賤人安，惟士大夫風俗大變。」上曰：「何也？」俊卿曰：「向士大夫奔覿、抃之門，十纔一二，尚畏人知，今則公然趨附已七八，不復顧忌矣。人材進退由私門，大非朝廷美事。」上曰：「抃則不敢。覿雖時或有請，朕多抑之，自今不復從矣。」俊卿曰：「此曹聲勢既長，侍從、臺諫多出其門，毋敢爲陛下言，臣恐壞朝廷紀綱，廢有司法度，敗天下風俗，累陛下聖德。」命二府飲餞浙江亭。

俊卿去建康十五年，父老喜其再來。爲政寬簡，罷無名之賦。時御前多行「白劄」，用左右私人持送，俊卿奏非便，上手札獎諭。除少保、判建康府如故。八年上章告老〔三〕，以少師、魏國公致仕。十三年十一月薨，年七十四。方屬疾，手書示諸子云：「遺表止謝聖恩，勿祈恩澤及功德，勿請謚樹碑。」上聞嗟悼，輟視朝，贈太保，命本路轉運司給葬事，賜謚正獻。

俊卿孝友忠敬，得於天資，清嚴好禮，終日無惰容。平居恂恂若不能言，而在朝廷正色危論，分別邪正，斥權勢無顧避。凡所奏請，關治亂安危之大者。雅善汪應辰、李燾，尤敬朱熹，屢嘗論薦。其薨也，熹不遠千里往哭之，又狀其行。有集二十卷。

子五人，宓有志于學，終承奉郎，朱熹爲銘其墓。宓自有傳。

虞允文字彬甫，隆州仁壽人。父祺，登政和進士第，仕至太常博士、潼川路轉運判官。允文六歲誦九經，七歲能屬文。以父任入官。丁母憂，哀毁骨立。既葬，朝夕哭墓側，墓有枯桑，兩烏來巢。念父之鰥且疾，七年不調，跬步不忍離左右。父死，紹興二十三年始登進士第〔四〕，通判彭州，權知黎州、渠州。

秦檜當國，蜀士多屏棄。檜死，高宗欲收用之，中書舍人趙逵〔五〕首薦允文，召對，謂人君必畏天，必安民，必法祖宗。又論士風之弊，以文章進必抑其輕浮，以言語進必黜其巧僞，以政事進必去其苛刻，庶可任重致遠。且極論四川財賦科納之弊。上嘉納之。

除祕書丞，累遷禮部郎官。金主亮修汴，已有南侵意。王綸還，言敵恭順和好。湯思退再拜賀，置邊備不問。及金使施宜生頗泄敵情，張燾密奏之。亮又隱畫工圖臨安湖山以歸。亮賦詩，情益露。允文上疏言：「金必敗盟，兵出有五道，願詔大臣豫思備禦。」時三十年正月也。十月，借工部尚書充賀正使，與館伴賓射，一發破的，衆驚異之。允文見運糧造舟者多，辭歸，亮曰：「我將看花洛陽。」允文還，奏所見及亮語，申言淮、海之備。

除中書舍人、直學士院。三衙管軍以宦寺充承受，允文言：「自古人主大權，不移於姦臣，則落於近倖。秦檜盜權十有八年，檜死，權歸陛下。邇來三衙交結中官，宣和、明受厥鑒未遠。」上大悟，立罷之。

金使王全、高景山來賀生辰，口傳亮悖慢語，欲得淮南地，索將相大臣議事。於是召三衙大將趙密等議舉兵，侍從、臺諫集議。宰臣陳康伯傳上旨：「今日更不問和與守，直問戰當如何。」遣成閔爲京、湖制置使，將禁衞五萬禦襄、漢上流。允文曰：「兵來不除道，敵爲虛聲以分我兵，成其出淮姦謀爾。」不聽，卒遣閔。七月，金主亮徙汴，允文復語康伯：「閔軍約程在江、池，宜令到池者駐池，到江者駐江。若敵兵出上流，則荊湖之軍捍於前，江、池之軍援於後；若出淮西，則池之軍出巢縣，江州軍出無爲，可爲淮西援，是一軍而兩用之。」康伯然其說，而閔軍竟屯武昌。

九月，金主命李通爲大都督，造浮梁于淮水上。金主自將，兵號百萬，氊帳相望，鉦鼓之聲不絕。十月，自渦口渡淮。先是，劉錡措置淮東，王權措置淮西。至是，權首棄廬州，錡亦回揚州，中外震恐。上欲航海，陳康伯力贊親征。是月戊午，樞臣葉義問督江、淮軍，允文參謀軍事。權又自和州遁歸，錡回鎭江，盡失兩淮矣。

十一月壬申，金主率大軍臨采石，而別以兵爭瓜洲。朝命成閔代錡、李顯忠代權，錡、權皆召。義問被旨，命允文往蕪湖趣顯忠交權軍，且犒師采石，時權軍猶在采石。丙子，允文至采石，權已去，顯忠未來，敵騎充斥。我師三五星散，解鞍束甲坐道旁，皆權敗兵也。

允文謂坐待顯忠則誤國事，遂立招諸將，勉以忠義，曰：「金帛、告命皆在此，待有功。」衆曰：「今既有主，請死戰。」或曰：「公受命犒師，不受命督戰，他人壞之，公任其咎乎？」允文叱之曰：「危及社稷，吾將安避？」

至江濱，見江北已築高臺，對植絳旗二、繡旗二，中建黃屋，亮踞坐其下。諜者言，前一日刑白黑馬祭天，與衆盟，以明日濟江，晨炊玉麟堂，先濟者予黃金一兩。時敵兵實四十萬，馬倍之，宋軍纔一萬八千。允文乃命諸將列大陣不動，分戈船爲五，其二並東西岸而行，其一駐中流，藏精兵待戰〔六〕，其二藏小港，備不測。部分甫畢，敵已大呼，亮操小紅旗麾數百艘絕江而來，瞬息，抵南岸者七十艘，直薄宋軍，軍小卻。允文入陣中，撫時俊之背曰：「汝膽略聞四方，立陣後則兒女子爾。」俊即揮雙刀出，士殊死戰。中流官軍亦以海鰌船衝敵，舟皆平沉，敵半死半戰，日暮未退。會有潰軍自光州至，允文授以旗鼓，從山後轉出，敵疑援兵至，始遁。又命勁弓尾擊追射，大敗之，僵尸凡四千餘，殺萬戶二人，俘千戶五人及生女眞五百餘人。敵兵不死于江者，亮悉敲殺之，怒其不出江也。以捷聞，犒將士，謂之曰：「敵今敗，明必復來。」夜半，部分諸將，分海舟縋上流，別遣兵截楊林口。丁丑，敵果至，因夾擊之，復大戰，焚其舟三百，始遁去，再以捷聞。既而敵遣僞詔來諭王權，似有宿約。允文曰：「此反間也。」仍復書言：「權已寘典憲，新將李世輔也，願一戰以決雌雄。」亮得書大怒，遂焚龍鳳車，斬梁漢臣及造舟者二人，乃趨瓜洲。漢臣，敎亮濟江者也。

顯忠至自蕪湖，允文語之曰：「敵入揚州，必與瓜洲兵合，京口無備，我當往，公能分兵相助乎？」顯忠分李捧軍萬六千往京口，葉義問亦命楊存中將所部來會。允文還建康，卽上疏言：「敵敗於采石，將徼幸於瓜洲。今我精兵聚京口，持重待之，可一戰而勝。乞少緩六飛之發。」

甲申，至京口。敵屯重兵滁河，造三牐儲水，深數尺，塞瓜洲口。時楊存中、成閔、邵宏淵諸軍皆聚京口，不下二十萬，惟海鰌船不滿百，戈船半之。允文謂遇風則使戰船，無風則使戰艦，數少恐不足用。遂聚材治鐵，改修馬船爲戰艦，且借之平江，命張深守滁河口，扼大江之衝，以苗定駐下蜀爲援。庚寅，亮至瓜洲，允文與存中臨江按試，命戰士踏車船中流上下，三周金山，回轉如飛，敵持滿以待，相顧駭愕。亮笑曰：「紙船耳。」一將跪奏：「南軍有備，未可輕，願駐揚州，徐圖進取。」亮怒，欲斬之，哀謝良久，杖之五十。乙未，亮爲其下所殺。

初，亮在瓜洲，聞李寶由海道入膠西，成閔諸軍方順流而下，亮愈怒。還揚州，召諸將約三日濟江，否則盡殺之。諸將謀曰：「進有渰殺之禍，退有敲殺之憂，柰何？」有萬戴者曰：「殺郎主，與南宋通和歸鄉則生矣。」衆曰：「諾。」亮有紫茸細軍，不臨陣，恆以自衞，衆患之，有蕭遮巴者紿之曰：「淮東子女玉帛皆聚海陵。」且嗾使往，紐軍去而亮死。

丙申，敵人退屯三十里，遣使議和。己亥，奏聞。召入對，上慰藉嘉歎，謂陳俊卿曰：「虞允文公忠出天性，朕之裴度也。」詔免扈從，往兩淮措置。允文至鎮江，奏收兩淮三策，不報。

明年正月，上至建康。尋議回鑾，詔以楊存中充江淮、荆襄路宣撫使，允文副之。給、舍繳存中除命，於是允文充川陝宣諭使。陛辭，言：「金亮既誅，新主初立，彼國方亂，天相我恢復也。和則海內氣沮，戰則海內氣伸。」上以爲然。允文至蜀，與大將吳璘議經略中原，璘進取鳳翔，復鞏州。金治兵爭陝西新復州郡，蜀士欲棄之，允文持不可。

孝宗受禪，朝臣有言西事者，謂官軍進討，東不可過寶雞，北不可過德順，且欲用忠義人守新復州郡，官軍退守蜀口。允文爭之不得，吳璘遂歸河池，蓋用參知政事史浩議，欲盡棄陝西，臺諫袁季、任古附和其說。允文再上疏，大略言：「恢復莫先於陝西，陝西五路新復州縣又係於德順之存亡，一旦棄之，則窺蜀之路愈多，西和、階、成，利害至重。」前後凡十五疏，且移書陳康伯，康伯牽於同列，不能回也。上將召允文問陝西事，執政忌其來，以顯謨閣直學士知夔州，尋又命奏事。

隆興元年入對，史浩既素主棄地，及拜相，亟行之，且親爲詔，有曰：「棄雞肋之無多，免狠心之未已。」允文入對言：「今日有八可戰。」上問及棄地，允文以劃畫地，陳其利害。上曰：「此史浩誤朕。」以敷文閣待制知太平州，尋除兵部尚書、湖北京西宣撫使，改制置使。

時朝廷遣盧仲賢使金議和，湯思退又欲棄唐、鄧、海、泗，手詔謂唐、鄧非險要，可寘度外，允文五上疏力爭。思退怒，卽奏曰：「此皆以利害不切於己，大言誤國，以邀美名。宗社大事，豈同戲劇。」上意遂定。思退陽請召允文，實欲去之也。允文上印，猶以四州不可棄爲請，乞致仕。詔以顯謨閣學士知平江府。思退竟決和議，割唐、鄧。

二年，金兵復至，思退貶，上悔不用允文言。陳俊卿亦薦允文堪大用，除端明殿學士、同簽書樞密院事。

乾道元年，拜參知政事兼知樞密院事。是秋，金遣完顏仲有所議，偃蹇不敬，允文請斬之，廷有異論，不果。會錢端禮受李宏玉帶，事連允文，爲御史章服所論，罷政，奉祠西歸。

三年二月，召至闕，除知樞密院事兼參知政事。吳璘卒，議擇代，上諭允文曰：「吳璘旣卒，汪應辰恐不習軍事，無以易卿。凡事不宜効張浚迂闊，軍前事，卿一一親臨之。」卽拜資政殿大學士、四川宣撫使，尋詔依舊知樞密院事。歸蜀一月，召至闕，不數月復使蜀。太上賜御書聖主得賢臣頌，上又爲之製跋，陛辭，復以所御雙履及甲胄賜焉。

過郢，奏築黄鷹山城。過襄陽，奏修府城。八月至漢中，又往沔陽。九月，至益昌。先被手詔戒九事，洎至蜀，悉奉而行，尤以軍政爲急。又奏閱實諸軍，第其壯怯爲三，上備戰，中下備輜重，老者少者不預。汰兵凡萬人，減緡錢四百萬。汰去兵有勞績者，置員闕處之。興、洋義士，民兵也，紹興初以七萬計，大散之戰，將不授甲，驅之先官軍，死亡略盡。命利帥晁公武覈實，得二萬三千九百餘人。又得陝西弓箭手法，參紹興制爲一書，俾將吏守之。以馬政付張松，奏依舊制分茶馬爲川、秦司。

初在樞府，蕭遮巴以刷軍中人爲言，允文嘗奏諭三衙撫存之。至是，金、洋、興元歸正人二萬，遮道訴縶縲之苦，允文分給官田，俾咸振業。欲結敵將姜挺、白沂，遴御札募辈人王嗣祖結外蕃以圖金人，又得蕃僧六彪者偕往，竟無成說。時邛、蜀十四郡告饑，荒政凡六十五事〔七〕，劍倅獻羨錢五萬，卻之。

五年八月，拜右僕射、同中書門下平章事兼樞密使。允文多薦知名士，如洪适、汪應辰、及爲相，籍人才爲三等，有所見聞即記之，號材館錄。凡所舉，上皆收用，如胡銓、周必大、王十朋、趙汝愚、晁公武、李燾其尤章明者也。上以兵冗財匱爲憂，允文與陳俊卿議革三衙雜役，汰冗籍，三軍無怨言。

六年，陳俊卿以奏留龔茂良忤上意，上震怒甚，俊卿待命浙江亭，兩日不報。允文請對，極論體貌之道，疊拜榻前，遂命判福州。

詔以范成大爲祈請使，爲陵寢故。金不從，且諜報欲以三十萬騎奉遷陵寢來歸，中外洶洶，荆、襄將帥皆請增戍。允文謂：「金方懲亮，決不輕動，不過以虛聲撼我耳。」遂奏止之。朝論紛然，允文屹不動，敵卒無他。

自莊文太子薨，儲位未定。允文上疏，且屢懇陳。七年正月，上兩宮尊號，議始定，下詔皇第三子恭王惇立爲皇太子，皇子愷以雄武、保寧軍節度使判寧國府。皇太子尋尹臨安。三軍侍衞馬軍司牧地舊在臨安，允文謂地狹不利芻牧，請令就牧鎭江，緩急用騎過江便。有怨語，其後言者以此爲言。

胡銓以臺評去，允文奏留之經筵。銓薦朱熹，上問允文識熹否？允文謂熹不在程頤下，遂召熹，熹不至。檢鼓院以六條抑上書人，允文力言不可，從之。

會慶節，金使烏林答天錫入見，金主壻也，驕倨甚，固請上降榻問金主起居，上不許，天錫跪不起，侍臣錯愕失措。允文請大駕還禁中，且諭之曰：「大駕既興，難再御殿，使人來日隨班上壽。」金使慚而退。

上以僕射名不正，改爲左、右丞相。八年二月，授允文特進、左丞相兼樞密使，梁克家爲右丞相。允文嘗舉克家自代，上不許。是月，以病乞解機政，又薦克家靖重有宰相器，至是始同相，手詔付允文曰：「朕方欲武臣爲樞密，曹勛如何？」允文謂勛人品卑凡，不可用。既而以張說簽書樞密院事，右正言王希呂與臺官交劾之。上怒希呂甚，手詔「與遠惡監當」。允文繳回，上益怒。梁克家曰：「希呂論張說，臺綱也，左相救希呂，國體也。」上怒稍解，卒薄希呂之罰。

四月，御史蕭之敏劾允文，允文上章待罪。上過德壽宮，太上曰：「采石之功，之敏在何許？毋聽其去。」上爲出之敏，且書扇製詩以留之。允文言之敏端方，請召歸以闢言路。上謂其言寬厚，命曾懷書之時政記。

上命選諫官，允文以李彥穎、林光朝、王質對，三人皆鯁亮，又以文學推重於時，故薦之，久不報。曾覿薦一人，賜第，擢諫議大夫。允文、克家爭之，不從。允文力求去，授少保、武安軍節度使、四川宣撫使，進封雍國公。陛辭，上諭以進取之方，期以某日會河南。允文言：「異時戒內外不相應。」上曰：「若西師出而朕遲回，卽朕負卿；若朕已動而卿遲回，卽卿負朕。」上御正衙，酌酒賦詩以遺之，且賜家廟祭器。

九年至蜀。大軍月給米一石五斗，不足贍其家，允文捐宣司錢三十萬易米，計口增給。立戶馬七條，括民馬，奏選良家子以儲戰用。初，北界有寇隣者，擁衆數萬在商、虢間，允文秉政日納款，迨至蜀，復遣人致書允文，不報，羈縻之而已。既而隣謀覺，金密遣人捕之。

葉衡奏聞，允文上疏自辨，因請納祿，不報。

上嘗謂允文曰：「丙午之恥，當與丞相共雪之。」又曰：「朕惟功業不如唐太宗，富庶不如漢文、景。」故允文許上以恢復。使蜀一歲，無進兵期，上賜密詔趣之，允文言軍需未備，上不樂。

淳熙元年薨。後四年，上幸白石大閱，見軍皆少壯，謂輔臣曰：「虞允文行沙汰之効也。」尋詔贈太傅，賜謚忠肅。

允文姿雄偉，長六尺四寸，慷慨磊落有大志，而言動有則度，人望而知為任重之器。早以文學致身臺閣，晚際時艱，出入將相垂二十年，孜孜忠勤無二焉。嘗注唐書、五代史，藏于家。有詩文十卷，經筵春秋講義三卷，奏議二十二卷，內外志十五卷，行于世。子三人：公亮、公著、杭孫。孫八人，皆好修，唯剛簡最知名，嘉定中，召不至，終利路提點刑獄。

辛次膺字起季，萊州人。幼孤，從母依外氏王聖美於丹徒。俊慧力學，日誦千言。甫冠，登政和二年進士第，歷官為單父丞。

値山東亂，舉室南渡。屬閩寇范汝爲陷建州，宰相呂頤浩以次膺宰浦城〔八〕，遏賊衝。比至，寇黨熊志寧已焚其邑。於是披荊棘，坐瓦礫中，安輯吏民，料丁壯，治器械，阨險阻，號令不煩，邑民便之。數月，韓世忠破賊，復建州，除審計司。餘黨范黑龍破隣邑，閩帥張守檄次膺，俟賊平而後行。乃募鄉兵習彊弩，賊至，與之夾水而陣，矢齊發，賊奔潰，生致首領五人，餘悉宥之。

用參政孟庾薦，召對，奏用人貴於務實，施令在於必行。遷駕部。願敕郡邑省耕薄征，務農抑末。又奏：「中原之人，棄墳墓生業，從巡江左，饑寒殞仆。願加存拊，可以堅中原徯后之心。」遷吏部郞、湖北運判，中途召還，見高宗于建康行宮，首言救世之弊，上稱善，敕以所奏榜朝堂。

擢右正言。奏：「願閱兵將，親簡拔，攬恩威之柄，使人人知朝廷之尊。左右近習，久則干政，願杜其漸。兵連不解，十年于玆。一歲用錢三十萬、米四百萬石，諸路常賦僅足支其半，餘悉取諸民。乞罷不急之務，節姑息之澤，省冗官，汰懦兵。」

韓世忠男直祕閣，次膺奏曰：「攻城野戰，世忠功也，其子何與？石渠、東觀，圖書府也，武功何與？倖門一啓，援例者衆。」又奏：「今主議者見小利忽大計，偏師偶勝，遽思進討，便謂攻爲有餘；讐奏稍聞，首陳退舍，便謂守爲不足。願嚴紀律，謹烽燧，明間探。」上皆信納。聞韓世忠將自楚州移軍鎭江，復陳可慮者五。王倫使北請和，次膺言：「宣和海上之約，靖康城下之盟，口血未乾，兵隨其後。今日之事當識其詐。」

時秦檜在政府，爲其妻兄王仲嶷敍兩官。次膺劾仲嶷奴事朱勔，投拜金酋，罪在不赦。又劾知撫州王喚違法佃官田，不輸租。其父仲山，先知撫州，屈膝金人，喚繼其後，何顏見吏民？喚，檜之妻兄也。章留中。次膺再論之曰：「近臣奏二人，繼聞追寢除命，是皆檜容私營救，陛下曲從其欲，國之紀綱，臣之責任，一切廢格。借使貴連宮掖，親如肺附，寵任非宜，臣亦得論之，而大臣之姻婭，乃不得繩之耶？望陛下奮乾剛之威，戒蒙蔽之漸。」

求去，除直祕閣、湖南提刑。先是，湖南賊龍淵、李朝擁衆數萬，據衡之茶陵，檜匿不奏，乃以見闕處次膺。陛辭，上曰：「卿以將母爲請，朕不得留。湖湘風物甚佳，且無盜賊，職名異恩，卒歲當召。」既抵長沙，賊勢方張，戍將抽回，始悟檜欲陷之。即單車趨茶陵，擒賊驍將戮之，募賊黨毛義、龍麟等，齎榜諭以朝廷抽回戍將，務欲招安，宜亟降，待以不死。龍淵、李朝相繼降，仍請料精銳，可得禁旅萬餘。次膺笑曰：「是皆吾民，正當棄兵甲，持鋤耰，趣令復業。」奏茶陵爲軍。

金好成，赦書至衡陽，次膺極陳其詐，略曰：「臣昨在諫列，嘗數論金人變詐無常，願陛下爲宗社生靈深慮。近觀邸報，樞密院編修官胡銓妄議和好，歷詆大臣，除名遠竄。已而得銓書藁，乃知朝廷遽欲屈己稱藩，臣未知其可。大臣懷姦固位，不恤國計，媕娿趨和，謬以爲便，臣不知天下之人以爲便乎？『父之讎不與共戴天，兄弟之讎不反兵』。棄讎釋怨，盡除前事，降萬乘之尊，以求說於敵，天下之人，果能遂亡怨痛以從陛下之志乎？」書奏，不報。金陷三京。

次膺罷，奉祠。秦檜以其負重名，欲先移書，當稍收用，次膺笑而不答。閱十六年，貧益甚，亡毫髮求於人。檜死，起知婺州，三日被召。至國門，以足疾求去。加秘閣修撰，還郡。再召見，歷言仇怨當國，老母幾委溝壑，因奏國本未立，上改容曰：「誰可？」次膺曰：「知子莫若父。」上稱善。擢權給事中。蔣璨權戶部侍郎，次膺駁璨不守正，事交結，出璨知平江。御史中丞湯鵬舉劾次膺假權報怨，除待制、宮觀。起知泉州，移福建帥。丁母憂，乞納祿。

孝宗即位，手詔趣召。既至，奏：「陛下用賢必考覈事功，勿以一人譽用之，一人毀去之，出令要無反汗，納善要知轉圜。練兵恤民，經理兩淮，使敵不能乘虛而入。」是日，除御史中丞。朝德壽宮，高宗一見，謂「惜間卿於彊健時」。

上將以春饗迎高宗詣延祥觀，幸玉津園。次膺奏：「欽宗服未終，方停策士，且金人嫚書甫至，意在交兵，矧原野間禁衞稀少，當過爲之慮，兼一出費十數萬緡，曷若以資兵食。」

時兩淮盡爲荒野，次膺奏：「乞集遺甿歸業，借種牛，或令在屯兵從便耕種，此足兵良法。」至若戚閔之貪饕，湯思退之朋附，葉義問之姦罔，皆以次論劾。每章疏一出，天下韙之。上方厲精政事，次膺每以名實爲言，多所裨益，呼其官不名。

隆興改元三月，同知樞密院事。符離之師，捷奏日聞，次膺手疏千言，乞持重。未幾，軍果潰。及見，上顏色不樂，奏言：「師潰而歸，張浚彈壓必無他，此上天大儆戒於陛下。」上歎其先見。

拜參知政事，以疾力祈免。且奏曰：「王十朋除侍史，雖上親擢，天下皆知臣嘗薦其賢。湯思退召將至，亦知臣嘗疏其姦。臣不引避，人其謂何？」除資政殿學士、提擧洞霄宮。陛辭，賜茶，甚惜其去。次膺奏：「臣與思退，理難同列。」上曰：「有謂湯思退可用者。」次膺奏：「今日之事，恐非思退能辨。思退固不足道，竊恐誤國家事。」乾道六年閏五月卒，年七十九。

次膺孝友淸介，立朝謇諤。仕宦五十年，無絲毫挂吏議。爲政貴淸靜，先德化，所至人稱其不煩。善屬文，尤工於詩。

論曰：孝宗志恢復，特任張浚，俊卿斥姦黨，明公道，以爲之佐。洎居中書，知無不爲，言無不盡，蓋其立志一以先哲爲法，非他相可擬也。允文許國之忠，炳如丹青。金庶人亮之南侵，其鋒甚鋭，中外倚劉錡爲長城，錡以病不克進師。允文儒臣，奮勇督戰，一舉而挫之，亮乃自斃。昔赤壁一勝而三國勢成，淮淝一勝而南北勢定。允文采石之功，宋事轉危爲安，實係乎此。及其罷相鎭蜀，受命興復，尅期而往，志雖未就，其能慷慨任重，豈易得哉？次膺力排羣邪，無負言責，涖政不煩，居約有守。晚再立朝，謇諤尤著，南渡直言之臣，宜爲首稱焉。

校勘記

〔一〕奏陳十事定規模振紀綱勵風俗明賞罰重名器遵祖宗之法蠲無名之賦　按云「奏陳十事」，但所舉只七事，據朱熹朱文公文集卷九六陳俊卿行狀，除上述七事外，尚有「杜邪枉之門」、「裁任子之恩」、「限改官之數」三事，楊萬里誠齋集卷一二三陳俊卿墓誌銘同，疑此有脫文。

〔二〕建康府　誠齋集卷一二三陳俊卿墓誌銘同，本書卷三八五錢端禮傳、朱文公文集卷九六陳俊卿行狀、宋史全文卷二四皆作「建寧府」。

〔三〕八年上章告老　「年」字原脫，據朱文公文集卷九六陳俊卿行狀、誠齋集卷一二三陳俊卿墓誌銘補。

〔四〕紹興二十三年始登進士第　「二十三年」，誠齋集卷一二〇虞允文神道碑作「二十四年」。

〔五〕中書舍人趙逵　按十朝綱要卷二〇，宋高宗朝中書舍人有趙逵，而無「趙逵」；本書卷三八一趙逵傳、繫年要錄卷一七六、宋史全文卷二二下，趙逵嘗薦蜀士，並官至中書舍人，此「趙逵」疑爲「趙逵」之誤。

〔六〕藏精兵待戰　「待戰」原作「代戰」，據誠齋集卷一二〇虞允文神道碑、繫年要錄卷一四九改。

〔七〕時邛蜀十四郡告饑荒政凡六十五事　按邵經邦弘簡錄卷一一〇本傳，「荒政」上有一「上」字，疑是。

〔八〕浦城　原作「蒲城」，據李幼武四朝名臣言行錄別集下卷六辛次膺條、本書卷八九地理志「建寧府」條改。

宋史卷三百八十四

列傳第一百四十三

陳康伯　梁克家　汪澈　葉義問　蔣芾　葉顒　葉衡

陳康伯字長卿，信之弋陽人。父亨仲，提舉江東常平。康伯幼有學行。宣和三年，中上舍丙科。累遷太學正。丁內艱。貴溪盜將及其鄉，康伯起義丁逆擊，俘其渠魁，邑得全。建炎末，爲敕令删定官，預脩紹興敕令。尋通判衢州，攝郡事。盜發白馬原，康伯督州兵濟王師進討，克之。除太常博士，改提舉江東常平茶鹽。高宗進蹕建康，康伯以職事過闕，得對，因請擇將，上開納。

紹興八年，除樞密院大計議官。累遷戶部司勳郎中。康伯與秦檜太學有舊，檜當國，康伯在郎省五年，泊然無求，不偷合。十三年，始遷軍器監。借吏部尙書使金，至汴將晡，不供餉，閉戶臥勿問；入夜，館人扣戶謝不敏，亦不對。後因金使至，詔康伯館伴，端午賜扇帕，與論拜受禮，言者以生事論，罷知泉州。

海盜間作，朝廷遣劉寶、成閔逐捕，康伯以上意招懷，盜多出降，籍爲兵。久之，不逞者陰倡亂，康伯訊得實，論殺之，州以無事。秩滿，三奉祠，垂十年。

檜死，起知漢州，將出峽，召對，除吏部侍郎。康伯首請節用寬民，凡州縣取民無藝，許監司互察，臺諫彈劾。尋兼禮、戶部。乞約歲用，會所入，儲什之一二備水旱。奏上，議竟不決。兼刑部。前此有司希檜意興大獄，康伯平讞直冤，士大夫存歿多賴之。除吏部尚書。宰臣擬用「權尚書」出命，高宗顧曰：「朕且大用，何『權』爲？」尋拜參知政事。

自孫道夫使北還，已聞金以買馬非約爲言，朝廷特恃和，康伯與同知樞密院事王綸白發其端。綸使還，乃言和好無他，康伯持初論不變。九月，以通奉大夫守尚書右僕射、同中書門下平章事，例賜銀絹，康伯固辭，減半，又辭。兼史院。上嘗謂其「靜重明敏，一語不妄發，眞宰相也。」又命與湯思退輔政，事勿憚商論，惟其當而已。康伯言：「大臣事當盡公，若依阿植黨，此鄙夫患失者，臣非惟不敢，亦素不能。」高宗嘆其長者。普安郡王居潛藩，高宗一日謂康伯，當以使相封眞王，今宜冠以屬籍，於是詔以爲皇子，封建王，實三十年二月也。

明年三月，拜光祿大夫、尚書左僕射。五月，金遣使賀天申節，出嫚言，求淮、漢地，指取將相大臣，且以淵聖凶問至。康伯主禮部侍郎黃中之論，持斬衰三年。先是，葉義問、賀允中使還，言金必敗盟，康伯請早爲之備，建四策：一，增劉錡荆南軍，以重上流；二，分畫兩淮地，命諸將結民社，各保其境；三，劉寶〔二〕獨當淮東，將驕卒少，不可倚；四，沿江諸郡脩城積糧，以固內地。至是，召三衙帥及楊存中至都堂議舉兵，又請侍從、臺諫集議，康伯傳上旨曰：「今日更不問和與守，直問戰當如何。」時上意雅欲視師，內侍省都知張去爲陰沮用兵，且陳退避策，中外妄傳幸閩、蜀，人情洶洶。右相朱倬無一語，同知樞密院事周麟之受命聘金，憚不欲行，康伯獨以爲己任，奏曰：「金敵敗盟，天人共憤，今日之事有進無退，聖意堅決，則將士之意自倍。願分三衙禁旅助襄、漢，待其先發應之。」康伯勉周麟之以國事，麟之語侵康伯，康伯曰：「使某不爲宰相，當自行，大臣與國存亡，雖死安避。」麟之竟以辭行罷，尋貶責。殿中侍御史陳俊卿言當用張浚，且乞斬張去爲以作士氣。康伯以俊卿振職，奏權兵部侍郎。

九月，金犯廬州，王權敗歸，中外震駭，朝臣有遣家豫避者。康伯獨具舟迎家入浙，且下令臨安諸城門扃鑰率遲常時，人恃以安。敵迫江上，召楊存中至內殿議之，因命就康伯議。康伯延之入，解衣置酒，上聞之已自寬。翌日，入奏曰：「聞有勸陛下幸越趨閩者，審爾，大事去矣，盍靜以待之。」

一日，忽降手詔：「如敵未退，散百官。」康伯焚之而後奏曰：「百官散，主勢孤矣。」上意既堅，請下詔親征，以葉義問督江、淮軍，虞允文參謀軍事。上初命朱倬爲都督，倬辭，乃命義問。允文尋敗敵於采石，金主亮爲其臣下所斃而還。

方亮之犯江，國人卽立葛王褎。三十二年，始遣高忠建來告登位，議授書禮，康伯以誼折之，於是報書始用敵國禮。

高宗倦勤，有與子意，康伯密贊大議，乞先正名，俾天下咸知聖意，遂草立太子詔以進。及行內禪禮，以康伯奉册。孝宗卽位，命兼樞密使，進封信國公，禮遇殊渥，但呼丞相而不名。

康伯自建康扈從回，卽以病祈去位，不允。明年，改元隆興，請益堅，遂以太保、觀文殿大學士、福國公判信州。上慰勞甚勤，且曰：「有宣召，愼勿辭。」宰執卽府餞別，百官班送都門外。已又辭郡，丐外祠，除醴泉觀使。

二年八月，起判紹興府，且令赴闕奏事，復辭。未幾，召陪郊祀。時北兵再犯淮甸，人情驚駭，皆望康伯復相。上出手札，遣使卽家居召之。未出里門，拜尙書左僕射、同中書平章事兼樞密使，進封魯國公。親故謂康伯實病，宜辭，康伯曰：「不然。吾大臣也，今國家危，當輿疾就道，幸上哀而歸之爾。」道聞邊遽，兼程以進，至闕下，詔子安節、壻文好謙掖以見，減拜賜坐。間日一會朝，許肩輿至殿門，仍給扶，非大事不署。敵師退，尋以目疾免朝謁，臥家，旬餘一奏事。

乾道元年正月上辛，有事南郊，康伯起陪祠，已卽丐歸，章屢上，不許。一日出殿門，喘劇，輿至第薨，年六十有九。贈太師，謚文恭，擇日臨奠，子偉節固辭，乃止。命工部侍郎何俌護喪歸。

二子：偉節，除直祕閣；安節，賜同進士出身，五辭不受，上手札批諭，寄留省中以成其美，康伯薨，給還之。慶元初，配享孝宗廟庭，改謚文正。

梁克家字叔子，泉州晉江人。幼聰敏絕人，書過目成誦。紹興三十年，廷試第一，授平江簽判。時金主亮死，衆皆言可乘機進取，克家移書陳俊卿，謂：「敵雖遁，吾兵力未振，不量力而動，將有後悔。」俊卿歸以白丞相陳康伯，歎其遠慮。召爲祕書省正字，遷著作佐郎。

時災異數見，克家奏宜下詔求言，從之，令侍從、臺諫、卿監、郎官、館職疏闕失。克家條六事：一正心術，二立紀綱，三救風俗，四謹威柄，五定廟算，六結人心。其論定廟算，謂今邊議不過三說，曰將、兵、財，語甚切直。累遷中書舍人。

使金，金以中朝進士第一，敬待之，卽館宴射，連數十發中的。金人來賀慶會節，克家請令金使入朝由南門，百官由北門，從者毋輒至殿門外，以肅朝儀，詔定爲令。

郊祀有雷震之變，克家復條六事。遷給事中，凡三年，遇事不可，必執奏無隱。嘗奏：「陛下欲用實才，不喜空言，空言固無益，然以空言爲懲，則諫爭之路遂塞，願有以開導之。」上欣納，因命條具風俗之弊，克家列四條，曰欺罔、苟且、循默、奔競，上手筆獎諭。

乾道五年二月，拜端明殿學士、簽書樞密院事。明年，參知政事。又明年，兼知院事。初脩金好，金索所獲俘，啓釁未已。克家請築楚州城，環舟師于外，邊賴以安。在政府，與虞允文可否相濟，不苟同。皇太子初立，克家請選置官屬，增講讀員，遂以王十朋、陳良翰爲詹事，中外稱得人。允文主恢復，朝臣多迎合，克家密諫，數不合，力丐去。上曰：「兵終不可用乎？」克家奏：「用兵以財用爲先，今用度不足，何以集事？」上改容曰：「朕將思之。」詰朝，上面諭曰：「朕終夜思卿言，至當，毋庸去。」

八年，詔更定僕射爲左右丞相，拜克家爲右丞相兼樞密使。一日，上謂宰執曰：「近過德壽宮，太上頤養愈勝，天顏悅懌，朕退不勝喜。」克家奏：「堯未得舜以爲己憂，旣得舜，固宜甚樂。」允文奏：「堯獨高五帝之壽以此。」上曰：「然。」允文旣罷相，克家獨秉政，雖近戚權倖不少假借，而外濟以和。張說入樞府，公議不與，寢命，俄復用。說怒士夫不附己，謀中傷之，克家悉力調護，善類賴之。

議金使朝見授書儀，時欲移文對境以正其禮，克家議不合，遂求去，以觀文殿大學士知建寧府〔三〕。陛辭，上以治效爲問，克家勸上無求奇功。既而三省、密院卒移牒泗州，敵不從，遣泛使來，舉朝震駭。後二年，湯邦彥坐使事貶，天下益服克家謀國之忠。

淳熙八年，起知福州〔三〕，在鎭有治績。趙雄奏欲令再任，降旨仍知福州。召除醴泉觀使。九年九月，拜右丞相，封儀國公。逾月而疾。十三年，命以內祠兼侍讀，賜第，在所存問不絕。十四年六月，薨，年六十。手書遺奏，上爲之垂涕，贈少師，謚文靖。

初，唱第時，孝宗由建邸入侍，愛其風度峻整，及登政府，眷寵尤渥。爲文渾厚明白，自成一家，辭命尤温雅，多行于世。

汪澈字明遠，自新安徙居饒州浮梁。第進士，教授衡州、沅州。用万俟卨薦，爲祕書正字、校書郎。輪對，乞令帥臣、監司、侍從、臺諫各舉將帥，高宗善之，行其言。除監察御史，進殿中侍御史，特賜鞍馬。時和戎歲久，邊防寖弛，澈陳養民養兵、自治豫備之說，累數千言。

顯仁皇后攢宮訖役，議者欲廣四隅，士庶墳在二十里內皆當遷，命澈按視。還奏：「昭慈、徽宗、顯肅、懿節四陵舊占百步，已數十年，今日何爲是紛紛？漢長樂、未央宮夾樗里疾墓，未嘗遷。國朝宮陵儀制，在封堠界內，不許開故合祔，願還出者聽，其意深矣。」高宗大悟，悉如舊。

葉義問使金還，頗知犯邊謀，澈言：「不素備，事至倉卒，靖康之變可鑑。今將驕卒惰，宜加蒐閱，使有鬥心。文武職事務選實才，不限資格。」除侍御史。左相湯思退不協人望，澈同殿中侍御史陳俊卿劾罷，又論鎭江大將劉寶十罪，詔奪節予祠。

三十一年，上元前一夕，風雷雨雪交作，澈言春秋魯隱公時大雷震電，繼以雨雪，孔子以八日之間再有大變，謹而書之。今一夕間二異交至，此陰盛之證，殆爲金人。今荆、襄無統督，江海乏備禦，因陳脩攘十二事。殿帥楊存中久握兵權，內結閹寺，王十朋、陳俊卿等繼論其罪，高宗欲存護使去，澈與俊卿同具奏，存中始罷。

會金使高景山來求釁端，澈言：「天下之勢，彊弱無定形，在吾所以用之。陛下屈己和戎，厚遺金繒，彼輒出惡言，以撼吾國。願陛下赫然睿斷，益兵嚴備，布告中外，將見上下一心，其氣百倍矣。」除御史中丞。

尋遣馬帥成閔以所部三萬人屯荆、襄〔四〕，以澈爲湖北、京西宣諭使，詔凡吏能否、民利病悉以聞。過九江，王炎見澈論邊事，辟爲屬，偕至襄陽撫諸軍。鄂帥田師中老而怯，立奏易之。時欲置襄守荆南，澈奏：「襄陽地重，爲荆楚門戶，不可棄。」敵將劉蕚擁衆十萬，揚聲欲取荆南，又欲分軍自光、黄擣武昌。朝廷以敵昔由此入江南，令吳拱嚴護武昌津渡。拱將引兵回鄂，澈聞之，馳書止拱，而自發鄂之餘兵戍黄州，俾拱留襄。敵騎奄至樊城，拱大戰漢水上，敵衆敗走。時唐、鄧、陳、蔡、汝、潁相次歸職方。未幾，金主亮死，澈乞出兵淮甸，與荆、襄軍夾擊其歸師。未報，而金新主罷兵請和，召澈入爲參知政事，與宰相陳康伯同贊內禪。

孝宗卽位，鋭意恢復，首用張浚使江、淮，澈以參豫督軍荆、襄，將分道進討。趙撙守唐，王宣守鄧，招皇甫倜於蔡。襄、漢沃壤，荆棘彌望，澈請因古長渠築堰，募閑民、汰冗卒雜耕，爲度三十八屯，給種與牛，授廬舍，歲可登穀七十餘萬斛，民償種，私其餘，官以錢市之，功緒略就。

隆興元年，入奏，還武昌，而張浚尅期大舉，詔澈出師應之。澈以議不合，乞令浚併領荆、襄。諫議大夫王大寶論澈「無制勝策，皇甫倜以忠義結山砦，扼敵要衝，澈不能節制，坐視孤軍墮敵計。趙撙以千五百人救方城，敗散五百餘人，澈漫不加省。乞罷黜」。澈亦請祠，除資政殿學士、提舉洞霄宮。大寶疏再上，落職，仍祠祿。

明年，知建康府，尋除樞密使。在位二年，以觀文殿學士奉洞霄祠，尋知鄂州兼安撫使。孝宗訪邊事，澂奏：「向者我有唐、鄧爲藩籬，又皇甫倜控扼陳、蔡，敵不敢窺襄。旣失兩郡，倜復內徙，敵屯新野，相距百里爾。臣令趙撙、王宣築城儲糧，分備要害，有以待敵。至於機會之來，難以豫料。」孝宗善之。時議廢江州軍，澂言不可。知寧國府，改福州、福建安撫使，復請祠。尋致仕。卒，年六十三。贈金紫光祿大夫，諡莊敏。

澂爲殿中日，薦陳俊卿、王十朋、陳之茂爲臺官，高宗曰：「名士也，次第用之矣。」在樞府，孝宗密訪人材，薦百有十八人。嘗奏言：「臣起寒遠，所以報國惟無私不欺爾。」其自奉清約，雖貴猶布衣時。有文集二十卷、奏議十二卷。

葉義問字審言，嚴州壽昌人。建炎初，登進士第。調臨安府司理參軍。范宗尹爲相，義問與沈長卿等疏其姦。爲饒州教授，攝郡。歲旱，以便宜發常平米振民，提刑黃敦書劾之，詔勿問。前樞密徐俯門僧犯罪，義問繩以法，俯嘗舉義問，怒甚，乃袖薦書還之。

知江寧縣。召秦檜所親役，同僚不可，義問曰：「釋是則何以服他人。」卒役之。通判江州。豫章守張宗元忤檜，或中以飛語，事下漕臣張常先。宗元道九江，常先檄義問拘其舟，義問投檄曰：「吾寧得罪，不爲不祥。」常先白檜，罷去。

檜死，湯思退薦之，上記其嘗言范宗尹，召至，言臺諫廢置在人主，檜親黨宜盡罷逐，以言得罪者宜敍復。擢殿中侍御史。樞密湯鵬舉效檜所爲，植其黨周方崇、李庚，置籍臺諫，鉏異己者。義問累章劾鵬舉，有「一檜死一檜生」之語，并方崇等皆罷之。又言：「凡擇將遇一闕，令樞密院具三名取上旨，則軍政盡出掌握。」遷侍御史。朱倬、沈虛中奉祠里居，義問劾其附秦檜，皆移居。郊祀赦，義問言：「頃歲附會告訐者，不應例移放。」從之。遷吏部侍郎兼史館脩撰，尋兼侍讀，拜同知樞密院事。

上聞金有犯邊意，遣義問奉使覘之，還奏：「彼造舟船，備器械，其用心必有所在，宜屯駐沿海要害備之。」金主亮果南侵。命視師，義問素不習軍旅，會劉錡捷書至，讀之至「金賊又添生兵」，顧吏曰：「『生兵』何物耶？」聞者掩口。至鎭江，聞瓜洲官軍與敵相持，大失措，乃役民掘沙溝，植木枝爲鹿角禦敵，一夕潮生，沙溝平，木枝盡去。會建康留守張燾遣人告急，義問乃遵陸，云往建康催發軍，市人皆媟罵之。又聞敵據瓜洲，采石兵甚衆，復欲還鎭江，諸軍喧沸曰：「不可回矣，回則有不測。」遂趨建康。已而金主亮被弑，師退，義問還朝，力請退，遂罷。

隆興元年，中丞辛次膺論義問「頃護諸將幾敗事，且以官私其親」。謫饒州。乾道元年，詔自便。六年卒，年七十三。

蔣芾字子禮，常州宜興人，之奇曾孫。紹興二十一年，進士第二人。孝宗即位，累遷起居郎兼直學士院。時宦者梁珂事上潛邸，撓權，尹穡論珂，與祠，芾繳奏罷之。

簽書樞密院事，首奏加意邊防，又奏：「拔將才行伍間，識其姓名，一旦披籍可立取具。又料簡歸正人，仍以北人將之，或令深入山東，或令自荊、襄深入。」

除權參知政事、同知國用事。芾奏：「方今財最費於養兵，藝祖取天下，不過十五萬人。紹興初，外有大敵，內有巨寇，然兵數亦不若今日之多。近見陳敏勇汰三千人，戚方汰四千人，然多是有官人，與以外任，請券錢、添借給如故，是減於內而添於外，何益？又招兵耗蠹愈甚，臣考覈在內諸軍，每月逃亡事故，常不下四百人。若權停招兵一年有半，俟財用稍足，招丁壯，不惟省費，又得兵精。」上悟。

一日，因進呈邊報，上顧芾曰：「將來都督非卿不可。」芾奏：「臣未嘗經歷兵間。」又奏：「方今錢穀不足，兵士不練，將帥與臣不相識，願陛下更審思其人。」南郊禮畢，宰相葉顒、魏杞罷。芾採衆論，參己見，爲籌邊志上之。

明年，拜右僕射、同中書門下平章事兼樞密使。會母疾卒，詔起復，拜左僕射，芾力辭。有密旨欲今歲大舉，手詔廷臣議，或主和，或主恢復，使芾決之。芾奏：「天時人事未至。」拂上意。服闋，除觀文殿大學士、知紹興府、提舉洞霄宮。尋以言者論，落職，建昌軍居住。期年，有旨自便。再提舉洞霄宮，卒。

芾始以言邊事結上知，不十年間致相位，終以不能任兵事受責，豈優於論議而劣於事功歟？

葉顒字子昂，興化軍仙遊人。登紹興元年進士第，爲廣州南海縣主簿，攝尉。盜發，州檄巡、尉同捕，巡檢獲盜十餘人，歸其勞於顒，顒曰：「掠美、欺君、倖賞，三者皆罪，不忍爲也。」帥曾開大喜之。

知信州貴溪縣。時詔行經界，郡議以上中下三等定田稅，顒請分爲九等，守從之，令信之六邑以貴溪爲式。

知紹興府上虞縣。凡繇役，令民自推貨力甲乙，不以付吏，民欣然皆以實應。催租各書其數與民，約使自持戶租至庭，親視其入，咸便之。帥曹泳令今歲夏租先期送什之八，顒請少紓其期，泳怒。及麥大熟，民輸租反爲諸邑最，泳大喜，許薦于朝，顒固辭。

賀允中〔五〕薦顒靜退，遂召見，顒論國讎未復，中原之民日企鑾輿之返，其語剴切，高宗嘉納。除將作監簿。知處州，青田令陳光獻羨餘百萬，顒以所獻充所賦。湯思退之兄居處州，家奴屠酤犯禁，一繩以法，思退不悅。屬常州逋緡錢四十萬，守坐免，移顒知常州。

金犯邊，高宗視師建康，道毗陵，顒賜對舟次，因言：「恢復莫先於將相，故相張浚久謫無恙，是天留以相陛下也。」顒初至郡，無旬月儲，未一年餘緡錢二十萬。或勸獻羨，顒曰：「名羨餘，非重征則橫斂，是民之膏血也，以利易賞，心實恥之。」

召爲尙書郎，除右司。詔求直言，顒上疏謂：「陛下以手足之至親，付州郡之重寄，是利一人害一方也。」人稱其直。除吏部侍郎，復權尙書。時七司弊事未去，上疏言選部所以爲弊，乃與郎官編七司條例爲一書，上嘉之，令刻板頒示。

除端明殿學士，拜參知政事兼同知樞密院事。武臣梁俊彥請稅沙田、蘆場，帝以問顒，對曰：「沙田乃江濱地，田隨沙漲而出沒不常，蘆場則臣未之詳也。且辛巳軍興，蘆場田租並復，今沙田不勝其擾。」上曰：「誠如卿言。」顒至中書，召俊彥切責之曰：「汝言利求進，萬一爲國生事，斬汝不足以塞責。」俊彥皇恐汗下。是日，詔沙田、蘆場並罷。

御史林安宅請兩淮行鐵錢，顒力言不可，安宅不能平，旣入樞府，乃上章攻顒云：「顒之子受宣州富人周良臣錢百萬，得監鎭江大軍倉。」御史王伯庠亦論之。顒乞下吏辯明，乃以資政殿學士提擧洞霄宮。上下其事臨安府，時王炎知臨安，上令炎親鞫置對，無秋毫跡。獄奏，上以安宅、伯庠風聞失實，並免所居官，仍貶安宅筠州，召顒赴闕。入見，上勞之曰：「卿之淸德自是愈光矣。」

除知樞密院事，未拜，進尙書左僕射兼樞密使。顒首薦汪應辰、王十朋、陳良翰、周操、陳之茂、芮曄、林光朝等，可備執政、侍從、臺諫，上嘉納。又言：「自古明君用人，使賢使愚，使姦使盜，惟去泰甚。」上曰：「固然。虞有禹、臯，亦有共、驩；周有旦、奭，亦有管、蔡，在用不用。」顒曰：「誠如聖訓，但今日在朝雖未見有共、驩、管、蔡，然有竊弄威福者，臣不敢隱。」上問爲誰，顒以龍大淵對，語在陳俊卿傳。

上以國用未裕，詔宰相兼國用使，參政同知國用事，顒乃言：「今日費財養兵爲甚，兵多則有冗卒虛籍，無事則費財，有事則不可用。雖曰汰之，旋卽招之，欲足國用，當嚴於汰、緩於招可也。孔子曰：『節用而愛人。』蓋節用，則愛人之政自行於其間，若欲生財，祇費民財爾。」上曰：「此至言也。」上曰：「建康劉源嘗賂近習，朕欲遣王抃廉其姦。」顒曰：「臣恐廉者甚於姦者。」乃止。

乾道三年冬至，上親郊而雷，顒引漢故事上印綬，提舉太平興國宫。歸至家，不疾而薨，年六十八。以觀文殿學士致仕，贈特進，謚正簡。

顒爲人簡易清介，與物若無忤，至處大事毅然不可奪。友人高登嘗上書譏切時相，名捕甚急。顒與同邸，擿令逸去，登曰：「不爲君累乎？」顒曰：「以獲罪，固所願也。」即爲具舟，舟移乃去。自初仕至宰相，服食、僮妾、田宅不改其舊。

葉衡字夢錫，婺州金華人。紹興十八年進士第，調福州寧德簿，攝尉。以獲鹽寇改秩，知臨安府於潛縣。戶版積弊，富民多隱漏，貧弱困於陪輸，衡定爲九等，自五以下除其籍，而均其額於上之四等，貧者頓蘇。徵科爲期限榜縣門，俾里正諭民，不遣一吏而賦自足。歲災，蝗不入境。治爲諸邑最。郡以政績聞，即召對，上曰：「聞卿作縣有法。」遣還任。

擢知常州。時水潦爲災，衡發倉爲糜以食饑者。或言常平不可輕發，衡曰：「儲蓄正備緩急，可視民饑而不救耶？」疫大作，衡單騎命醫藥自隨，徧問疾苦，活者甚衆。檄晉陵丞李孟堅攝無錫縣，有政聲，衡薦于上，即除知秀州。上之信其言如此。

除太府少卿。合肥瀕湖有圩田四十里，衡奏：「募民以耕，歲可得穀數十萬，蠲租稅，二三年後阡陌成，倣營田，官私各收其半。」從之。

除戶部侍郎。時鹽課大虧，衡奏：「年來課入不增，私販害之也，宜自賣鹽之地爲之制，司火之起伏，稽竈之多寡，亭戶本錢以時給之，鹽之委積以時收之，擇廉能吏察之，私販自絕矣。」仍命措置官三人：淮南於通州，浙東於明州，浙西於秀州。

丁母憂。起復，知廬州，未行，除樞密都承旨。奏馬政之弊，宜命統制一員各領馬若干匹，歲終計其數爲殿最。李垕應賢良方正對策，近訐直，入第四等，衡奏：「陛下赦其狂而取其忠，足以顯容諫之盛。」乃賜垕制科出身。有言江、淮兵籍僞濫，詔衡按視，賜以袍帶、鞍馬、弓矢，且命衡措置民兵，咸稱得治兵之要。訖事赴闕，上御便殿閱武士，召衡預觀，賜酒，灑宸翰賜之。

知荊南、成都、建康府，除戶部尚書，除簽書樞密院事，拜參知政事。衡奏二事：一，牧守將帥必擇材以稱其職，必久任以盡其材；二，令戶部取湖廣會子實數，盡以京會立限易之。從之。

拜右丞相兼樞密使。上銳意恢復，凡將帥、器械、山川、防守悉經思慮，奏對畢，從容賜坐，講論機密，或不時召對。時會子浸患折閱，手詔賜衡曰：「會子雖曰流通，終未盡愜人意，目即流使有二千二百餘萬。今用上下庫黃金、白金、銅錢九百萬，內藏庫五百萬，并蜀中錢物七百萬，盡易會子之數，專命卿措置，日近而辦，卿眞宰相才也。」

一日，上曲宴宰執於凝碧，上曰：「自三代而下，至于漢、唐，治日常少，亂日常多，何也？」衡奏：「聖君不常有，周八百年，稱極治成、康而已。」上曰：「朕觀無逸篇，見周公爲成王歷言商、周之君享國長遠，眞萬世龜鑑。」衡奏：「願陛下常以無逸爲龜鑑，社稷之福。」上又言：「朝廷所用，正論其人如何，不可有黨。如唐牛、李之黨，相攻四十年，緣主聽不明至此。文宗曰：『去河北賊易，去朝中朋黨難。』朕嘗笑之。」衡奏：「文宗優游不斷，故有此語。陛下英明聖武，誠非難事。」

御寶實封令與臨安府寶思永改合入官，衡奏：「選人改官，非奏對稱旨，則用考舉磨勘，一旦特旨與之，非陛下愛惜人才之意。」上亟收前命。

上諭執政，選使求河南，衡奏：「司諫湯邦彥有口辨，宜使金。」邦彥請對，問所以遣，既知薦出於衡，恨衡擠己，聞衡對客有訕上語，奏之，上大怒。卽日罷相，責授安德軍節度副使，郴州安置。邦彥使還，果辱命，上震怒，竄之嶺南，詔衡自便，復官與祠。年六十有二薨，贈資政殿學士。

衡負才足智，理兵事甚悉，由小官不十年至宰相，進用之驟，人謂出於曾覿云。

論曰：陳康伯以經濟自任，臨事明斷。梁克家才優識遠，謀國盡忠。至若汪澈之論事忠懇，薦達人才，葉義問直言正色，掃除秦檜餘黨，然不長於兵，臨敵失措，豈優議論而劣事功者歟？葉顒淸儉正直，而衡才智有餘，蓋亦一時之選云。

校勘記

〔一〕劉寶　原作「劉實」，據繫年要錄卷一八五、李幼武四朝名臣言行錄別集下卷二陳康伯條改。

〔二〕建寧府　原作「建康府」，據本書卷三四孝宗紀、卷二一三宰輔表改。

〔三〕淳熙八年起知福州　按梁克家于淳熙六年知福州，八年乞宮祠，「降旨仍知福州」，見徐自明宰輔編年錄卷一七及中興聖政卷五九，勞格讀書雜識卷一一並有考證。此處「八年」疑爲「六年」之誤。

〔四〕荆襄　原作「京襄」，據周必大周益國文忠公集省齋文稾卷三〇汪澈神道碑、四朝名臣言行錄別集下卷三汪澈條改。

〔五〕賀允中　原作「賀正中」，據楊萬里誠齋集卷一一九葉顒行狀、林光朝艾軒集卷八葉公行狀改。

宋史卷三百八十五

列傳第一百四十四

葛邲　錢端禮　魏杞　周葵　施師點　蕭燧　龔茂良

葛邲字楚輔，其先居丹陽，後徙吳興。世以儒學名家，高祖密至邲五世登科第，大父勝仲至邲三世掌詞命。邲少警敏，葉夢得、陳與義一見稱爲國器。以蔭授建康府上元丞。會金人犯江，上元當敵衝，調度百出，邲不擾而辦，留守張浚、王綸皆器重之。登進士第。蕭之敏爲御史，薦其才，除國子博士。輪對，論州縣受納及鬻爵之弊，孝宗獎諭曰：「觀所奏，知卿材。」除著作郎兼學士院權直。

除正言，首疏言：「盈虛之理，隱於未然；治亂之分，生於所忽。宜專以畏天愛民爲先。」又論：「征榷歲增之害，如輦下都稅務，紹興間所趁茶鹽歲以一千三百萬緡爲額，乾道六年後增至二千四百萬緡。成都府一務，初額四萬八千緡，今至四十餘萬緡，通四川酒額遂至五百餘萬緡，民力重困。至若租稅有定數，而暗耗日增，折帛益多，民安得不窮乎？願明詔有司，茶鹽酒稅比原額已增至一倍者，毋更立新額，官吏不增賞，庶少蘇疲甿。」上特召，復令條陳，邲以六事對，皆切中時病。除侍御史，論救荒三事，累遷中書舍人。

歲旱，詔求初政得失，邲應詔，大略謂：「虞允文制國用，南庫之積日以厚，戶部之入日以削，故近年以來，常有不足之憂。罷兵以來，諸將皆以賂得升，其勢必至於掊刻取償，益精其選。」遷給事中。張巖以說之子除知閤，裴良琮以顯仁之姪女夫落階官，邲皆繳奏。廣西議更鹽法，邲言：「鈔法之行，漕臣嘗給羣商，沒入其貲。楮幣行之二廣，民必疑慮，且有後悔。」除刑部尚書。

邲爲東宮僚屬八年，孝宗書「安遇」字以賜，又出梅花詩命邲屬和，眷遇甚渥。光宗受禪，除參知政事。邲勸上專法孝宗，正風俗，節財用，振士氣，執中道，恤民力，選將帥，收人才，擇監司，明法令，手疏歷言之，上嘉納。除知樞密院事。紹熙四年，拜左丞相，專守祖宗法度，薦進人物，博采公論，惟恐其不聞之。未春年，除觀文殿大學士、知建康府。改隆興，請祠。

寧宗卽位，邲上疏言：「今日之事莫先於脩身齊家，結人心，定規模。」判紹興府，簡稽期會，錢穀刑獄必親。或謂大臣均佚有體，邲曰：「崇大體而簡細務，吾不爲也。」嘗曰：「十二時中，莫欺自己。」其實踐如此。

改判福州，道行感疾，除少保，致仕。薨，年六十六。贈少師，謚文定，配饗光宗廟庭。有文集二百卷、詞業五十卷。

錢端禮字處和，臨安府臨安人。父忱〔一〕，瀘川軍〔二〕節度使。端禮以恩補官。紹興間，通判明州，加直秘閣，累遷右文殿脩撰，仕外服有聲。高宗材之，知臨安府。御史中丞汪澈論版曹闕官，當遴選，權戶部侍郎兼樞密都承旨。端禮嘗建明用楮爲幣，於是專委經畫，分爲六務，出納皆有法，幾月易錢數百萬。

孝宗銳意恢復，詔張浚出師。會符離稍失利，湯思退遂倡和議，端禮奏：「有用兵之名，無用兵之實，賈怨生事，無益於國。」思退大喜，奏除戶部侍郎。未幾，兼吏部。端禮與戶部尚書韓仲通同對，論經費，奏：「所入有限，兵食日增，更有調發，不易支吾。」上云：「須恢復中原，財賦自足。」仲通奏：「恢復未可必，且經度目前所用。」端禮奏：「仲通言是，乞采納。」

思退與張浚議和戰不決，浚方主戰，上意甚鄉之。思退詭求去，端禮請對乞留，又奏：

「兵者凶器，願以符離之潰爲戒，早決國是，爲社稷至計。」於是思退復留，命浚行邊，還戍兵，罷招納。以端禮充淮東宣諭使，王之望使淮西，端禮入奏：「兩淮名曰備守，守未必備；名曰治兵，兵未必精。有用兵不勝，僥倖行險，輕躁出師，大喪師徒者，必勝之說果如此，皆誤國明甚。」端禮既以是詆浚，右正言尹穡亦劾浚，罷都督，自此議論歸一矣。

端禮至淮還，極言守備疎略，恐召金兵，宜早定和議。遂除吏部侍郎，再往淮上，驛疏言：「遣使、發兵當並行，使以盡其禮，兵以防其變，不必待金書至而後遣使。書中或有見脅之語，不若先遣以釋其疑，於計爲得。」上云：「端禮所奏未是。」思退傳旨撤海、泗二州戍兵，語在思退傳。

金帥僕散忠義分兵入，上意中悔，令思退都督江、淮軍馬，端禮試兵部尚書，參贊軍事。思退畏怯不行，端禮赴闕，上曰：「前後廷臣議論，獨卿不變。」兼戶部尚書，俄拜端明殿學士、簽書樞密院事兼權參知政事。上嘗問：「欲遣楊由義持金帥書，而辭行甚力，誰可遣？」端禮請以王抃行，俾與金帥議，許割商、秦地，歸被俘人，惟叛亡者不與，餘誓目略同紹興，世爲叔姪之國，減銀絹五萬，易歲貢爲歲幣。及抃還，上見書，金皆聽許。端禮贊上如其式報之：「謀國當思遠圖，如與之和，則我得休息以脩內治，若爲忿兵，未見其可。」抃遂行。諜報北軍已回，端禮以和議既定，乞降詔。除參知政事兼權知樞密院事。

時久不置相，端禮以首參闕相位甚急。皇長子鄧王夫人，端禮女也，殿中侍御史唐堯封論端禮帝姻，不可任執政，不報，遷太常少卿。館閣士相與上疏排端禮，皆坐絀。刑部侍郎王茀陰附端禮，建爲「國是」之說以助其勢。吏部侍郎陳俊卿抗疏，力詆其罪，且謂本朝無以戚屬爲相，此懼不可爲子孫法。逮進讀寶訓，適及外戚，因言：「祖宗家法，外戚不與政，最有深意，陛下所宜守。」上納其言。端禮憾之，出俊卿知建寧府。

鄧王夫人生子，太上甚喜。先兩月，恭王夫人李氏亦生子，於是恭王府直講王淮白端禮云：「恭王夫人子是爲皇長嫡孫。」端禮不懌，翌日奏：「嫡庶具載禮經，講官當以正論輔導，不應爲此邪說。」遂指淮傾邪不正，與外任。鄧王立爲太子，端禮引嫌，除資政殿大學士、提舉德壽宮兼侍讀，改提舉洞霄宮。起知寧國府，移紹興，進觀文殿學士。

端禮籍人財產至六十萬緡，有詣闕陳訴者，上聞之，與舊祠。侍御史范仲芑劾端禮貪暴不悛，降職一等。淳熙四年八月，復元職。薨，贈銀青光祿大夫，後諡忠肅。孫象祖，嘉定元年爲左丞相，自有傳。

魏杞字南夫，壽春人。祖蔭入官。紹興十二年，登進士第。知宣州涇縣。從臣錢端禮薦其才，召對，擢太府寺主簿，進丞。端禮宣諭淮東，杞以考功員外郎爲參議官，遷宗正少卿。

湯思退建和議，命杞爲金通問使，孝宗面諭：「今遣使，一正名，二退師，三減歲幣，四不發歸附人。」杞條上十七事擬問對，上隨事畫可。陛辭，奏曰：「臣若將指出疆，其敢不勉。萬一無厭，願速加兵。」上善之。

行次盱眙，金所遣大將僕散忠義、紇石烈志寧等方擁兵闖淮，遣權泗州趙房長問所以來意，求觀國書，杞曰：「書御封也，見主當廷授。」房長馳白僕散忠義，疑國書不如式，又求割商、秦地及歸正人，且欲歲幣二十萬。杞以聞，上命盡依初式，再易國書，歲幣亦如其數。忠義以未如所欲，遂與志寧分兵犯山陽。戰不利，驍將魏勝死之。

上怒金反覆，詔以禮物犒督府師，杞奏：「金若從約，而金繒不具，豈不痱國體、格事機乎？」乃以禮物行。至燕，見金主褒，具言：「天子神聖，才傑奮起，人人有敵愾意，北朝用兵能保必勝乎？和則兩國享其福，戰則將士蒙其利，昔人論之甚悉。」金君臣環聽拱竦。館伴張恭愈以國書稱「大宋」，脅去「大」字，杞拒之，卒正敵國禮，損歲幣五萬，不發歸正人北還。上慰藉甚渥。

守起居舍人，遷給事中、同知樞密院事，進參知政事、右僕射兼樞密使。時方借職田助邊，降人蕭鷓巴賜淮南田，意不愜，以職田請，杞言：「圭租食功養廉，借之尙可，奪之不可。」上是其言。杞以使金不辱命，繇庶官一歲至相位。上銳意恢復，杞左右其論。會郊祀多雷，用漢制災異策免，守左諫議大夫、提擧江州太平興國宮。

六年，授觀文殿學士、知平江府。諫官王希呂論杞貪墨，奪職。後以端明殿學士奉祠，告老，復資政殿大學士。淳熙十一年十一月薨，贈特進。嘉泰中，謚文節。

周葵字立義，常州宜興人。少力學，自鄉校移籍京師，兩學傳誦其文。宣和六年，擢進士甲科。調徽州推官。高宗移蹕臨安，諸軍交馳境上，葵與判官攝郡事，應變敏速，千里帖然。教授臨安府，未上，吏部侍郎陳與義密薦之，召試館職。將試，復引對，高宗曰：「從班多說卿端正。」

除監察御史，徙殿中侍御史。在職僅兩月，言事至三十章，且歷條所行不當事凡二十條，指宰相不任責。高宗變色曰：「趙鼎、張浚肯任事，須假之權，柰何遽以小事形迹之？」葵曰：「陛下卽位，已相十許人，其初皆極意委之，卒以公議不容而去，大臣亦無固志。假如陛下有過，尙望大臣盡忠，豈大臣有過，而言者一指，乃便爲形迹，使彼過而不改，罪戾日深，非所以保全之也。」高宗改容曰：「此論甚奇。」

張浚議北伐，葵三章力言「此存亡之機，非獨安危所係」。或言葵沮大計，罷爲司農少卿，以直祕閣知信州。未上，鼎罷，陳與義執政，改湖南提刑，以親老易江東，皆不就。

和議已定，被召，論：「爲國有道，戰則勝，守則固，和則久。不然，三者在人不在我矣。」除太常少卿。時秦檜獨相，意葵前論事去，必憾趙鼎。再除殿中侍御史。葵語人曰：「元鎭已貶，葵固不言，雖門下客亦不及之也。」內降差除四人，奏言：「願陛下以仁祖爲法，大臣以杜衍爲法。」檜始不樂。又論國用、軍政、士民三弊，高宗曰：「國用當藏之民，百姓足則國用非所患。」又言薦舉改官之弊，宜聽減舉員，詔吏部措置。

檜所厚權戶部尙書梁汝嘉將特賜出身，除兩府，汝嘉聞葵欲劾之，謂中書舍人林待聘曰：「副端將論君矣。」待聘乘檜未趨朝，亟告之，檜卽奏爲起居郎。葵方待引，檜下殿諭閤門曰：「周葵已得旨除起居郎。」隔下。八月庚辰也。

參政李光擬除呂廣問館職，檜不許。時有詔從官薦士，葵以廣問應，初不相知也。光旣絀，葵以附會落職，主管玉隆觀。復直祕閣，起知湖州，移平江府。時金使絡繹于道，葵不爲禮，轉運李椿年希檜旨劾之，落職，主管崇道觀。屛居鄉閭，憂患頻仍，人不能堪，葵獨安之。

檜死，復直祕閣、知紹興府。過闕，權禮部侍郎，尋兼國子祭酒。奏：「科舉所以取士。比年主司迎合大臣意，取經傳語可訣者爲問目，學者兢逐時好。望詔國學幷擇秋試考官，精選通經博古之士，置之前列，其穿鑿乖謬者黜之。」

兼權給事中。侍御史湯鵬舉言：「葵以魏良臣薦，躐處侍從；呂廣問，葵之死黨。乞幷罷之。」太學生黃作、詹淵率諸生都堂投牒留葵。翌日，博士何俌等言于朝，乞懲戒，詔作、淵皆送五百里外州編管，葵出知信州，隨罷。

起知撫州〔三〕，引疾，改提舉興國宮，加直龍圖閣、知太平州。水壞圩堤，悉繕完，凡百二十里。傍郡圩皆沒，惟當塗歲熟。市河久堙，雨暘交病，葵下令城中，家出一夫，官給之食，併力浚導，公私便之。進集英殿脩撰、敷文閣待制、知婺州。

孝宗卽位，除兵部侍郎兼侍講，改同知貢舉兼權戶部侍郎。孝宗數手詔問錢穀出入，葵奏：「陛下勞心庶政，日有咨詢，若出人意表。今皆微文細故，此必有小人乘間欲售其私，不可不察。」蓋指龍大淵、曾覿也。孝宗色爲動。

金主亮爲其下所斃，張浚自督府來朝，密言：「敵失泗州，其懼罪者皆欲來歸，願遣軍渡淮赴之，此恢復之機也。」葵請對，謂不可輕舉，累數百言。及遣李顯忠、邵宏淵取靈壁、虹二縣，敗績。孝宗思其言，拜參知政事。葵始終守自治之說。

兼權知樞密院事。臺諫交章言議和太速，葵與陳康伯、湯思退乞令侍從、臺諫集議，衆益洶洶，諸公待罪乞罷，不許。葵獨留身固請，孝宗曰：「卿何請之力也？」曰：「自預政以來，每與宰相論事，有以爲然而從者；有不得以強從者；有絕不肯從者，十常四五。洎至榻前，陛下又或不然，大率十事之中，不從者七八，安得不愧於心，此臣所以欲去也。」

嘗乞召用侍從、臺諫，孝宗曰：「安得如卿直諒者。」遂薦李浩、龔茂良，孝宗皆以爲佳士，次第用之。太常奏郊牛斃，葵言：「春秋鼷鼠食牛角免郊，況邊虞未靖，請展郊以符天意。」詔從之。

虞允文、陳康伯相，葵卽求退，除資政殿學士、提舉洞霄宮。起知泉州，告老，加大學士致仕。閑居累年，不以世故縈心。淳熙元年正月，薨，年七十有七。上聞震悼，贈正奉大夫。後以子升朝，累贈太傅。

葵孝於事親，當任子，先孤姪。其薨也，幼子與孫尙未命。平生學問不泥傳注，作聖傳詩二十篇、文集三十卷、奏議五卷。晚號惟心居士。四年，有司請謚，賜謚曰惠簡。

施師點字聖與，上饒人。十歲通六經，十二能文。弱冠游太學，試每在前列，司業高宏稱其文深醇有古風。尋授以學職，以舍選奉廷對，調復州教授。未上，丁內艱。服除，爲臨安府教授。

乾道元年，陳康伯薦，賜對，言：「歷年屢下詔恤民，而惠未加浹。陛下軫念，惟恐一夫失所；郡邑搜求，惟恐財賦不集。毋惑乎日降絲綸，恩不霑被。細民既困於倍輸，又困於非泛，重以歲惡，室且垂磬，租不如期，積多逋負。今明堂肆赦，戶自四等以下，逋自四年以前，願悉除免。」上曰：「非卿不聞此言。」詔從之。

八年，兼權禮部侍郎，除給事中。時太子詹事已除，上又特令增員爲二，命兼之。賜對，言：「比年人物骫骳，士氣耗薾，當廣儲人材以待用。」上曰：「觀卿所奏，公輔器也。」假翰林學士、知制誥兼侍讀使金。致命金廷，立班既定，相儀者以親王將至，命師點退位，師點屹立。相儀者請數四，師點正色曰：「班立已定，尙欲何爲。」不肯少動。在廷相顧駭愕，知其有守，不敢復以爲請。九年，使還，有言其事于上者，上嘉歎不已。及後金使賀正旦至闕，問館伴：「師點今居何官？」館伴宇文价於班列中指師點以示之，金使恍然曰：「一見正人，令人眼明。」

十年〔四〕，除端明殿學士、簽書樞密院事。入奏，控免，上曰：「卿靖重有守，識慮深遠，朕欲用卿久矣。」復詔兼參知政事，除參知政事兼同知樞密院事。師點嘗同宰相奏事退，復同樞密周必大進呈，上曰：「適一二事卿等各陳所見，甚關大體。前此宰相奏事，執政不措辭，今卿等如此，深副所望。」必大奏：「祖宗時，宰執奏事自相可否，或至面相切責，退不相銜。自秦檜用事，執政畏避不敢言。今陛下虛心兼聽，若只宰相奏事，何用執政爲？」師點復奏：「臣敢不竭股肱之力。」上因諭之曰：「朕欲天下事日往來胸中，未嘗釋也。」

先是，州郡上供或不以時進，立歲終稽考法，及是，主計臣有喜爲督促者，乞不待歲終先期行之。畫命已下，師點矍然曰：「此策若行，上下逼迫，民不聊生。」或謂：「令已出矣。」師點曰：「事有爲天下病，惟恨更之不速。」卽追寢其議。樞密周必大舉手賀師點曰：「使天下赤子不被其毒者，公之賜也。」一日，入對後殿，上曰：「朕前飲冰水過多，忽暴下，幸卽平復。」師點曰：「自古人君當無事時，快意所爲，忽其所當戒，其後未有不悔者。」上深然之。

十三年，辭兼同知樞密院事。權提舉國史院，權提舉國朝會要。十四年，除知樞密院事。師點惓惓搜訪人才，手書置夾袋中，謂蜀去朝廷遠，人才難以自見，蜀士之賢者，俾各疏其所知，差次其才行、文學，每有除授，必列陳之。十五年春，以資政殿大學士知泉州，除提舉臨安府洞霄宮。

紹熙〔五〕二年，除知隆興府、江西安撫使。師點嘗謂諸子曰：「吾平生仕宦，皆任其升沉，初未嘗容心其間，不枉道附麗，獨人主知之，遂至顯用。夫人窮達有命，不在巧圖，惟忠孝乃吾事也。」三年，得疾薨，年六十九。贈金紫光祿大夫。有奏議七卷、制藁八卷、東宮講議五卷、易說四卷、史識五卷、文集八卷。

蕭燧字照鄰，臨江軍人。高祖固，皇祐初爲廣西轉運使，知儂智高凶狡，條上羈縻之策於樞府，不果用，智高後果叛。父增，紹興初嘗應制擧。

燧生而穎異，幼能屬文。紹興十八年，擢進士高第。授平江府觀察推官。時秦檜當國，其親黨密告燧，秋試必主文漕臺，燧詰其故，曰：「丞相有子就擧，欲以屬公。」燧怒曰：「初仕敢欺心耶！」檜懷之，旣而被檄秀州，至則員溢，就院易一員往漕闈，秦熺果中前列。秩滿，當爲學官，避檜，調靜江府察推而歸。

燧未第時，夢神人示以文書，記其一聯云：「如火烈烈，玉石俱焚；在冬靑靑，松柏不改。」已而果符前事。未幾，丁憂。三十二年，授靖州教授。孝宗初，除諸王宮大小學教授。輪對，論「官當擇人，不當爲人擇官」。上喜，製用人論賜大臣。淳熙二年，累遷至國子司業兼權起居舍人，進起居郎。

先是，察官闕，朝論多屬燧，以未歷縣，遂除左司諫。上諭執政：「昨除蕭燧若何？」龔茂良奏：「燧純實無華，正可任言責，聞除目下，外議甚允。」燧首論辨邪正然後可以治。上以外臺耳目多不稱職，時宦官甘昪之客胡與可、都承旨王抃之族叔秬皆持節于外，有所依憑，無善狀，燧皆奏罷之。

時復議進取，上以問燧，對曰：「今賢否雜揉，風俗澆浮〔六〕，兵未強，財未裕，宜臥薪嘗膽以圖內治。若恃小康，萌驕心，非臣所知。」上曰：「忠言也。」因勸上正紀綱；容直言；親君子，遠小人；近習有勞可賞以祿，不可假以權。上皆嘉納。擢右諫議大夫，入謝，上曰：「卿議論鯁切，不求名譽，糾正姦邪，不恤仇怨。」

五年，同知貢舉。有旨下江東西、湖南北帥司招軍，燧言：「所募多市井年少，利犒賚，往往捕農民以應數，取細民以充軍。乞嚴戒諸郡，庶得丁壯以爲用。」從之。

夔帥李景孠貪虐，參政趙雄庇之，臺臣謝廓然不敢論，燧獨奏罷之。雄果營救，復命還任。燧再論，并及雄。雄密奏燧誤聽景孠仇人之言，遂下臨安府捕恭州士人鍾京等置之獄，坐以罪，景孠復依舊職。燧乃自劾，詔以風聞不許，竟力求去。徙刑部侍郎，不拜，固請補外。出知嚴州，吏部尚書鄭丙、侍郎李椿上疏留之，上亦尋悔。

嚴地狹財匱，始至，官鏹不滿三千，燧儉以足用。二年之間，積至十五萬，以其羨補積逋，諸邑皆寬。先是，宣和庚子方臘盜起，甲子一周，人人憂懼，會遂安令朘士兵廩給，羣言恂恂。燧急易令，且呼卒長告戒，悉畏服。城中惡少羣擾市，燧密籍姓名，湼補軍額，人以按堵。上方靳職名，非功不予，詔燧治郡有勞，除敷文閣待制，移知婺州。父老遮道，幾不得行，送出境者以千數。

婺與嚴鄰，人熟知條教，不勞而治。歲旱，浙西常平司請移粟于嚴，燧謂：「東西異路，不當與，然安忍於舊治坐視？」爲請諸朝，發太倉米振之。

八年，召還，言：「江、浙再歲水旱，願下詔求言，仍令諸司通融郡縣財賦，毋但督迫。」除吏部右選侍郎，旋兼國子祭酒。九年，爲樞密都承旨。近例，承旨以知閤門官兼，或怙寵招權，上思復用儒臣，故命燧以龍圖閣待制爲之。燧言：「債帥之風未殄，羣臣多迎合獻諛，強辨干譽，宜察其虛實。」上稱善。除權刑部尚書，充金使館伴。

十年，兼權吏部尚書。上言廣西諸郡民身丁錢之弊。兼侍講，升侍讀。言：「命令不可數易，憲章不可數改。初官不許恩例免試，今或竟令注授。既却羨餘之數，今反以出剩爲名。諸路錄大辟，長吏當親詰，若死囚數多，宜如漢制殿最以聞。」事多施行。慶典霈澤，丁錢減半，亦自燧發之。

高宗山陵，充按行使，除參知政事，尋充永思陵禮儀使，權監脩國史日曆。十六年，權知樞密院。以年及自陳，上留之，不可，除資政殿學士，與郡。復請閑，提舉臨安府洞霄宮。

紹熙四年卒，年七十七。謚正肅。

孝宗每稱其全護善類，誠實不欺，手書二十八將傳以賜。子逵〔七〕，登淳熙十四年進士第，唱名第四，孝宗曰：「逵才氣甚佳，父子高科，殊可喜。」逵累官至太常。

龔茂良字實之，興化軍人。紹興八年，進士第。爲南安簿、邵武司法。父母喪，哀號擗踊，鄰不忍聞。調泉州察推，以廉勤稱。改宣教郎，以同知樞密院事黃祖舜薦，召試館職，除祕書省正字。累遷吏部郎官。

張浚視師江、淮，茂良言：「本朝禦敵，景德之勝本於能斷，靖康之禍在於致疑，願仰法景德之斷，勿爲靖康之疑。」除監察御史。

江、浙大水，詔陳闕失，茂良疏曰：「水至陰也，其占爲女寵，爲嬖佞，爲小人專制。崇、觀、政和，小人道長，內則憸腐竊弄，外則姦回充斥，於是京城大水，以至金人犯闕。今進退一人，施行一事，命由中出，人心譁然，指爲此輩。臣願先去腹心之疾，然後政事闕失可次第言矣。」內侍梁珂、曾覿、龍大淵皆用事，故茂良及之。

遷右正言。會內侍李珂沒，贈節度，謚靖恭，茂良諫曰：「中興名相如趙鼎，勳臣如韓世忠，皆未有謚，如朝廷舉行，亦足少慰忠義之心。今施於珂爲可惜。」竟寢其謚。嘗論大淵、覿姦回，至是又極言之，曰：「今積陰弗解，淫雨益甚，熒惑入斗，正當吳分，天意若有所怒而未釋。二人害政，甚珂百倍。」上諭以「皆潛邸舊，非他近習比，且俱有文學，敢諫爭，未嘗預外事」。

翌日，再疏言：「唐德宗謂李泌：『人言盧杞姦邪，朕獨不知，何耶？』泌曰：『此其所以爲姦邪也。』今大淵、覿所爲，行道之人能言之，而陛下更頌其賢，此臣所以深憂。」疏入，不報，卽家居待罪。章再上，除太常少卿，五辭不拜，除直祕閣、知建寧府。自以不爲羣小所容，請祠，不允。

上後知二人之姦，旣逐于外，起茂良廣東提刑，就知信州。卽番山之址建學，又置番禺南海縣學，旣成，釋奠，行鄉飲酒以落之。城東舊有廣惠庵，中原衣冠沒於南者葬之，歲久廢，茂良訪故地，更建海會浮圖，菆寄暴露者皆揜藏無遺。召對崇政殿，左丞相陳俊卿欲留之，右相虞允文不樂。會俊卿亦罷，除直顯謨閣、江西運判兼知隆興府。

上以江西連歲大旱，知茂良精忠，以一路荒政付之。茂良戒郡縣免積稅，上戶止索逋，發廩振贍。以右文殿脩撰再任，疫癘大作，命醫治療，全活數百萬。進待制敷文閣，賞其救荒之功。召對，奏：「潢池弄兵之盜，卽南畝負耒之民。今諸郡荒田極多，願詔監司守臣條陳，募人從便請耕，民有餘粟，雖驅之爲寇，亦不從矣。」除禮部侍郎。

上亟用茂良，手詔問國朝典故有自從官徑除執政例，明日卽拜參知政事。奏事，賜坐，上顧葉衡及茂良曰：「兩參政皆公議所與。」衡等起謝，上從容曰：「自今諸事毋循私，若鄉曲親戚，且未須援引。朕每存公道，設有誤，卿等宜力爭，君臣之間不可事形迹。」茂良曰：「大臣以道事君，遇有不可，自當啓沃，豈容迹見於外。」請詔有司刊定七司法。

淮南旱，茂良奏取封樁米十四萬，委漕帥振濟。或謂：「救荒常平事，今遽取封樁米，毋乃不可？」茂良以爲：「淮南咫尺敵境，民久未復業，饑寒所逼，萬一嘯聚，患害立見，寧能計此米乎？」他日，上獎諭曰：「淮南旱荒，民無饑色，卿之力也。」

潮州守奏通判不法，得旨，下帥臣體訪。通判，茂良鄉人也，同列密以省吏付棘寺推鞫，欲及茂良。奏事退，同列留身，出獄案進上，茂良不知也。上厲聲曰：「參政決無此！」茂良遜謝，不復辯。

葉衡罷，上命茂良以首參行相事。慶壽禮行，中外覬恩，茂良慨然歎曰：「此當以身任怨，不敢愛身以弊天下。若自一命以上覃轉，不知月添給奉與來歲郊恩奏補幾何，將何以給？」

宣諭獎用廉退，茂良奏：「朱熹操行耿介，屢召不起，宜蒙錄用。」除祕書郎。羣小乘間讒毀，未幾，手詔付茂良，謂「虛名之士，恐壞朝廷」。燾迄不至。錢良臣侵盜大軍錢糧，累數十萬，茂良奏其事，手詔令具析。俄召良臣赴闕，駸駸柄用，其後茂良之貶，良臣與有力焉。

茂良之以首參行相事也，踰再歲，上亦不置相，因諭茂良：「史官近奏三台星不明，蓋實艱其選耳。」淳熙四年正月，召史浩於四明，茂良亦覺眷衰，因疾力求去。上曰：「朕以經筵召史浩，卿不須疑。」

時曾覿欲以文資祿其孫〔八〕，茂良以文武官各隨本色蔭補格法繳進。覿因茂良入堂道間，俾直省官賈光祖等當道不避。街司叱之，曰：「參政能幾時！」茂良奏：「臣固不足道，所惜者朝廷大體。」上諭覿往謝，茂良正色曰：「參知政事者，朝廷參知政事也。」覿慚退。上諭茂良先遣人於覿，銜替而後施行。茂良批旨，取賈光祖輩下臨安府撻之。手詔宣問施行太遽，茂良待罪。上使人宣諭委曲，令繳進手詔，且謂：「卿去雖得美名，置朕何地？」茂良即奉詔。

謝廓然賜出身，除殿中侍御史，廓然附曾覿者也。中書舍人林光輔繳奏，不書黃，遂補外。茂良力求去，上諭曰：「朕極知卿，不敢忘，欲保全卿去，俟議恢復，卿當再來。」是日，除職與郡，令內殿奏事，乃手疏恢復六事，上曰：「卿五年不說恢復，何故今日及此？」退朝甚怒，曰：「福建子不可信如此！」謝廓然因劾之，乃落職放罷；尋又論茂良擅權不公，矯傳上旨，輒斷賈光祖等罪，遂責降，安置英州。父子卒于貶所。

覿與廓然死後，茂良家投匭訟寃，遂復通奉大夫。周必大獨相，進呈復職，上曰：「茂良本無罪。」遂復資政殿學士，謚莊敏。

茂良平生不喜言兵，去國之日乃言恢復事，或謂覿密令人訹之云：「若論恢復，必再留。」茂良信之。廓然論茂良，亦以此爲罪。茂良沒數年，朱熹從其子得副本讀之，則事雖恢復，而其意乃極論不可輕舉，猶平生素論也，深爲之歎息云。

論曰：葛邲在相位雖不久，而能守法度，進人才，其處己也，則以不欺爲本。錢端禮以戚屬爲相，周葵晚雖不附秦檜，而與龔茂良皆主和議。若乃魏杞奉使知尊國體，施師點之靖重有守，蕭燧忠實敢言，仕於紹興之間，可謂不幸矣。

校勘記

〔一〕忱　原作「沉」，據本書卷四六五錢忱傳、樓鑰攻媿集卷九二錢端禮行狀改。

〔二〕瀘川軍　原作「潼川軍」，據本書卷八九地理志、宋會要職官三三之八、靖康要錄卷五改。

〔三〕撫州　原作「信州」，據周必大周益國文忠公集平園續稿卷二三周葵神道碑、李幼武四朝名臣言行錄別集下卷一〇周葵條改。

〔四〕十年　按乾道無十年，葉適水心先生文集卷二四施師點神道碑作「淳熙十一年」。

〔五〕紹熙　原作「紹興」，據同上書同卷施師點墓誌銘改。

〔六〕風俗澆浮　「浮」原作「淳」，據周益國文忠公集平園續稿卷二七蕭燧神道碑改。

〔七〕逵　原作「達」，據周益國文忠公集平園續稿卷二七蕭燧神道碑、南宋館閣續錄卷八改。下同。

〔八〕時曾覿欲以文資祿其孫　「文」原作「大」，據本書卷四七〇曾覿傳改。

宋史卷三百八十六

列傳第一百四十五

劉珙　王藺　黃祖舜　王大寶　金安節　王剛中　李彥穎　范成大

劉珙字共父，子羽長子也。生有奇質，從季父子翬學。以蔭補承務郎，登進士乙科，監紹興府都稅務。請祠歸，杜門力學，不急仕進。主管西外敦宗院〔一〕，召除諸王宮大小學教授，遷禮部郎官。

秦檜欲追謚其父，召禮官會問，珙不至，檜怒，風言者逐之。檜死，召爲大宗正丞，遷吏部員外郎。置令式庭中，使選集者得自繙閱，與吏辨，吏無得藏其巧。兼權秘書少監，兼權中書舍人。金犯邊，王師北向，詔檄多出其手，詞氣激烈，聞者泣下。御史杜莘老劾宦者張去爲，忤旨左遷，珙不草制，莘老得不去。從幸建康，兼直學士院。車駕將還，軍務未有所付，時張浚留守建康，衆望屬之。及詔出，以楊存中爲江、淮宣撫使，珙不書錄黄，仍論其不可。上怒，謂宰相曰：「劉珙父爲浚所知，此特爲浚地耳！」命再下，宰相召珙諭旨，且曰：「再繳則累張公。」珙曰：「某爲國家計，豈暇爲張公謀。」執奏如初，存中命乃寢。眞除中書舍人、直學士院。田師中死，其家請以沒入王繼先第爲賜，李珂關通近習，求爲督府掾，詔從中下，珙皆論罷之。出知泉州，改衢州。

湖南旱，郴州宜章縣李金爲亂，朝廷憂之，以珙知潭州、湖南安撫使。入境，聲言發郡縣兵討擊，而移書制使沈介，請以便宜出師，曰：「擅興之罪，吾自當之。」介卽遣田寶、楊欽以兵至，珙知其暑行疲怠，發夫數程外迎之，代其負任，至則犒賜過望，軍士感奮。珙知欽可用，檄諸軍皆受節制，下令募賊徒相捕斬詣吏者，除罪受賞。欽與寶連戰破賊，追至莽山，賊黨曹彥、黄拱執李金以降。支黨竄匿者尙衆，珙諭欽等却兵，聽其自降，賊相率納兵，給據歸田里。第上諸將功狀有差，上賜璽書曰：「近世書生但務淸談，經綸實才蓋未之見，朕以是每有東晉之憂。今卿旣誅羣盜，而功狀詳實，諸將優劣，破賊先後，歷歷可觀，宜益勉副朕意。」

除翰林學士、知制誥兼侍讀，言於上曰：「世儒多病漢高帝不悅學，輕儒生，臣以爲高帝所不悅，特腐儒俗學耳。使當時有以二帝三王之學告之，知其必敬信，功烈不止此。」因陳

「聖王之學所以明理正心，爲萬事之綱」。上亟稱善。

拜中大夫、同知樞密院事，辭不獲，因進言曰：「汪應辰、陳良翰、張栻學行才能，皆臣所不逮，而栻窮探聖微，曉暢軍務，曩幸破賊，栻謀爲多，願亟召用。」上可其奏。兼參知政事。奏除福建鈔鹽歲額二萬萬，罷江西和糴及廣西折米鹽錢，及蠲諸路累年逋負金錢穀帛巨億計。上嘗以久旱齋居禱雨，一夕而應，珙進言曰：「陛下誠心感格，其應如響，天人相與之際，眞不容髮，隱微纖芥之失，其應豈不亦猶是乎？臣願益謹其獨。」上竦然稱善。

龍大淵、曾覿既被逐，未幾，大淵死，上憐覿欲還之。珙言：「二人之去，天下方仰威斷。此曹奴隸耳，厚賜之可也，若引以自近，使與聞機事，進退人才，非所以光德業、振紀綱。」命遂止。

殿前指揮使王琪被旨，按視兩淮城壁，還，密薦和州教授劉甄夫。上諭執政召之，珙請曰：「此人名位微，何自知之？」上以琪告。珙退坐堂上，追琪至，詰其故，授牘使對。琪恐，請後不敢，乃叱使責戒勵狀而去。會揚州奏琪檄郡增築新城，珙遂奏罷琪，語在陳俊卿傳。珙時爭之尤力，殿中皆驚，以故獨罷爲端明殿學士，奉外祠。陳俊卿言：「珙正直有才，肯任怨，臣所不及，願留之。」詔改知隆興府、江西安撫使。入辭，猶以六事爲獻，上曰：「卿雖去國，不忘忠言，材美非他人所及，行召卿矣。」至鎭，首蠲稅務新額，及龍苗倉大斛。屬邑奉新有復出租稅，窮民不能輸，相率逃去，反失正稅，幷奏除之。

除資政殿學士、知荆南府、湖北安撫使，以繼母憂去。起復同知樞密院事、荆襄安撫使。珙六上奏懇辭，引經據禮，詞甚切，最後言曰：「三年通喪，三代未之有改，漢儒乃有『金革無避』之說，已爲先王罪人。今邊陲幸無犬吠之驚，臣乃欲冒金革之名，以私利祿之實，不亦又爲漢儒之罪人乎？」

服闋，再除知潭州、湖南安撫使。過闕入見，極論時事，言甚切至，上再三加勞，進資政殿大學士以行。安南貢象，所過發夫除道，毀屋廬，數十州騷然。珙奏曰：「象之用於郊祀，不見於經，驅而遠之，則有若周公之典。且使吾中國之疲民，困於遠夷之野獸，豈仁聖之所爲哉！」湖北茶盜數千人入境，疆吏以告，珙曰：「此非必死之寇，緩之則散而求生，急之則聚而致死。」揭榜諭以自新，聲言兵且至，令屬州縣具數千人食，盜果散去，其存者無幾。珙乃遣兵，戒曰：「來毋亟戰，去毋窮追，不去者擊之耳。」盜意益緩，於是一戰敗之，盡擒以歸，誅首惡數十，餘隸軍籍。

淳熙二年，移知建康府、江東安撫使、行宮留守。會水且旱，首奏蠲夏稅錢六十萬緡、秋苗米十六萬六千斛。禁止上流稅米遏糴，得商人米三百萬斛。貸諸司錢合三萬〔三〕，遣官糴米上江，得十四萬九千斛。籍主客戶高下，給米有差。又運米村落，置場平價振糶，貸者不取償〔三〕。起是年九月，盡明年四月，闔境數十萬人，無一人捐瘠流徙者。

進觀文殿學士，屬疾，請致仕。孝宗遣中使以醫來，疾革，草遺奏言：「恭、顯、伾、文，近習用事之戒，今以腹心耳目寄之此曹，朝綱以紊，士氣以索，民心以離，咎皆在此。陳俊卿忠良確實，可以任重致遠，張栻學問醇正，可以拾遺補闕，願亟召用之。」既又手書訣栻與朱熹，其言皆以未能爲國報雪讎恥爲恨。薨，年五十七。贈光祿大夫，謚忠肅。

珙精明果斷，居家孝，喪繼母卓氏，年已逾五十，盡哀致毀，內外功緦之戚，必素服以終月數。喜受盡言，事有小失，下吏言之立改。臨數鎭，民愛之若父母，聞訃，有罷市巷哭相與祠之者。

王藺字謙仲，廬江人。乾道五年，擢進士第。爲信州上饒簿、鄂州教授、四川宣撫司幹辦公事，除武學諭。孝宗幸學，藺迎法駕，立道周，上目而異之，命小黃門問知姓名，由是簡記。

遷樞密院編脩官，輪對，奏五事，讀未竟，上喜見顏色。明日，諭輔臣曰：「王藺敢言，宜加奬擢。」除宗正丞，尋出守舒州。陛辭，奏疏數條，皆極言時事之未得其正者，上曰：「卿議論峭直。」尋出手詔：「王藺鯁直敢言，除監察御史。」一日，上袖出幅紙賜之，曰：「比覽陸贄奏議，所陳深切，今日之政恐有如德宗之弊者，可思朕之闕失，條陳來上。」藺即對曰：「德宗之失，在於自用遂非，疑天下士。」退即上疏，陳德宗之弊，并及時政闕失，上嘉納之。

遷起居舍人，言：「朝廷除授失當，臺諫不悉舉職，給、舍始廢繳駁，內官、醫官、藥官賜予之多，遷轉之易，可不思警懼而正之乎？」上竦然曰：「非卿言，朕皆不聞。磊磊落落，惟卿一人。」除禮部侍郎兼吏部。嘗因手詔「謀選監司，欲得剛正如卿者，可舉數人」。即奏舉潘時、鄭矯、林大中等八人，乞擢用。會以母憂去。服除，召還爲禮部尙書，進參知政事。

光宗即位，遷知樞密院事兼參政，拜樞密使。光宗精厲初政，藺亦不存形迹，除目或自中出，未愜人心者，輒留之，納諸御坐。或議建皇后家廟，力爭以爲不可，因應詔上疏「願陛下先定聖志」，條列八事，疏入，不報。中丞何澹論之，以罷去。起帥閩，易鎭蜀，皆不就。後領祠，帥江陵。寧宗即位，改帥湖南。臺臣論罷，歸里奉祠。七年薨。

藺盡言無隱，然嫉惡太甚，同列多忌之，竟以不合去。有奏議傳于世。

黃祖舜，福州福淸人。登進士第，累任至軍器監丞。入對，言：「縣令付銓曹，專用資格，曷若委郡守，汰其尤無良者。」上然之。

權守尙書屯田員外郎，徙吏部員外郎，出通判泉州。將行，言：「抱道懷德之士，不應書干祿，老於韋布。乞自科舉外〔四〕，有學行脩明、孝友純篤者，縣薦之州，州延之庠序，以表率多士；其卓行尤異者，州以名聞，是亦鄉舉里選之意。」下其奏禮部，遂留爲倉部郎中，遷右司郎中、權刑部侍郎兼詳定敕令司兼侍講。進論語講義，上命金安節校勘，安節言其書詞義明粹，乃令國子監板行。薦李寶勇足以冠軍，智足以料敵，詔以寶爲帶御器械。

兼權給事中。張浚薨，其家奏留使臣五十餘人理資任，祖舜言：「武臣守闕者數年，今素食無代，坐進崇秩，曷以勸功？乞爲之限制。」遂詔勳臣家兵校留五之一。戶部奏以官田授汰去使臣，祖舜言：「使臣汰者一千六百餘人，臨安官田僅爲畝一千一百，計其請而給田，則不過數十人。」事不行。保義郎梁舜弼、漢弼，邦彥養孫也，並閤門祗候，祖舜言：「閤門不可以恩澤補遷。」知池州劉堯仁升右文殿修撰，知新州韓彥直升秘閣修撰，祖舜言：「脩撰本以待文學，不可倖得。」故資政殿學士楊愿家乞遺表恩，祖舜言：「愿陰濟秦檜，中傷善類。」皆寢其命。秦熺卒，贈太傅，祖舜言：「熺預其父檜謀議，今不宜贈帝傅之秩。」追奪之。

遷同知樞密院事。金主亮犯淮，劉汜敗，王權走，上將誅權以厲其餘，祖舜言：「權罪當誅，汜不容貸。劉錡有大功，聞其病已殆，權、汜誅，錡必愧忿以死，是國家一敗兵而殺三將，得無快於敵乎？」上嘉納。薨于官，謚莊定。

王大寶字元龜，其先繇溫陵徙潮州。政和間，貢辟雍。建炎初，廷試第二，授南雄州教授。以祿不逮養，移病而歸。閱數年，差監登聞鼓院、主管台州崇道觀，復累年。趙鼎謫潮，大寶日從講論語，鼎歎曰：「吾居此，平時所薦無一至者，君獨肯從吾游，過人遠矣。」知連州。張浚亦謫居，命其子栻與講學。時趙、張客貶斥無虛日，人爲累息，大寶獨泰然。浚奉不時得，大寶以經制錢給之，浚曰：「如累君何？」大寶不爲變。代還，言連、英、循、惠、新、恩六州，居民纔數百，非懋遷之地，月輸免行錢宜蠲減。高宗謂大臣曰：「守臣上殿，令陳民事，遂得知田里疾苦，所陳五六，得一可行，其利亦不細矣。」乃命廣西諸司具減數聞。

知袁州，進詩、書、易解，上謂執政曰：「大寶留意經術，其書甚可采，可與內除。」執政擬國子司業，上喜曰：「適合朕意。」時經筵闕官，遂除國子司業兼崇政殿說書。奏：「江南諸州有月椿錢，無定名數，吏緣爲姦，刻剝民。又有折帛錢，方南渡兵興，物價翔貴，令下戶折納，務以優之，今市帛匹四千，而令輸六千。盍委監司覈月椿爲定制，減折帛惠小民。」詔戶部詳其奏。

直敷文閣、知温州、提點福建刑獄。道臨漳，有峻嶺曰蔡岡，蘗薄蔽翳，山石犖确，盜乘間剽掇。大寶以囊金三十萬，募民抉藪甃道十餘里，行者便之。提點廣東刑獄。

孝宗卽位，除禮部侍郎。大寶言：「古致治之君，先明國是，而行之以果斷。自軍興以來，曰征曰和，浮議靡定。太上傳丕基於陛下，四方日徯恢復，國論未定，衆志未孚。願陛下果斷，則無不濟。」擢右諫議大夫，首論朱倬、沈該之罪，皆行其言。汪澈督師荆、襄，大寶劾其不能節制，坐視方城之敗，疏再上，澈落職謫台州。大寶嘗論及移蹕，上曰：「吾欲亟行。」大寶奏：「今日之勢殆未可，願少寬歲月。」

張浚復起爲都督，大寶力贊其議，符離失律，羣言洶洶。大寶言：「危疑之際，非果斷持重，何以息横議。」未幾，湯思退議罷督府，力請講和，大寶奏謂：「今國事莫大於恢復，莫讎於金敵，莫難於攻守，莫審於用人。宰相以財計乏，軍儲虛，符離師潰，名額不除，意在覈軍籍，減月給。臣恐不惟邊鄙之憂，而患起蕭牆矣。」章三上，除兵部侍郎。

胡銓爲起居郎，奏曰：「近日王十朋、王大寶相繼引去，非國之福。」上曰：「十朋力自引去，朕留之不能得。大寶論湯思退太早，令爲兵部侍郎，豈容復聽其去。」未幾，以敷文閣直學士提舉太平興國宮。他日，銓奏事，上復諭之曰：「大寶留之經筵，亦固求去，勢不兩立。」

銓奏：「自古臺諫論宰相多矣，若謂勢不兩立，則論宰相者皆當去。」大寶尋請致仕。督府既罷，撤邊防，棄四州，金復犯邊，詔思退都督軍馬，辭不行。上震怒，竄思退，中外以大寶前言不用爲恨。

乾道元年，落致仕，召爲禮部尚書。入對，言理財之道，當務本抑末。右正言程叔達奏大寶乞復免行錢非是，以舊職提舉太平興國宮。中書舍人閻安中欲留其行，叔達併劾之。詔大寶致仕。尋卒，年七十七。

金安節字彥亨，歙州休寧人。資穎悟，日記千言，博洽經史，尤精於易。宣和六年，繇太學擢進士第，調洪州新建縣主簿。紹興初，范宗尹引爲刪定官。入對，言：「司馬光以財用乏，請用宰相領總計使，宜以爲法。」

除司農丞，又遷殿中侍御史。韓世忠子彥直直秘閣，安節言：「崇、觀以來，因父兄秉政而得貼職近制，皆在討論。今彥直復因父任而授，是自廢法也。」不報。任申先除待制致仕，安節劾其忿戾，乞追奪。秦檜兄梓知台州，安節劾其附麗梁師成，梓遂罷，檜銜之。未幾，丁母憂去，遂不出。

檜死，起知嚴州，除浙西提刑。入爲大理卿，首言：「治民之道，先德後刑，今守令慮不及遠，簿書期會，賦稅輸納，窮日力辦之，而無卓然以教化爲務者。願申飭守令，俾無專事法律，苟可以贊教化，必力行之。」時獲僞造鹽引者，大臣欲置之死，安節力爭，以爲事已十餘年，且自首無死法，因得減等。兩浙漕屬王悅道鞫仁和令楊績獄不實，事下大理，安節幷逮悅道。悅道，幸醫王繼先子也，屢因人求免，安節不從。

遷宗正少卿。爲金使施宜生賀正，安節館伴。屬顯仁皇后喪，服黑帶，宜生曰：「使人以賀禮來，迓使安得服黑帶？」安節辭難再四，宜生屈服。遷禮部侍郎。明年，再充送伴使。至楚州，副使耶律翼奪巡檢王松馬不得，鞭笞之。安節遣人責翼，詞色俱厲，朝廷恐生事，坐削兩秩。葉義問使金，金主因言：「前日奪馬事，曲在翼，已笞二百，回日可詳奏。」乃復元官。

遷禮部侍郎。將祠明堂，時已聞欽宗升遐，安節言：「宮廟行禮，皆當以大臣攝事。」從之。遷侍講、給事中。殿院杜莘老論張去爲補外，安節言：「不可因內侍而去言官。」上遂留莘老。

金主亮犯淮，從幸建康。亮死，安節陳進取、招納、備守三策，而以備守爲進取、招納之本。上將還臨安，命楊存中宣撫江、淮、荊、襄，安節言：「存中頃以權太盛，人言籍籍，方解軍政，復授茲職，非所以全之。」又言：「方今正當大明賞罰，乃首用劉寶、王權刻剝庸懦之人，何以激勸將士。」上皆納之。

楊存中議省江、淮州縣，安節言：「廬之合肥，和之濡須，皆昔人控扼孔道。魏明帝云：『先帝東置合肥，南守襄陽，西固祁山〔五〕，賊來輒破於三城之下。』孫權築濡須塢，魏軍累攻不克〔六〕，守將如甘寧等，常以寡制衆。蓋形勢之地，攻守百倍，豈有昔人得之成功，今日有之而反棄之耶？且濡須、巢湖之水，上接店步，下接江口，可通漕舟，乞擇將經理。」存中議遂格。

孝宗嗣位，給廷臣筆札陳當世事，安節請：「嚴內降之科，凡內侍省、御藥院、內東門司冗費，一切罷去。堂除省歸吏部，長官聽辟僚屬，以清中書之務。文武蔭補，各有定制，毋令易文資。臣僚致仕遺表恩澤，不宜奏異姓，使得高貲爲市。」上嘗對大臣稱其誠實。一日，因奏事面勞之曰：「近不見繳駁，有所見，但繳駁，朕無不聽。」

龍大淵、曾覿以潛邸舊恩，大淵除樞密都承旨，覿帶御器械，諫議大夫劉度仍累疏論之。隆興改元，大淵、覿並除知閤門事，宰相知安節必以爲言，使人諷之曰：「若書行，卽坐政府矣。」安節拒不納，封還錄黃。時臺諫相繼論列，奏入不出，上意未回，安節與給事中周必大奏：「陛下卽位，臺諫有所彈劾，雖兩府大將，欲罷則罷，欲貶則貶，獨於二臣乃爲遷就諱避。臣等若奉明詔，則臣等負中外之謗；大臣若不開陳，則大臣負中外之責；陛下若不俯從，則中外紛紛未止也。」上怒，安節卽自劾乞竄，上意解，命遂寢。潛邸舊人李珂擢編脩官，安節又奏罷之，上諭之曰：「朕知卿孤立無黨。」張浚聞之，語人曰：「金給事眞金石人也。」

拜兵部侍郎。金將僕散忠義遺三省、樞密院書，論和議，乃畫定四事，詔羣臣議。安節謂：「世稱姪國，國號不加『大』字及用『再拜』二字，皆不可從。海、泗、唐、鄧爲淮、襄屏蔽，不可與。必不得已，寧少增歲幣。欽宗梓宮當迎奉。陵寢地必不肯歸我，宜每因遣使恭謁。但講好之後，當益選將厲兵，以爲後圖。」已而請祠，得請。中書舍人胡銓繳奏，謂：「安節太上之舊人，而陛下之老成也。漢張蒼、唐張柬之、國朝富弼文彥博皆年八旬尚不聽其去，安節膂力未愆，有憂國心，豈宜從其引去。」上遂留之。

踰年，權吏部尙書兼侍讀。自是力請謝事，詔以敷文閣學士致仕。陛辭，上曰：「卿且暫歸，旦夕召卿矣。」去之日，縉紳相與嘆羨，以爲中興以來全名高節，鮮有其比。乾道六年卒，年七十七。遺表聞，贈通奉大夫，累贈開府儀同三司、少保。

安節至孝，居喪有禮。與兄相友愛，田業悉推與之，又以恩奏其孤子偰。初筮仕，未嘗求薦於人，及貴，有舉薦不令人知。其除司農丞，或語之曰：「公是命，張侍郎致遠爲中司時所薦，盍往謝之？」安節曰：「彼爲朝廷薦人，豈私我耶！」竟不往。薦晁公武、龔茂良可臺諫，皆稱職，二人弗知也。與秦檜忤，不出者十八年，及再起，論事終不屈，人以此服之。有文集三十卷、奏議表疏、周易解。

王剛中字時亨，饒州樂平人。剛中博覽強記。紹興十五年，進士第二人。任某州推官，改左宣義郎。故事當召試，秦檜怒其不詣己，授洪州教授。檜死，召見，擢祕書省校書郎，遷著作佐郎。

孝宗爲普安郡王，剛中兼王府教授，每侍講，極陳古今治亂之故，君子小人忠佞之辨。遷中書舍人，言：「禦敵今日先務，敵強則犯邊，弱則請盟。今勿計敵人之強弱，必先自治，擇將帥，蒐戰士，實邊儲，備器械，國勢富強，將良士勇，請盟則爲漢文帝，犯邊則爲唐太宗。」上韙其言。會西蜀謀帥，上曰：「無以逾王剛中矣。」以龍圖閣待制知成都府、制置四川〔七〕。御便殿，臨遣錫金帶、象笏。進敷文閣直學士。

時吳璘累官閥至大帥，其下姚仲、王彥等亦建節雄一方。守帥以文治則玩於柔，而號令不行；以武競則窒於暴，而下情不通。惟剛中檢身以法，示人以禮，不立崖塹，馭吏恩威並行，羽檄紛沓，從容裁決，皆中機會。

敵騎度大散關，人情洶洶。剛中跨一馬，夜馳二百里，起吳璘於帳中，責之曰：「大將與國義同休戚，臨敵安得高枕而臥？」璘大驚。又以蠟書抵張正彥濟師。西師大集，金兵敗走。方議奏捷，剛中倍道馳還，謂其屬李燾曰：「將帥之功，吾何有焉。」燾唶曰：「身督戰而功成不居，過人遠矣。」已乃差擇將士，衆所推者上之朝，備統帥選。又疏蜀名勝士與幕府之賢〔八〕，備部使者、州刺史之佐。目使頤指，內外響應。諸汰遣使臣困絕不能自存，剛中以爲冒刃於少壯之年，不可斥棄於既老之後，悉召詣府，有善射者復其祿秩，以禁軍闕額糧給之，其罷癃不堪事，則給以義倉米。

成都萬歲池廣袤十里，溉三鄉田，歲久淤澱，剛中集三鄉夫共疏之，累土爲防，上植榆柳，表以石柱，州人指曰：「王公之甘棠也。」府學禮殿，東漢興平中建，後又建新學，遭時多故，日就傾圮，屬九縣繕完，悉復其舊。葺諸葛武侯祠、張文定公廟，夷黃巢墓，表賢癉惡以示民。有女巫蓄蛇爲妖，殺蛇，黥之。

孝宗受禪，以宮僚進左朝奉大夫，召赴闕，以足疾請祠，提舉太平興國宮。歸次番陽，營圃植竹，號竹塢。

金犯淮，有旨趣剛中入見，陳戰守之策。除禮部尙書、直學士院兼給事中，爲鹵簿使，除端明殿學士、簽書樞密院事，進同知院事。剛中曰：「戰守者實事，和議者虛名，不可恃虛名害實事。」又奏四事：開屯田、省浮費、選將帥、汰冗兵。居政府，屬疾卒，年六十三，贈資政殿大學士、光祿大夫，謚恭簡。

建炎間，詔階、成、岷、鳳四州刺壯丁爲兵，衆以爲憂。剛中建言五害罷之，免符下，民歡呼，聲震山谷。比去，蜀父老遮道，有追送數百里者。繇布衣至公卿，無他嗜好，公退惟讀書著文爲樂。有易說、春秋通義、仙源聖紀、經史辨、漢唐史要覽〔九〕、天人修應錄、東溪集、應齋筆錄，凡百餘卷。

李彥穎字秀叔，湖州德清人。少端重，強記覽。金犯浙西，父挾家人逃避，彥穎方十歲，追不及，敵已迫其後，能趨支徑，亂流獲濟。

紹興十八年，擢進士第，主餘杭簿。守曹泳豪斂酒家業爲官監，利其貲具，彥穎爭之。泳怒，戒吏煅煉，不得毫髮罪。調建德丞，改秩。時宰知其才，將處之學官，或勸使一見，彥穎恥自獻。調富陽丞。御史周操薦爲御史臺主簿。

金敗盟，張浚督師進討。上方向浚，執政堅主和，陳良翰、周操不以爲然。右正言尹穡陰符執政，薦引同己者，轉言和於上前。上惑之，罷督府，良翰、操相繼黜，而穡進殿中，遷諫議大夫。一日，檜以和、戰、守叩彥頴，彥頴曰：「人所見固不同。公旣以和議爲是，曷不明陳於上前，以身任之，事成功歸於公，不成奉身而退。若欲享其利而不及其害，國事將誰倚？」檜大怒曰：「自爲諫官，前後百餘奏，曷嘗及一『和』字，而臺簿有是言！」自是銜彥頴，陰排之。

改國子博士，權吏部郎中，以父喪去。免喪，復爲吏部兼皇子恭王府直講，權右史兼兵部侍郎。經筵，張栻講葛覃，言先王正家之道，因及時事，語激切，上意不懌。彥頴曰：「人臣事君，豈不能阿諛取容？栻所以敢直言，正爲聖明在上，得盡愛君之誠耳。書曰：『有言逆于汝心，必求諸道。』」上意遽解，曰：「使臣下皆若此，人主應無過。」

立皇太子，兼左諭德。首論建置宮僚，以爲詹事於東宮內外無所不當省，事須白詹事而後行。司馬光論皇太子講讀官有奏疏，錄以進。上大喜，行之。皇太子尹臨安，兼判官兼中書舍人。張說再登樞筦，彥頴論：「說無寸長，去年驟躋宥府，物議沸騰。今此命復出，中外駭然。臣恐六軍解體，人心不服。」未幾，權禮部侍郎兼侍講，因言：「士習委靡，不然則矯激，宜擇篤實鯁亮者用之。」升詹事，見上，言：「皇太子尹臨安已久，雖欲更嘗民事，然非便，宜一意講學。」他日以言於上者告太子，趣草奏辭尹事，三辭乃免。

兼吏部侍郎，權尙書兼侍讀。月食淫雨，言：「甲申歲以淫雨求言，今十年矣，中間非無水旱，而不聞求言之詔，豈以言多沽激厭之耶？比歎蔽成風，侍從、臺諫猶慎嘿，況其他乎？陰沴之興，未必不由此。」時廷臣多以中批斥去，彥穎又言：「臣下有過，宜顯逐之，使中外知獲罪之由以爲戒。今譖毀潛行，斥命中出，在廷莫測其故，將恐陰邪得伸，善類喪氣，非盛世事也。」除吏部尚書。接送金賀正使還，言兩淮兵備城築及裁減接送浮費甚悉，上嘉納焉。

十二月，除端明殿學士、簽書樞密院事。二年閏九月，參知政事。金使至，上遣王抃諭金使稍變受書舊禮，議久不決。彥穎曰：「須於國體無損而事可濟，乃善，若如去年張子顏之行，不但無益。」時左司諫湯邦彥新進，冀僥倖集事，自許立節。彥穎言邦彥輕脫，必誤國。他日，對便殿，上復語及之。彥穎欲進說，上色動，宰相亟引退。遂以邦彥爲申議國信使，且命福建造海船，起兩淮民兵赴合肥訓練，并詔諸軍飭戎備，中外騷然。彥穎復言：「兩淮州縣去合肥，遠者千餘里，近亦二三百里。令民戶三丁起其二，限三月而罷，事未集，民先失業矣。」上作色曰：「卿欲盡撤邊備耶？」彥穎曰：「今不得已，令三百里內，家起一丁詣合肥，三百里外，就州縣訓習，日增給錢米，限一月罷，庶不大擾。」翌日，復執奏，從之。洎邦彥辱命而還，彥穎論其罪，貶新州。

彥穎在東府三歲，實攝相事，內降繳回甚多。內侍白劄籍名造器械并犒師，降旨發左藏、封樁諸庫錢，動億萬計。彥穎疏歲中經費以進，因言：「虞允文建此庫以備邊，故曰『封樁』，陛下方有意恢復，苟用之不節，徒啓他日妄費，失封樁初意。」上矍然曰：「卿言是，朕失之矣。」自是絕不支。

墜馬在告，力求去，以資政殿學士知紹興府，勤約有惠政。提舉洞霄宮，復參知政事，病羸，艱拜起，力辭，上曰：「老者不以筋力爲禮，孟享禮繁，特免卿。」諫官論其子毆人至死，奉祠鐫秩。起知婺州，禁民屠牛，捐屬縣稅十三萬三千緡。復知紹興府，進資政殿大學士，再奉祠，進觀文殿學士。

紹熙元年，致仕。家居凡十載，自奉澹約，食纔米數合。室無姬媵，蕭然永日，與州縣了不相聞。薨，年八十一，贈少保，謚忠文。

子沐，慶元中，與一時臺諫排趙汝愚，善類一空，公論醜之。

范成大字致能，吳郡人。紹興二十四年，擢進士第。授戶曹，監和劑局。隆興元年，遷正字。累遷著作佐郎，除吏部郎官。言者論其超躐，罷，奉祠。

起知處州。陛對，論力之所及者三，曰日力，曰國力，曰人力〔10〕，今盡以虛文耗之，上嘉納。處民以爭役囂訟，成大爲創義役，隨家貧富輸金買田，助當役者，甲乙輪第至二十年，民便之。其後入奏，言及此，詔頒其法於諸路。處多山田，梁天監中，詹、南二司馬作通濟堰在松陽、遂昌之間，激溪水四十里，溉田二十萬畝。堰歲久壞，成大訪故迹，疊石築防，置堤閘四十九所，立水則，上中下溉灌有序，民食其利。

除禮部員外郎兼崇政殿說書。乾道令以絹計贓，估價輕而論罪重，成大奏：「承平時絹匹不及千錢，而估價過倍。紹興初年遞增五分，爲錢三千足。今絹實貴，當倍時直。」上驚曰：「是陷民深文。」遂增爲四千，而刑輕矣。

隆興再講和，失定受書之禮，上嘗悔之。遷成大起居郎，假資政殿大學士，充金祈請國信使。國書專求陵寢，蓋泛使也。上面諭受書事，成大乞併載書中，不從。金迎使者慕成大名，至求巾幘效之。至燕山，密草奏，具言受書式，懷之入。初進國書，詞氣慷慨，金君臣方傾聽，成大忽奏曰：「兩朝既爲叔姪，而受書禮未稱，臣有疏。」搢笏出之。金主大駭，曰：「此豈獻書處耶？」左右以笏標起之，成大屹不動，必欲書達。既而歸館所，金主遣伴使宣旨取奏。成大之未起也，金庭紛然，太子欲殺成大，越王止之，竟得全節而歸。

除中書舍人。初，上書崔寔政論賜輔臣，成大奏曰：「御書政論，意在飭綱紀，振積斂。而近日大理議刑，遞加一等，此非以嚴致平，乃酷也。」上稱爲知言。張說除簽書樞密院事，成大當制，留詞頭七日不下，又上疏言之，說命竟寢。

知靜江府。廣西窘匱，專藉鹽利，漕臣盡取之，於是屬邑有增價抑配之敝，詔復行鈔鹽，漕司拘鈔錢均給所部，而錢不時至。成大入境，曰：「利害有大於此乎？」奏疏謂：「能裁抑漕司強取之數，以寬郡縣，則科抑可禁。」上從之。數年，廣州鹽商上書，乞復令客販，宰相可其說，大出銀錢助之〔二〕。人多以爲非，下有司議，卒不易成大說。舊法馬以四尺三寸爲限，詔加至四寸以上，成大謂五市四十年，不宜驟改。

除敷文閣待制、四川制置使，疏言：「吐蕃、青羌兩犯黎州，而奴兒結、蕃列等尤桀黠，輕視中國。臣當教閱將兵，外修堡砦，仍講明教閱團結之法，使人自爲戰，三者非財不可。」上賜度牒錢四十萬緡。成大謂西南諸邊，黎爲要地，增戰兵五千，奏置路分都監〔三〕。吐蕃入寇之路十有八，悉築柵分戍。奴兒結擾安靜砦，發飛山軍千人赴之，料其三日必遁，已而果然。白水砦將王文才私娶蠻女，常導之寇邊，成大重賞檄羣蠻使相疑貳，俄禽文才以獻，即斬之。蜀北邊舊有義士三萬，本民兵也，監司、郡守雜役之，都統司又俾與大軍更戍，成大力言其不可，詔遵舊法。蜀知名士孫松壽年六十餘，樊漢廣甫五十九，皆掛冠不仕，表其節，詔召之，皆不起，蜀士由是歸心。凡人才可用者，悉致幕下，用所長，不拘小節，其傑然者露章薦之，往往顯于朝，位至二府。

召對，除權吏部尚書，拜參知政事。兩月，爲言者所論，奉祠。起知明州，奏罷海物之獻。除端明殿學士，尋帥金陵。會歲旱，奏移軍儲米二十萬振飢民，減租米五萬。水賊徐五竊發，號「靜江大將軍」，捕而戮之。以病請閑，進資政殿學士，再領洞霄宮。紹熙〔三〕三年，加大學士。四年薨。

成大素有文名，尤工於詩。上嘗命陳俊卿擇文士掌內制，俊卿以成大及張震對。自號石湖，有石湖集、攬轡錄、桂海虞衡集行于世。

論曰：劉珙忠義世家，迨屬纊，以未雪讎恥爲深恨。王藺犯顏忠諫，剛腸嫉惡。方趙鼎、張浚非罪遠謫，朋交絕蹤，大寶獨從之游，逮斥權姦，了無顧忌。安節拒秦檜，排淵、覿，堅如金石，孤立無黨，死生禍福，曾不一動其心。當金兵犯大散關，剛中單騎星馳，夜起吳璘，一戰却敵。成大致書北庭，幾於見殺，卒不辱命。俱有古大臣風烈，孔子所謂「歲寒然後知松柏之後凋」者歟？若祖舜奪楊愿恩，褫秦熺秩，誅檜惡於既死，彥穎論事激烈，披露忠藎，直氣亦可尙已。

校勘記

〔一〕敦宗院　原作「睦宗院」，據朱文公文集卷九七劉珙行狀、琬琰集下編卷二二劉玶劉珙行狀改。

〔二〕三萬　同上二書同卷同篇都作「三萬萬」。

〔三〕貸者不取償　「取」原作「敢」，據同上二書同卷改。

〔四〕乞自科舉外　「外」原作「後」，據繫年要錄卷一七三、熊克中興小紀卷三七改。

〔五〕祁山　原作「析山」，據三國志魏志卷三明帝紀、繫年要錄卷一九七改。

〔六〕累攻不克　「攻」原作「次」，據繫年要錄卷一九七改。

〔七〕制置四川　「制置」二字原倒。按南宋時四川曾設制置使，據孫覿鴻慶居士集卷三八王剛中墓誌銘、繫年要錄卷一八〇乙正。

〔八〕幕府之賢　幕原作「募」，據鴻慶居士集卷三八王剛中墓誌銘改。

〔九〕經史辨漢唐史要覽　按鴻慶居士集卷三八王剛中墓誌銘作「經史辨疑、漢唐史評、唐史要覽」，疑是。

〔一〇〕人力　原作「天力」，據周必大周益國文忠公集平園續稾卷二二范成大神道碑改。

〔一一〕大出銀錢助之　原作「成大出銀錢助之」，衍「成」字，據同上書同卷同篇改。

〔一二〕路分都監　原作「都監路分」，據本書卷一六七職官志、周益國文忠公集平園續稾卷二二范成大神道碑改。

〔一三〕紹熙　原作「紹興」，據宰輔編年錄卷一八改。

宋史卷三百八十七

列傳第一百四十六

黃洽　汪應辰　王十朋　吳芾　陳良翰　杜莘老

黃洽字德潤，福州侯官人。隆興元年，以太學生試春官第二，詔循故事，未臨軒，賜第二人及第。授紹興府觀察判官。秩滿，就銓選，不用前名例謁廟堂。宰相陳俊卿白于上，改宣義郎，除國子博士。

適有旨職事官無待次，改差浙東安撫司主管機宜文字。繼爲太學國子博士，樞密院編脩官，通判福州。奉祠，召爲太常丞。請外，孝宗方厲精求治，曰：「黃洽厚德，方任以事。」不許。當對，奏三事：備事莫若儲才，士卒當練其心，軍政必預爲謀。上矍然，洽徐奏：「願戒飭州郡，毋煩擾以致寇，毋輕易以玩寇。寇擾而後定，傷根本多矣。」除祕書郎遷著作郎。上諭詞臣：「祕閣儲英俊爲異時公卿用，行黃洽詞，可及之。」

除右正言，首奏：「諫臣非具員，職在諫爭，朝政有闕，所當盡言。」上亦以爲端士，許其盡言無隱。除侍御史。會水旱頻仍，因祠祭上言：「此事全在一念，陛下夙興默想，專精在民，身雖法宮，心則壇壝，洋洋左右，理非漠然。洊歲荒歉之由，必有未盡契神示之心者。」一日特詔：「諸路奉行荒政不虔，差官按視安集。」洽亟奏：「使者一出，官吏必須知畏。其常平一司所職何事？淮、浙、江東見有使，以五使分五路，尙慮不周知。今遣一人兼二三路，不過閱圖帳戶口多寡，地里遼邈，安能遍歷乎？若專責常平，名正而職舉，事分而察精。」又奏：「藝祖懲藩鎭偏重之失，不欲兵民之權聚於一夫之手。今使主兵官兼郡寄，是合兵民權爲一，且屬邊徼，偏重尤甚。」上皆嘉納。洽所論列，未嘗擿摭細故他慝以累其終身。

除右諫議大夫。上方銳志肄武，洽因風諫，言：「頤之大象：『君子以愼言語，節飲食。』言語飲食猶謹節之，況其他乎？凡筋力喘息之間，一有過差，皆非所以養其身也。」上曰：「卿言無非仁義忠孝，可爲萬世臣子之法，朕常念之。」洽在經筵，言：「宰相代天理物，要在爲國得人。人主之命相，任則勿疑。宰相重則朝廷尊，朝廷尊則廟社安。宰相掄才任職，當盡公心。君子進則庶職舉，庶職舉則天下治。」上首肯再三，乃曰：「卿如良金美玉，渾厚無瑕，天其以卿爲朕弼耶？」

除御史中丞，奏：「薦舉請託，必競於宰執、臺諫之門，若宰執、臺諫不爲人覓舉，使士大夫咸自率厲，以公道得之，豈不甚善。或果知其人，露章以薦，亦何不可。」潭州奏彊盜罪不至死應配者坐加役流，有旨具議。洽曰：「彊盜異他盜，以其故爲也。若止髠役，三年之後，圈檻一弛，豨突四出，善良受害，可勝數耶？況役時必去防閑之具，走逸結合，患尤甚焉。」上深然之。

除參知政事。上曰：「卿每告朕用人，今卿居用人之地，不可不勉。」上因商榷除目，洽罄竭無所顧避，上大喜曰：「五十年無此差除。」除知樞密院事。洽累章求去，許之，除資政殿大學士、知隆興府。

光宗受禪，特詔言事，洽奏：「用人爲萬世不易之論，臣前以此納忠壽皇，今復告于陛下。」屢乞歸田，尋畀提舉洞霄宮。方未得請也，人勸之治第，洽曰：「吾書生，蒙拔擢至此，未有以報國，而先營私乎？使吾一旦罪去，猶有先人敝廬可庇風雨，夫復何憂。」慶元二年致仕。

洽常言：「居家不欺親，仕不欺君，仰不欺天，俯不欺人，幽不欺鬼神，何用求福報哉！」六年七月，薨，年七十九。贈金紫光祿大夫。洽質直端重，有大臣體，兩朝推爲名臣。有文集、奏議八十五卷。

汪應辰字聖錫，信州玉山人。幼凝重異常童，五歲知讀書，屬對應聲語驚人，多識奇字。家貧無膏油，每拾薪蘇以繼晷。從人借書，一經目不忘。十歲能詩，游鄉校，郡博士戲之曰：「韓愈十三而能文，今子奚若？」應辰答曰：「仲尼三千而論道，惟公其然。」

未冠，首貢鄉舉，試禮部，居高選。時趙鼎爲相，延之館塾，奇之。紹興五年，進士第一人，年甫十八。御策以吏道、民力、兵勢爲問，應辰答以爲治之要，以至誠爲本，在人主反求而已。上覽其對，意其爲老成之士，及唱第，乃年少子，引見者掖而前，上甚異之。鼎出班特謝。舊進士第一人賜以御詩，及是，特書中庸篇以賜。初名洋，與姓字若有語病，特改賜應辰。上欲卽除館職，趙鼎言：「且令歷外任，養成其材。」乃授鎭東軍簽判。故事，殿試第一人無待次者，至是，取一年半闕以歸。舍人胡寅行詞曰：「屬者延見多士，問以治道，爾年未及冠，而能推明帝王躬行之本，無曲學阿世之態。」

應辰少受知於喻樗，旣擢第，知張九成賢，問之於樗，往從之游，所學益進。初任，趙鼎爲帥，幕府事悉諮焉。歲小旱，命應辰禱雨名山卽應，越人語之曰：「此相公雨。」鼎曰：「不然，乃狀元雨也。」

召爲祕書省正字。時秦檜力主和議，王倫使還，金人欲以河南地歸我。應辰上疏，謂：

「和議不諧非所患，和議諧矣，而因循無備之可畏。異議不息非所患，異議息矣，而上下相蒙之可畏。金雖通和，疆埸之上宜各戒嚴，以備他盜。今方且肆赦中外，褒寵將帥，以爲休兵息民自此而始。縱忘積年之恥，獨不思異時意外之患乎？此因循無備之所以可畏也。方朝廷力排羣議之初，大則竄逐，小則罷黜，至有一言迎合，則不次擢用。是以小人窺見間隙，輕躁者阿諛以希寵，畏懦者循默以備位，而忠臣正士乃無以自立於羣小之間，此上下相蒙之所以可畏也。臣願勿以和好之可無虞，而思患預防，常若敵人之至。」疏奏，秦檜大不悅，出通判建州，遂請祠以歸。寓居常山之永年院，蓬蒿滿逕，一室蕭然，饘粥不繼，人不堪其憂，處之裕如也，益以脩身講學爲事。自是凡三主管崇道觀，在隱約時，胸中浩然之氣凛然不可屈。

張九成謫邵州，交游皆絕，應辰時通問。及其喪父，言者猶攻之，而應辰不遠千里往弔，人皆危之。通判袁州，凡所予奪，人無異詞。始至，或以其書生易之，已乃知吏師所不能及。丞相趙鼎死朱崖，扶喪過郡，應辰爲文祭之曰：「惟公兩登上宰，皆直艱危之時；一斥南荒，遂爲死生之別。事已定於蓋棺，恩特容於歸骨。」吏付之火。其子偕三兵以歸，道出衢州，章傑爲守，希檜意，指應辰爲阿附，爲死黨，符移訊鞫，徧搜行橐，求祭文不可得。時胡寅遺檜書，謂此事不足竟，事乃寢。

通判靜江府，踰期不得代，乃沿檄歸省其母。繼差通判廣州。時檜所深忌者趙鼎、張浚，鼎既死而浚獨存，未快其意。江西運判張常先箋注前帥張宗元與浚詩，言于朝，其詞連逮者數十家，將誣以不軌而盡去之。獄既具，檜死，應辰幸而免。

明年，召爲吏部郎官，遷右司。母老乞外，丞相苦留之曰：「方進用，未應爾。」應辰曰：「親老矣，不可緩。」乃出知婺州。郡積欠上供十三萬緡，朝廷命憲漕究治，應辰謂急則擾民，乃與諸邑蠲宿逋，去苛斂，定期會，窒滲漏，悉爲補發。尋丁內艱去，廬于墓側。服闋，除祕書少監，遷權吏部尚書。李顯忠冒具安豐軍功賞五千餘人，應辰奏駁之。權戶部侍郎兼侍講。應辰獨員當劇務，節冗費，常奏：「班直轉官三日，而堂吏增給食錢萬餘緡；工匠洗澤器皿僅給百餘千，而堂吏食錢六百千；塑顯仁神御，半年功未及半，而堂吏食錢已支三萬、銀絹六百匹兩。他皆類此。」上驚其費冗，命吏部裁之。

金渝盟，詔求足食足兵之策，應辰奏曰：「陸贄有云：『將非其人，兵雖多不足恃；操失其柄，將雖才不爲用。』臣之所憂，不在兵之不足，在乎軍政之不脩。自講和以來，將士驕惰，兵不閱習，敵未至則望風逃遁，敵既退則謾列戰功，不惟佚罰，且或受賞。方時無事，詔令有所不行，一旦有急，誰能聽命以赴國家之難。望發英斷，賞善罰惡，使人人洗心易慮，以聽上命，然後號令必行矣。」

三十二年建儲，以孝宗名與唐廬江王、晉楚王同，詔改爲「𣈶」，應辰以爲與唐昭宗同，白左相陳康伯，遂改今名。集議秀王封爵，應辰定其稱曰「太子本生之親」。議入，內降曰：「皇太子所生父，可封秀王。」暨內禪，擬於傳位日降赦，應辰言：「唐太宗受禪於高祖，明年正月始改元。」乃從其說。又議改元「重熙」，應辰謂契丹嘗以紀年，遂改隆興。一朝大典禮，多應辰所定。

議太上尊號，李燾、陳康伯密議以「光堯壽聖」爲稱。及集議，或謂：「尊號始自開元，罷於元豐，今不當復，況太上視天下如棄敝屣，豈復顧此？」應辰主之尤力。或又言：「主上奉親，烏得援元豐自却爲比？」於是議狀書者半，不書者半。明日，應辰復與金安節等十二人各陳所見，大概謂「光堯」近乎「神堯」，「壽聖」乃英宗誕節，嘗以名寺。御史周必大亦以爲問，應辰答以「堯」豈可「光」。是語有聞之德壽者，高宗因上過宮，云：「汪應辰素不樂吾。」於是有詔：尊號之議，已嘗奏知，不容但已。安節等遂奉詔。

應辰連乞補外，遂知福州。未幾，升敷文閣待制，舉朱熹自代。在鎮二年，會朝廷謀蜀帥，乃以敷文閣直學士爲四川制置使、知成都府。陛辭，特降詔撫諭。入境，以書與宣撫使吳璘，令以撫諭詔申嚴號令。既至，免利路民餉運，徙沿邊戍兵就糧內郡，縱保勝義士復業，存左藏所解白契二百萬以備不虞，悉奏行之。有謂蜀中綱馬驛程由梁、洋、金、房，山路峻險，宜浮江而下，詔吳璘措置。執政、大將皆主其說，應辰與夔帥王十朋力言其不便，遂得中止。二稅勘合，每貫取二十錢，乾道詔旨嘗減三之一，有欲增之者，應辰與兩漕臣列奏，言：「勘合不以鈔計，而以貫石匹兩計，是陽爲減而陰實增之也。以成都一路計之，歲入三十萬，今以所增爲六十萬，計以四路，不知幾倍。雖非興利者所便，而民受其賜多矣。」

璘時駐蜀口武興，精兵爲天下冠，既老且病，應辰密奏以關陝大將係國安危，所當預圖。於是執政傳旨，若璘不起，令制司暫領其任。暨璘死，應辰遂攝宣撫之職，蜀道晏然。虞允文尋以知樞密院事宣撫四川，應辰援張浚例，乞罷制司，不許。總所牒委官覈四川匿契稅，應辰奏：「其不便者四，曰妨農廢業，曰縱吏擾民，曰違法害教，曰長姦起訟。比戶部已令人自首，州縣收併已不少，其未盡者，有見行法令，不宜爲此煩擾。」上曰：「論極有理，速罷止之。」

蜀大旱，詔問救荒之策，應辰奏：「利、閬、緜、梓軍馬糧料，隨民力均敷，官雖支糴錢，民不得半價，若選官就歲熟處糴之，可以寬民力，第無錢束手，乞給度牒。」上曰：「汪應辰治蜀甚有聲，且留意民事如此。」給度牒四百，永爲糴本振濟，遂移書諸路漕臣，亟救荒，且以緜、劍和糴告之，而全蜀蒙惠。

劉珙拜同知樞密院事，進言曰：「汪應辰、陳良翰、張栻學行才能，臣所不及。」已，得旨召還。邛之安仁年饑，掀起爲盜，害及旁郡，卽具奏，且檄茶馬使招捕。旬月間，誅其渠魁，餘悉撫定。或白之虞允文曰：「汪帥得無掩盜事不上聞乎？」宣司乃密奏，使人紿應辰曰：「邛寇事未敢奏，不審制司如何？」應辰以奏檢報之，允文內愧。將行，代納成都一府激賞絹估三萬三千九百八十四匹。

冬，入覲，陛對，以畏天愛民爲言。上曰：「卿久在蜀，寬朕西顧憂，軍政民事革弊殆盡，蜀中除虛額，民間當被實惠。」應辰奏：「虛額去則州縣寬，尙有兩事，曰預借，曰對糴。預借乃州縣累歲相仍，對糴則以補州縣闕乏，民輸米一石，卽就糴一石，或半價，或不支，且多取贏。陛下近捐百萬除預借之弊，對糴患止數州，願幷除之，則弊革無餘矣。」除吏部尙書，尋兼翰林學士幷侍讀。論愛民六事，廟堂議不合，不悅者衆。一日，陳良祐登對，上告以「汪應辰言卿在蜀多誕謾」。良祐奏：「臣與應辰昨同從班，應辰請外，得衢州，臣惜其去，同奏留之。時邊奏方急，臣不知應辰將爲便私計也。奏既上，應辰以此大憾，乃爲是說以中臣耳。」上曰：「乃爾邪！」

應辰在朝多革弊事，中貴人皆側目。德壽宮方甃石池，以水銀浮金鳧魚于上，上過之，高宗指示曰：「水銀正乏，此買之汪尙書家。」上怒曰：「汪應辰力言朕置房廊與民爭利，乃自販水銀邪？」應辰知之，力求去。會復出發運均輸之旨，歎曰：「吾不可留矣，但力辨羣枉，則補外之請自得。」乃力論其事有害無利，遂以端明殿學士知平江府。韓玉被旨揀馬，過郡，應辰簡其禮。玉歸，譖之於上曰：「臣所過州縣，未有若平江之不治者。」上怪之。平江米綱至，有折閱，事上，連貶秩。力疾請祠，自是臥家不起矣，以淳熙三年二月卒于家。

應辰接物温遜，遇事特立不回，流落嶺嶠十有七年。檜死，始還朝，剛方正直，敢言不避。少從呂居仁、胡安國游，張栻、呂祖謙深器許之，告以造道之方。嘗釋克己之私如用兵克敵，易懲忿窒慾，書剛制于酒，懲窒、剛制皆克勝義，可不常省察乎？其義理之精如此。好賢樂善，出於天性，尤篤友愛，嘗以先疇遜其兄衢，雖無屋可居不顧也。子達，繼登進士第，仕至吏部尚書、端明殿學士。

王十朋字龜齡，温州樂清人。資穎悟，日誦數千言。及長，有文行，聚徒梅溪，受業者以百數。入太學，主司異其文。

秦檜死，上親政，策士，諭考官曰：「對策中有陳朝政切直者，並置上列。」十朋以「權」爲對，大略曰：「攬權者，非欲衡石程書如秦皇，傳餐聽政如隋文，彊明自任、不任宰相如唐德宗，精於吏事，以察爲明，如唐宣宗，蓋欲陛下懲既往而戒未然，威福一出於上而已。嘗有鋪翠之禁，而以翠羽爲首飾者自若，是豈法令不可禁乎？抑宮中服澣濯之化，衣不曳地之風未形於外乎？法之至公者莫如選士，名器之至重者莫如科第。往歲權臣子孫、門客類竊巍科，有司以國家名器爲媚權臣之具，而欲得人可乎？願陛下正身以爲本，任賢以爲助，博采兼聽以收其效。」幾萬餘言。上嘉其經學淹通，議論醇正，遂擢爲第一。學者爭傳誦其策，以擬古晁、董。

上用其言，嚴銷金鋪翠之令，取交阯所貢翠物焚之。詔：「十朋乃朕親擢。」授紹興府簽判。既至，或以書生易之，十朋裁決如神，吏姦不行。時以四科求士，帥王師心謂十朋身兼四者，獨以應詔。召爲祕書郎兼建王府小學教授。先是，教授入講堂居賓位，十朋不可，皇孫特加禮而位教授中坐。

金將渝盟，十朋輪對，言：「自建炎至今，金未嘗不內相殘賊，然一主斃，一主生，曷嘗爲中國利？要在自備如何。禦敵莫急於用人，今有天資忠義、材兼文武可爲將相者，有長於用兵、士卒樂爲之用可爲大帥者，或投閑置散，或老於藩郡，願起而用之，以寢敵謀，以圖恢復。」蓋指張浚、劉錡也。又言：「今權雖歸於陛下，政復出於多門，是一檜死百檜生也。」楊存中以三衙而交結北司，以盜大權。漢之禍起於恭、顯，王氏之相爲終始；唐之禍起於北軍，藩鎭之相爲表裏。今以管軍位三公，利源皆入其門，陰結諸將，相爲黨援。樞密本兵之地，立班甘居其後。子弟親戚，布滿淸要。臺諫論列，委曲庇護，風憲獨不行於管軍之門，何以爲國！至若淸資加於噲伍；高爵濫於醫門；諸軍承受，威福自恣，甚於唐之監軍；皇城邏卒，旁午察事，甚於周之監謗；將帥剝下賂上，結怨三軍；道路捕人爲卒，結怨百姓：皆非治世事。」上嘉納，戢邏卒，罷諸軍承受，更定樞密、管軍班次，解楊存中兵權，其言大略施行。秦檜久塞言路，至是十朋與馮方、胡憲、查籥、李浩相繼論事，太學生爲五賢詩述其事。除著作郎。

三十一年正月，風雷雨雪交作，十朋以爲陽不勝陰之驗，遺陳康伯書，冀以春秋災異之說力陳于上，崇陽抑陰，以弭天變。遷大宗正丞，亟請祠歸。金犯邊，起劉錡爲江、淮、浙西制置，張浚帥金陵，悉如其言。

孝宗受禪，起知嚴州。召對，首言：「太皇非倦勤時，而以大器付陛下，賢於堯、舜，陛下當思以副太上者。今社稷之安危，生民之休戚，人才之進退，朝廷之刑賞，宜若舜之協堯，斷然行之，以盡繼述之道。」拜司封郎中，累遷國子司業。言：「今居位者往往職之不舉，宜有以革之。人主有大職三，任賢、納諫、賞罰是也。」上嘉之。除起居舍人，升侍講。時左右史失職久，十朋除起居郎，胡銓奏四事，語在胡銓傳。除侍御史，上謂胡銓曰：「比除臺官，外議如何？」銓曰：「皆謂得人。」上曰：「卿與十朋皆朕親擢。」

十朋見上英銳，每見必陳恢復之計。及將北伐，上疏曰：「天子之孝莫大於光祖宗、安社稷，因前王盈成而守者，周成康、漢文景是也；承前世衰微而興者，商高宗、周宣王是也；先君有恥而雪之，漢宣帝臣單于、唐太宗俘頡利是也；先君有讎而復之，夏少康滅澆、漢光武誅莽是也。迹雖不同，其爲孝一也。靖康之禍，亙古未有，陛下英武，慨然志在興復。竊聞每對羣臣奏事，則曰：『當如創業時。』又曰：『當以馬上治之。』又曰：『某事當俟恢復後爲之。』比因宣召，語及陵寢，聖容惻然，曰：『四十年矣。』陛下之心眞少康、高宗、宣王、光武之心，奈何大臣不能仰副聖心？願戒在位者，去附和之私心，贊國家之大計，則中興日月可冀矣。」因論史浩八罪，曰懷奸、誤國、植黨、盜權、忌言、蔽賢、欺君、訕上，上爲出浩知紹興府。十朋再疏，謂：「陛下雖能如舜之去邪，未能如舜之正名定罪。紹興密邇行都，浩嘗爲屬吏，姦贓彰聞，亦何顏復見其吏民。」遂改與祠。

史正志與浩族異，拜浩而父事之，十朋論正志傾險姦邪，覬時求進，宜黜正志以正典刑。林安宅出入史浩、龍大淵門，盜弄威福，至是詐病求致仕，十朋并疏其罪。皆罷去。

張浚出師復靈壁、虹縣，歸附者萬計，又復宿州。十朋奏：「王師以弔民爲主，先之以招納，不獲已而戰伐隨之，乞以此指戒浚。金將既降，宜速加爵賞，以勸來者。」上皆嘉納。

會李顯忠、邵宏淵不協，王師失律，張浚上表自劾，主和者乘此唱異議。十朋上疏言：「臣素不識浚，聞其誓不與敵俱生，心實慕之。前因輪對，言金必敗盟，乞用浚。陛下嗣位，命督師江、淮，今浚遣將取二縣，一月三捷，皆服陛下任浚之難。及王師一不利，橫議蠭起。臣謂今日之師，爲祖宗陵寢，爲二帝復讎，爲二百年境土，爲中原弔民伐罪，非前代好大生事者比。浚當內脩，俟時而動。陛下恢復志立，固不以一衄爲羣議所搖，然異論紛紛，浚既待罪，臣其可尙居風憲之職！乞賜竄殛。」因言：「臣聞近日欲遣龍大淵撫諭淮南，信否？」上曰：「無之。」又言：「聞欲以楊存中充御營使。」上嘿然。

改除吏部侍郎，力辭，出知饒州。饒並湖，盜出沒其間，聞十朋至，一夕遁去。丞相洪适請故學基益其圃，十朋曰：「先聖所居，十朋何敢予人。」移知夔州，饒民走諸司乞留不得，至斷其橋，乃以車從間道去，衆葺斷橋，以「王公」名之。

移知湖州，召對，劉珙請留之，上曰：「朕豈不知王十朋，顧湖州被水，非十朋莫能鎭撫。」至郡，戶部責虛逋三十四萬，命吏持券往辨，不聽，即請祠去。起知泉州，十朋前在湖割奉錢創貢闈，又爲泉建之，尤宏壯。

凡歷四郡，布上恩，恤民隱，士之賢者詣門，以禮致之。朔望會諸生學宮，講經詢政，僚屬間有不善，反復告戒，俾之自新。民輸租俾自槪量，聞者相告，宿逋亦願償。訟至庭，溫祠曉以理義，多退聽者。所至人繪而祠之，去之日，老稚攀留涕泣，越境以送，思之如父母。饒久旱，入境雨至；湖積霖，入境即霽。凡禱必應，其至誠不獨感人，而亦動天地鬼神。

東宮建，除太子詹事，力辭，詔州郡禮致；遂力疾造朝，以足疾不能趨，詔給扶減拜。謁東宮，太子以其舊學，待遇有加。又詔免朝參，遣中使以告及襲衣、金帶就其家賜之。疾革，累章告老，以龍圖閣學士致仕，命下而卒，年六十。紹熙三年〔一〕，謚曰忠文。

十朋事親孝，終喪不處內，友愛二弟，郊恩先奏其名，沒而二子猶布衣。書室扁曰「不欺」，每以諸葛亮、顏眞卿、寇準、范仲淹、韓琦、唐介自比，朱熹、張栻雅敬之。

子聞詩、聞禮，皆篤學自立。聞詩知光州、提點江東刑獄；聞禮知常州、江東轉運判官，爲治能守家法，人亦思慕之。

吳芾字明可，台州仙居人。舉進士第，遷祕書正字。與秦檜舊故，至是檜已專政，芾退然如未嘗識。公坐旅進，揖而退，檜疑之，風言者論罷。通判處、婺、越三郡。知處州。處舊苦丁絹重，芾損之，以新丁補其額。

何溥薦芾材中御史，除監察御史。時金將敗盟，芾勸高宗：「專務脩德，痛自悔咎，延見羣臣，俾陳闕失，求合乎天地，無愧乎祖宗，則人心悅服，天亦助順矣。」上韙其言。遷殿中侍御史。

兩淮戰不利，廷臣爭陳退避計，芾言：「今日之事，有進無退，進爲上策，退爲無策。」既而金主亮斃，上疏勸親征。車駕至建康，芾請遂駐蹕，以係中原之望，高宗納其說。會有密啓還東者，下侍從、臺諫議，芾言：「今欲控帶襄、漢，引輸湖、廣，則臨安不如建康便；經理淮甸，應接梁、宋，則臨安不如建康近。議者徒悅一時扈從思歸之人，非爲國計。臣恐回鑾之後，西師之聲援不接，北土之謳吟絕望矣。」又言：「去歲兩淮諸城望風奔潰，無一城能拒守者，此秦檜壅塞言路、挫折士氣之餘毒也。能反其道，則士氣日振，而見危授命者有人矣。」

知婺州。孝宗初卽位，陛辭，陳裴垍對唐憲宗「爲治先正其心」，以爲臨御之初，出治大原，無越於此。上嘉納。至郡，勸民義役。金華長仙鄉民十有一家，自以甲乙第其產，相次執役，幾二十年。芾與致十一人者，與合宴，更其鄉曰「循理」，里曰「信義」，以褒異之。

知紹興府。會稽賦重而折色尤甚，芾以攢宮在，奏免支移折變。鑑湖久廢，會歲大饑，出常平米募饑民浚治。芾去，大姓利於田，湖復廢。

權刑部侍郎，遷給事中，改吏部侍郎。以敷文閣直學士知臨安府。內侍家僮毆傷酒家保，芾捕治之，徇于市，權豪側目。執政議以芾使金，復除吏部侍郎，且議以龍大淵爲副，芾曰：「是可與言行事者邪？」語聞，得罷不行。下遷禮部侍郎，力求去，提舉太平興國宮。

時芾與陳俊卿俱以剛直見忌，未幾，俊卿亦引去。中書舍人閻安中爲孝宗言二臣之去，非國之福。起知太平州。造舟以梁姑溪。歷陽築者久役潰歸，聲言欲趨郡境，芾呼至城下，厚犒遣之，而密捕倡亂者繫獄以聞，詔褒諭。知隆興府。

芾前後守六郡，各因其俗爲寬猛，吏莫容姦，民懷惠利。再奉太平祠，屢告老，以龍圖閣直學士致仕。後十年卒，年八十。嘗曰：「視官物當如己物，視公事當如私事。與其得罪於百姓，寧得罪於上官。」立朝不偶，晚退閑者十有四年，自號湖山居士。爲文豪健俊整，有表奏五卷、詩文三十卷。

陳良翰字邦彥，台州臨海人。蚤孤，事母孝。資莊重，爲文恢博有氣。中紹興五年進士第。知溫州瑞安縣。俗號強梗，吏治尚嚴，良翰獨撫以寬，催租不下文符，但揭示名物，民競樂輸，聽訟咸得其情。或問何術，良翰曰：「無術，第公此心如虛堂懸鏡耳。」殿中侍御史吳芾薦爲檢法官，遷監察御史。

孝宗初元，金主褒新立，求和，而中原舊人多求歸，詔問何以處此，良翰言：「議和，復納降，皆非是。必定計自治，而和不和，任之乃可。」張浚軍淮、泗以規進取，而議者爭獻防江策，良翰言：「當固藩籬，專委任。今捨淮防江，却地奪便，朝廷過聽，使督府不得專閫外事，誤矣。」除右正言。

金再移書求故疆，良翰言：「中原皆吾故土，況唐、鄧、海、泗〔三〕又金渝盟後以兵取之，安得以故疆爲言而歸之？」湯思退主遣小使盧仲賢、李栻，良翰言：「仲賢輕儇無恥，栻自北來難信。」又言：「廟堂督府論議不同，邊奏上聞，皆陽唯諾而陰沮敗之。萬一失事機，督府安得獨任其責？」上矍然稱善。

朝廷遣史正志至建康，與張浚議事乖牾，良翰劾之，上曰：「正志亦無罪。」良翰言：「陛下使浚守淮，則任浚爲重，一郎官爲輕，且正志居中，浚必爲去就。」上悟，出正志爲福建漕運。楊存中爲御營使，總殿前軍，良翰言：「存中久擅兵柄，太上皇罷就第，奈何復假使名？宜愼履霜之戒。」疏三上，存中竟罷。

李栻不敢涉淮，良翰奏奪其官。仲賢至汴，輒許金人以疆土、歲幣而還，上大怒，下仲賢吏，欲誅之，宰相叩頭懇請得免。復遣王之望、龍大淵，良翰言：「前遣使已辱命，大臣不悔前失，不謂秦檜復見今日！且金要我罷四郡屯兵以歸之，是不折一兵，而坐收四千里要害之地，決不可許。若歲幣，則俟得陵寢然後與，庶猶有名。今議未決而之望遂行，恐其辱國不止於仲賢，願先馳一介往，俟議決，行未晚也。」詔侍從、臺諫議，多是良翰，遂以胡昉、楊由義爲審議官，與敵議四郡不合，困辱而歸。

思退尙執前論，正言尹穡附思退以撼督府。良翰爲左司諫，疏論：「思退姦邪誤國，宜早罷黜，張浚精忠老謀，不宜以小人言搖之。」孝宗曰：「思退前議固失，然朕愛其謇敏，冀可効，卿其置之。若魏公則今日孰出其右，朕豈容有此意？縱有之，亦豈不謀卿等？此殆言者有異意，卿爲朕諭之。」良翰頓首謝曰：「陛下言及此，天下幸甚。宰相縱無全才，寧取樸實，緩急猶可倚賴。思退庸狡，小黠大癡，將誤國，且『謇敏』二字，恐非明主卜相之法。」既退，以上語諭同列，穡勃然變色，明日亦請對，遂罷良翰言職。

兩淮既撤備，金大入，孝宗始深悔。太學生數百人伏闕，乞召用良翰、胡銓、王十朋而斬思退等，思退由是始敗。

良翰在諫省，成恭皇后受册，官內外親屬二十五人，良翰論其冗，詔減七人。知建寧府、福建轉運副使，提點江東刑獄，移浙西，召爲宗正少卿、兵部侍郎，除右諫議大夫。良翰言：「以蜀漢之師下關陝，以荆、襄趍韓、魏，江、淮擣靑、徐，此今日大計。四川旣命大臣，而荆、淮未有任責者，亦當擇重臣臨之。」上稱善。

進給事中。大將戚閔冒請眞奉，有司坐獲譴，閤門王抃矯詔遣妄人謝顯出境，顯旣抵罪，置閔與抃不問，良翰皆駁議，請正典刑。遂改禮部侍郎，不拜，以敷文閣待制提舉江州太平興國宮。

召爲太子詹事，旣見，上屬以調護之責。一日，召對選德殿，出手書唐太宗與魏徵論仁德功利之說，俾極陳今日所未至者。良翰退，上疏，略曰：「仁德治之本，功利治之效，務本而效自至。今承天意，結民心，任賢能，退小人，擇將帥，收軍情，擇監司，吏久任，皆行之有未至，誠能革此八弊，則仁德無累，功利自致矣。」上爲之嘉歎，詔兼侍講。

未幾，以疾告老，除敷文閣直學士、提舉太平宮。卒，年六十五。光宗立，特謚獻肅。

杜莘老字起莘，眉州青神人，唐工部甫十三世孫也。幼歲時，方禁蘇氏文，獨喜誦習。紹興間，第進士，以親老不赴廷對，賜同進士出身。授梁山軍教授，從游者衆。

秦檜死，魏良臣參大政，莘老疏天下利害以聞。良臣薦之，主管禮、兵部架閣文字。彗星見東方，高宗下詔求言，莘老上書，論：「彗，蠹氣所生，多爲兵兆。國家爲民息兵，而將驕卒惰，軍政不肅。今因天戒以脩人事，思患預防，莫大於此。」因陳時弊十事。時應詔者衆，上命擇其議論切當推恩以勸之，後省以莘老爲首，進一階，遷敕令删定官、太常寺主簿，升博士。輪對，論：「金將敗盟，宜飭邊備，勿恃其不來，恃吾有以待之。」上稱善再三。

南渡後，典秩散失，多有司所記省，至凶禮又諱不錄。顯仁皇后崩，議禮有疑，吏皆拱手，莘老以古義裁定。大斂前一日，宰相傳旨問含玉之制，莘老曰：「禮院故實所不載，請以周禮典瑞鄭玄注製之，其可。」因立具奏，上覽之曰：「眞禮官也。」及虞祭，或謂上哀勞，欲以宰相行事。莘老曰：「古今無是。」卒正之。

遷祕書丞，論江、淮守備，上曰：「卿言及此，憂國深矣。」擢監察御史。遷殿中侍御史，入對，上曰：「知卿不畏彊禦，故有此授，自是用卿矣。」陳俊卿既解言職，力求去，莘老因奏事，從容曰：「多事之際，令俊卿輩在論思之地，必有補益。」上以爲然，俊卿乃復留。

金遣使致嫚書，傳欽宗凶問，請淮、漢地，指索大臣。上決策親征，莘老疏奏贊上，且謂：「敵欺天背盟，當待以不懼，勿以小利鈍爲異議所搖，訣言所惰，則人心有恃而士氣振矣。宜不限早暮，延見大臣、侍從，謀議國事；申敕侍從、臺諫、監司、守臣，亟舉可用之才。」又言：「親征有期，而禁衞纔五千餘，羸老居半，至不能介冑者，願亟留聖慮。」事皆施行。

帶御器械劉炎筦禁中市易，通北賈，大爲姦利。一日，見莘老，輒及朝政，語狂悖，莘老以聞，斥監嘉州稅。知樞密院事周麟之初請使金，及嫚書至，聞金將盛兵犯邊，乃大恐，建言不必遣使。莘老劾麟之：「挾姦罔上，避事辭難，恐懼至於掩泣，衆有『哭殺富鄭公』之誚。」尋與宮觀。疏再上，乃責瑞州。

幸醫承宣使王繼先怙寵干法，富浮公室，子弟直延閣，居第僭擬，別業、外帑徧畿甸，數十年無敢搖之者，聞邊警，亟輦重寶歸吳興爲避敵計。莘老疏其十罪，上曰：「初以太后餌其藥，稍假恩寵，不謂小人驕橫乃爾。」莘老曰：「繼先罪擢髮不足數，臣所奏，其大概耳。」上作而曰：「有恩無威，有賞無罰，雖堯舜不能治天下。」詔繼先福州居住，子孫皆勒停。籍其貲以千萬計，詔鬻錢入御前激賞庫，專以賞將士，天下稱快。

內侍張去爲取御馬院西兵二百髡其頂，都人異之，口語籍籍。莘老彈治，上疑其未審，不樂。莘老執奏不已，竟罷去爲御馬院。致仕，而莘老亦以直顯謨閣知遂寧府。給事中金安節、中書舍人劉珙封還制書，改司農少卿，尋請外，仍與遂寧。

始莘老自蜀造朝，不以家行。高宗聞其清脩獨處，甚重之，一日因對，褒諭曰：「聞卿出蜀，卽蒲團、紙帳如僧然，難及也。」未幾，遂擢用。莘老官中都久，知公論所予奪，姦蠹者皆得其根本脈絡，嘗歎曰：「臺諫當論天下第一事，若有所畏，姑言其次，是欺其心不敬其君者也。」及任言責，極言無隱，取衆所指目者悉擊去，聲振一時，都人稱骨鯁敢言者必曰杜殿院云。治郡，課績爲諸州最。

孝宗受禪，莘老進三議，曰定國是、脩內政、養根本。尋卒，年五十八。

論曰：黃洽渾厚有守，應辰學術精醇，尤稱骨鯁。十朋、吳芾、良翰、莘老相繼在臺府，歷詆姦倖，直言無隱，皆事上忠而自信篤，足以當大任者，惜不盡其用焉。

校勘記

〔一〕紹熙三年　「紹熙」原作「紹興」。按汪應辰文定集卷二三王十朋墓誌銘，王十朋卒于孝宗乾道七年，此處「紹興」當爲「紹熙」之誤，據改。

〔二〕況唐鄧海泗　「海」原作「淮」，據朱熹朱文公文集卷九七陳良翰行狀、周必大周益國文忠公集平園續稾卷二六陳良翰神道碑改。

宋史卷三百八十八

列傳第一百四十七

周執羔　王希呂　陳良祐　李浩　陳橐　胡沂　唐文若　李燾

周執羔字表卿，信州弋陽人。宣和六年舉進士，廷試，徽宗擢爲第二。授湖州司士曹事，俄除太學博士。

建炎初，乘輿南渡，自京師奔詣揚州，不及，遂從隆祐太后于江西，還覲會稽。尋以繼母劉疾，乞歸就養，調撫州宜黃縣丞。時四境俶擾，潰卒相挻爲變，令大恐，不知所爲，執羔諭以禍福，皆斂手聽命。既又誅其黨，執首謀者斬以徇。邑人德之，至繪像立祠。

紹興五年，改秩，通判湖州。丁母憂，服闋，通判平江府。召爲將作監丞。明年春，遷太常丞。會始議建明堂，大樂久廢不修，詔奉常習肄之，訪輯舊聞，庀閱工器，制作始備。累遷右司員外郎。

八月，擢權禮部侍郎，充賀金生辰使。往歲奉使官得自辟其屬，賞典既厚，願行者多納金以請，執羔始拒絕之。使還，兼權吏部侍郎。請賜新進士聞喜宴于禮部，從之。軍興廢此禮，至是乃復。同知貢舉。舊例，進士試禮部下，歷十八年得免舉，又四試禮部下，始特奏名推恩。秦檜既以科第私其子，士論讙譁，爲減三年以悅衆。執羔言祖宗法不可亂，繇此忤檜，御史劾罷之。

又六年，起知眉州，徙閬州，又改夔州，兼夔路安撫使。夔部地接蠻獠，易以生事。或告溱、播夷叛，其豪帥請遣兵致討，執羔謂曰：「朝廷用爾爲長，今一方繹騷，責將焉往，能盡力則貰爾，一兵不可得也。」豪懼，斬叛者以獻，夷人自是皆惕息。三十年，知饒州，尋除敷文閣待制。

乾道初，守婺州，召還，提舉佑神觀兼侍講。首進二說，以爲王道在正心誠意，立國在節用愛人。二年四月，復爲禮部侍郎。孝宗患人才難知，執羔曰：「今一介干進，亦蒙賜召，口舌相高，殆成風俗，豈可使之得志哉！」上曰：「卿言是也。」一日侍經筵，自言「學易知數，臣事陛下之日短」，已乃垂涕，上惻然。即拜本部尚書，升侍讀，固辭，不許。

方士劉孝榮言統元曆差，命執羔釐正之。執羔用劉羲叟法，推日月交食，考五緯贏縮，以紀氣朔寒温之候，撰曆議、曆書、五星測驗各一卷上之。

上嘗問豐財之術，執羔以爲：「蠹民之本，莫甚於兵。古者興師十萬，日費千金。今尺籍之數，十倍於此，罷癃老弱者幾半，不汰之其弊益深。」論：「和糴本以給軍興，豫凶災。蓋國家一切之政，不得已而爲之。若邊境無事，妨於民食而務爲聚斂，可乎？舊糴有常數，比年每郡增至一二十萬石。今諸路枯旱之餘，蟲螟大起，無以供常稅，况數外取之乎？宜視一路一郡一縣豐凶之數，輕重行之，災甚者蠲之可也。」上矍然曰：「災異如此，乃無一人爲朕言者！」卽詔從之。

充安恭皇后菆宮按行使，日與閹人接，卒事未嘗交一談，閹亦服其長者，不怨也。拜疏求去，上謂輔臣曰：「朕惜其老成，宜以經筵留之。」除寶文閣學士，提舉佑神觀。上曰：「遂除龍圖可也。」經筵二年，每勸上以辨忠邪、納諫爭，上深知其忠。

明年三月，告老，上諭曰：「祖宗時，近臣有年踰八十尚留者，卿之齒未也。」命却其章。閏月，復申前請。上度不可奪，詔提舉江州太平興國宮，賜茶、藥、御書，恩禮尤渥，公卿祖帳都門外，搢紳榮之。時閩、粤、江西歲饑盜起，執羔陛辭以爲言，詔遣太府丞馬希言使諸路振救之。乾道六年卒，年七十七。

執羔有雅度，立朝無朋比。治郡廉恕，有循吏風。手不釋卷，尤通于易。

王希呂字仲行，宿州人。渡江後自北歸南，旣仕，寓居嘉興府。乾道五年，登進士科。孝宗獎用西北之士，六年，召試，授祕書省正字。除右正言。時張說以攀援戚屬擢用，再除簽書樞密院事，希呂與侍御史李衡交章劾之。上疑其合黨邀名，責遠小監當，旣而悔之，改授宮觀。方說之見用，氣勢顯赫，後省不書黃，學士院不草詔，皆相繼斥逐，而希呂復以身任怨，去國之日，屛徒御，躡屨以行，恬不爲悔。由是直聲聞于遠邇，雖以此黜，亦以此見知。出知廬州。

淳熙二年，除吏部員外郎，尋除起居郎兼中書舍人。淮右擇帥，上以希呂已試有功，令知廬州兼安撫使。修葺城守，安集流散，兵民賴之。加直寶文閣、江西轉運副使。

五年，召爲起居郎，除中書舍人、給事中，轉兵部尙書，改吏部尙書，求去，乃除端明殿學士、知紹興府。尋以言者落職，處之晏如。

治郡百廢俱興，尤敬禮文學端方之士。天性剛勁，遇利害無回護意，惟是之從。嘗論近習用事，語極切至，上變色欲起，希呂挽御衣曰：「非但臣能言之，侍從、臺諫皆有文字來矣。」佐漕江西，嘗作拳石記以示僚屬，一幕官舉筆塗數字，舉坐駭愕，希呂覽之，喜其不阿，薦之。

居官廉潔，至無屋可廬，由紹興歸，有終焉之意，然猶寓僧寺。上聞之，賜錢造第。後以疾卒于家。

陳良祐字天與，婺州金華人。年十九，預鄉薦，間歲入太學。紹興二十四年，擢進士第。調興國軍司戶，未上，有薦于朝者，召除太學錄、樞密院編修官。中丞汪澈薦除監察御史，累遷軍器監兼鄧王府直講。隆興元年，出爲福建路轉運副使。丁父憂，服闋，乾道三年，除起居舍人兼權中書舍人，遷起居郞。尋除左司諫。

首言會子之弊，願捐內帑以紓細民之急。上曰：「朕積財何用，能散可也。」慨然發內府白金數萬兩收換會子，收銅版勿造，軍民翕然。未幾，戶部得請，改造五百萬。又奏：「陛下號令在前，不能持半歲久，以此令民，誰能信之？豈有不印交子五百萬，遂不可爲國乎？」既而又欲造會子二千萬，屢爭之不得，遂請以五百萬換舊會，俟通行漸收之，常使不越千萬之數。

上銳意圖治，以唐太宗自比，良祐言：「太宗政要願賜省覽，擇善而從，知非而戒，使臣為良臣，勿為忠臣。」上曰：「卿亦當以魏徵自勉。」

又言：「陛下躬行節儉，弗殖貨利。或者託肺腑之親，為市井之行；以公侯之貴，牟商賈之利。占田疇，擅山澤，甚者發舶舟，招蕃賈，貿易寶貨，糜費金錢。或假德壽，或託椒房，犯法冒禁，專利無厭，非所以維持紀綱，保全戚畹。願嚴戒敕，苟能改過，富貴可保，如其不悛，以義斷恩。」

時左相丁外艱，詔起復，良祐言：「起復非正禮，今無疆場之事，宜使之終喪。」遂寢。遷右諫議大夫兼侍講，同知貢舉，除給事中，兼直學士院，遷吏部侍郎。尋除尚書。

時議遣泛使請地，良祐奏：「陛下恢復之志未嘗忘懷，然詢莫貴於僉同，不可不察；博訪歸於獨斷，不可不審。固有以用衆而興，亦有以用衆而亡；固有以獨斷而成，亦有以獨斷而敗。今遣使乃啓釁之端，萬一敵騎犯邊，則民力困於供輸，州郡疲於調發，兵拏禍結，未有息期。將帥庸鄙，類乏遠謀，對君父則言効死，臨戰陣則各求生。有如符離之役，不戰自潰，瓜洲之遇，望敵驚奔，孰可仗者？此臣所以未敢保其萬全。且今之求地，欲得河南，曩歲嘗歸版圖，不旋踵而又失，如其不許，徒費往來，若其許我，必邀重幣。經理未定，根本內虛，又將隨而取之矣。向之四郡得之亦勤，尚不能有，今又無故而求侵地，陛下度可以虛聲下之乎？況止求陵寢，地在其中，囊亦議此，觀其答書，幾於相戲。凡此二端，皆是求釁。必須遣使，則祈請欽宗梓宮，猶爲有辭。內視不足，何暇事外？邇者未懷，豈能綏遠？」

奏入，忤旨，貶瑞州居住，尋移信州。九年，許令自便。淳熙四年，起知徽州，尋除敷文閣待制、知建寧府，卒。

李浩字德遠，其先居建昌，遷臨川。浩早有文稱。紹興十二年，擢進士第。時秦熺挾宰相子以魁多士，同年皆見之，或拉浩行，毅然不往。調饒州司戶參軍、襄陽府觀察推官，連丁內外艱，繼調金州教授，改太常寺主簿，尋兼光祿寺丞。

輪對，首陳無逸之戒，且言：「宿衞大將楊存中恩寵特異，待之過，非其福。」上悟，旋令就第。自秦檜用事，塞言路，及上總攬權綱，激厲忠讜，此習尙存，朝士多務慎默。至是命百官轉對，浩與王十朋、馮方、查籥、胡憲始相繼言事，聞者興起。

浩不安於朝，請祠，主管台州崇道觀以歸。孝宗卽位，以太常丞召。時張浚督師江、淮，宰相多抑之，浩引仁宗用韓琦、范仲淹詔章得象故事，乞戒諭令同心協濟。兼權吏部郞官。浩雅爲湯思退所厚，御史尹穡欲引之以共擠浚，因薦浩。及對，乃明示不同之意，二人皆不樂。踰年，始除員外郎兼皇子恭王府直講。

在王府多所裨益，且因事以及時政，書之於册，幸上或見之，王亦素所愛重。他日外補，累年以歸，王喜曰：「李直講來矣。」未幾，宰相召爲郎者四人，將進用之，尤屬意浩。浩嘿然無一辭，同舍皆遷，浩獨如故。

踰年，浙河水災，詔郎官、館職以上條時政闕失，浩謂上憂勞如此，今何可不言，卽奏疏指論近臣，併及宰執惟奉行，臺諫多迎合，百執事顧忌畏縮。反覆數千言，傾倒罄竭，見者悚慄。上不以爲忤，執事者深忌之。

乞外，得台州。州有揀中禁軍五百人，訓練官貪殘失衆心，不逞者因謀作亂，忽露刃於庭，浩謂之曰：「汝等欲爲亂乎？請先殺我。」衆駭曰：「不敢。」乃徐推其爲首者四人黥徙之，迄無事。除直祕閣。並海有宿寇，久不獲，浩募其徒，自縛贖罪，卽得其魁。

里豪民鄭憲以貲給事權貴人門，囊槖爲姦，事覺，械繫之，死獄中，盡籍其家，徙其妻孥。權貴人敎其家訟寃，且誣浩以買妾事，言者用是擠之。疏方上，權參政劉珙越次奏曰：「李浩爲郡，獲罪豪民，爲其所誣，臣考其本末甚白。」上顧曰：「守臣不畏強禦，豈易得邪？」且門章安在〔一〕，珙袖出之，遂留中不下。大理觀望，猶欲還其所沒貲，上批其後曰：「台州所斷至甚允當，鄭憲家貲，永不給還，流徙如故。」浩始得安。

明年，除司農少卿。時朝廷和糴米八萬，董其事者賤糴濕惡，隱尅官錢，戶部不敢詰。浩白發其姦，下有司窮竟。戶部欲就支稽見數，大理附會之，浩爭曰：「非但惠姦，且虧軍食。」上是其言。會大理奏結他獄，上顧輔臣曰：「棘寺官得剛正如李浩者爲之。」已而卿缺，又曰：「無以易浩。」遂除大理卿。

時上英明，有大有爲之志，廷臣不能奉行，誕慢苟且，依違避事。浩前在司農，嘗因面對，陳經理兩淮之策，至是爲金使接伴還，奏曰：「臣親見兩淮可耕之田，盡爲廢地，心嘗痛之。條畫營屯，以爲恢復根本。」又言：「比日措置邊事甚張皇，願戒將吏嚴備禦，無規微利近功。」日與大臣修治具，結人心，持重安靜，以俟敵釁。」上悉嘉納。

宰相議遣泛使，浩與辨其不可，至以官職訹之，浩怒，以語觸之，且力求外。以直寶文閣知靜江府兼廣西安撫。有尚書郎入對，論及擇帥事，上曰：「如廣西，朕已得李浩矣。」又諭大臣曰：「李浩營田議甚可行。」大臣莫有應者。

浩至郡，舊有靈渠通漕運及灌溉，歲久不治，命疏而通之，民賴其利。邕管所隸安平州，其酋恃險，謀聚兵爲邊患，浩遣單使諭以禍福，且許其引赦自新，卽日叩頭謝過，焚徹水柵，聽太府約束。

治廣二年，召還，入對，論俗不美者八，其言曰：「陛下所求者規諫，而臣下專務迎合；

所貴者執守，而臣下專務順從；所惜者名器，而僥倖之路未塞；所重者廉恥，而趣附之門尙開；儒術可行，而有險詖之徒；下情當盡，而有壅蔽之患；期以氣節，而偷惰者得以苟容；責以實效，而誕慢者得以自售。」上問誕慢謂誰，浩具以實對。翌日，謂宰相曰：「李浩直諒。」遂除權吏部侍郎。時政府有怙寵竊權者，黨與非一，自浩之入，已相側目，且欲以甘言誘之，浩中立不倚，拒弗納。於是相與謀嗾諫議大夫姚憲論浩以強狠之資，挾奸詼之志，置之近列，變亂黑白。未及正謝而罷。

乾道九年，提舉太平興國宮。明年夏，夔路闕帥，命浩以祕閣修撰寵其行。夔有羈縻州曰思州，世襲爲守則田氏，與其猶子不協，將起兵相攻，浩草檄遣官爲勸解，二人感悟，歃血盟，盡釋前憾，邊得以寧。踰年，以疾請祠，提舉玉隆萬壽宮，命未至，以淳熙三年九月卒，年六十一。諸司奏浩盡瘁其職以死，詔特贈集英殿修撰。

浩天資質直，涵養渾厚，不以利害動其心。少力學爲文辭，及壯益沈潛理義。立朝慨然以時事爲己任，忠憤激烈，言切時弊，以此見忌於衆。平居未嘗假人以辭色，不知者以爲傲，或譖於上前，上謂：「斯人無他，在朕前亦如此，非爲傲者。」小人憚之，誘以祿利，正色不回，謀害之者無所不至，獨賴上察其衷，始終全之。爲郡尤潔己，自海右歸，不載南海一物。平生奉養如布衣時，風裁素高，人不敢干以私云。

陳橐字德應，紹興餘姚人。入太學有聲，登政和上舍第，教授寧州。以母老改台州士曹，治獄平允。更攝天台、臨海、黃巖三邑，易越州新昌令，皆以愷悌稱。

呂頤浩欲援爲御史，約先一見，橐曰：「宰相用人，乃使之呈身耶？」謝不往。趙鼎、李光交薦其才。紹興二年五月，召對，改秩。六月，除監察御史，論事不合。八月，詔以宰邑有治行，除江西運判。瑞昌令倚勢受賂，橐首劾罷之。期年，所按以十數，至有望風解印綬者。

以母年高，乞歸養，詔橐善撫字，移知台州。台有五邑，嘗攝其三，民懷惠愛，越境歡迎，不數月稱治。母喪，邦人巷哭，相率走行在所者千餘人，請起橐。詔橐淸謹不擾，治狀著聞，其敕所在州賜錢三十萬。橐力辭，上謂近臣曰：「陳橐有古循吏風。」終喪，以司勳郎中召。

累遷權刑部侍郎。時秦檜力主和議，橐疏謂：「金人多詐，和不可信。且二聖遠狩沙漠，百姓肝腦塗地，天下痛心疾首。今天意旣回，兵勢漸集，宜乘時掃淸，以雪國恥；否亦當按兵嚴備，審勢而動。舍此不爲，乃遽講和，何以繫中原之望。」

既而金厚有所邀，議久不決，將再遣使，橐復言：「金每挾講和以售其姦謀。論者因其廢劉豫又還河南地，遂謂其有意於和，臣以爲不然。且金之立豫，蓋欲自爲捍蔽，使之南窺。豫每犯順，率皆敗北，金知不足恃，從而廢之，豈爲我哉？河南之地欲付之他人，則必以豫爲戒，故捐以歸我。往歲金書嘗謂歲帑多寡聽我所裁，曾未淹歲，反覆如此。且割地通和，則彼此各守封疆可也，而同州之橋，至今存焉。蓋金非可以義交而信結，恐其假和好之說，騁謬悠之辭，包藏禍心，變出不測。願深鑒前轍，亦嚴戰守之備，使人人激厲，常若寇至。苟彼通和，則吾之振飭武備不害爲立國之常。如其不然，決意恢復之圖，勿循私曲之說，天意允協，人心響應，一舉以成大勳，則梓宮、太后可還，祖宗疆土可復矣。」檜憾之。橐因力請去。未幾，金果渝盟。

除徽猷閣待制、知潁昌府。時河南新疆初復，無敢往者，橐卽日就道。次壽春則潁已不守。改處州，又改廣州。兵興後，廣東盜賊無寧歲，十年九易牧守。橐盡革弊政，以恩先之。留鎮三年，民夷悅服。

初，朝廷移韓京一軍屯循州，會郴寇駱科犯廣西，詔遣京討之。橐奏：「廣東累年困於寇賊，自京移屯，敵稍知畏。今悉軍赴廣西，則廣東危矣。」檜以橐爲京地，坐稽留機事，降秩。屢上章告老，改婺州，請不已，遂致仕。又十二年，以疾卒于家，年六十六。

稟博學剛介，不事產業，先世田廬，悉推予兄弟。在廣積年，四方聘幣一不入私室。旣謝事歸剡中，僑寓僧寺，日糴以食，處之泰然。王十朋爲風土賦，論近世會稽人物，曰：「杜祁公之後有陳德應」云。

胡沂字周伯，紹興餘姚人。父宗伋，號醇儒，能守所學，不逐時好。沂頴異，六歲誦五經皆畢，不忘一字。紹興五年進士甲科，陸沉州縣幾三十載，至二十八年，始入爲正字。遷校書郎兼實錄院檢討官，吏部員外郎。轉右司，以憂去，終喪還朝。孝宗受禪，除國子司業、鄧王府直講，尋擢殿中侍御史。

有旨侍從、臺諫條具方今時務，沂言：「守禦之利，莫若令沿邊屯田。前歲淮民逃移，未復舊業，中原歸附，未知所處。俾之就耕，可贍給，省餉饋。東作方興，且慮敵人乘時驚擾，宜聚兵險隘防守。」詔行其言。

御史中丞辛次膺論殿帥成閔黷貨不恤士卒之罪，詔罷殿前司職事，與祠。沂再言其二十罪，遂落太尉，婺州居住。

沂又言：「將臣定十等之目，令其舉薦，施之擇將之頃則可，施之養士有素則未也。夫設武舉，立武學，試之以弓馬，又試之以韜略之文、兵機之策，蓋將有所用也。除高等一二名，餘皆吏部授以榷酤、征商，所養非所用，所用非所養，願詔大臣詳議，中舉者定品格，分差邊將下準備差遣，則人人思奮，應上之求矣。」從之。

時龍大淵、曾覿以藩邸舊恩除知閤門事，張震、劉珙、周必大相繼繳回詞命。沂論其市權招士，請屏遠之，未聽，而諫官劉度坐抗論左遷。沂累章，益懇切，曰：「大淵、覿不屏去，安知無柳宗元、劉禹錫輩撓節以從之者。」好進者嫉其言，共排之，沂亦以言不行請去，遂以直顯謨閣主管台州崇道觀。

乾道元年冬，召爲宗正少卿兼皇子慶王府贊讀，尋兼侍講，進中書舍人、給事中。進對，論命令當謹之於造命之初，上曰：「三代盛時如此。卿職在繳駁，事有當然，勿謂拂君相不言。」除吏部侍郎兼權尚書。

沂奏：「七司法自紹興十三年纂修成書，歲且一紀，歷月閱時，不無牴牾。望令敕令所官討論章旨，此法可行不可行，此條當革不當革，將見行之法與當革之條輯爲一書，頒之中外，庶可戢吏胥之姦。」詔行之。尋以目疾丐祠。

六年，出爲徽猷閣待制、知處州。復引疾奉祠，提舉江州太平興國宮。八年，以待制除太子詹事，尋復拜給事中，進禮部尚書並兼領詹事，又改侍讀。上顧沂厚，有大用意，而沂資性恬退，無所依附，數請去。虞允文當國，希旨建策復中原，沂極論金無釁，而我諸將未見可任此事者，數梗其議。遂以龍圖閣學士仍提舉興國宮。淳熙元年卒，年六十八。方疾革，整容素冠不少惰，蓋其爲學所得者如此。謚獻肅。

唐文若字立夫，眉山人。父庚在文苑傳。文若少英邁不羣，爲文豪健。登進士第，分教潼川府。給事中勾濤薦自代，詔赴行在所，既至，而勾濤出，不得見。文若奏書闕下，略曰：「昔漢高慢士，四皓去之，而西鄙少廉恥之人；光武禮賢，嚴光友之，而東都多節義之士。陛下屈萬乘之尊，駐蹕東南，兩宮將歸，五路初復，正宜市朽骨，式怒蛙，以來豪傑，與之共治，寧遽惜此數刻之對耶？」書奏，翌日召對便殿，高宗大悅，特旨改合入官，通判洋州。洋西鄉縣産茶，亙陵谷八百餘里，山窮險，賦不盡括。使者韓球將增賦以市寵，園戶避苛斂轉徙，饑饉相藉，文若力爭之，賦迄不增。再通判遂寧府。會大水，民多漂死，文若至城上，發庫錢募游者，振活甚衆。又力請于朝，除田租二萬一千頃，免場務稅二十餘所，築長堤以捍水勢，自是無水患。

秦檜死，上訪蜀士於魏良臣，以文若對。二十六年，以光祿丞召，改祕書郎，爲文思箴以獻，其略曰：「於赫我皇，兵既休矣。兵休如何？莫若治兵。居安思危，邦乃攸寧。爰整其旅，文王以興。載舞干羽，舜仁用成。向戌弭兵，春秋所懲。蕭俛去兵，禍亂乃萌。師則多矣，軍則強矣。縱弛不繩，猶曰無人。兵非以殘，以兵休兵。」凡千五百餘言。自檜主和，朝論諱言兵，故文若以此風焉。

遷起居郎。勸上收用西北人材以固根本，上深納之。將命以掌制，時有爲宣和執政請恩，爲司諫凌哲所彈，文若喜其直，作禾黍詩以美之。侍御史周方崇以爲譏己，劾文若狂誕，出知邵州。上屢爲近臣言唐文若無罪，可改近郡。

知饒州，興學宮，減田租奇耗二萬石，又請歲羅常平義倉之儲什三與民平市，農末俱利，而粟不腐，遂以著令。餘干嘗有劇盜，巡尉不能制，文若遣牙兵捕而戮之。加直敷文閣，移知溫州。三十一年，召爲宗正少卿。

金人犯邊，文若求對，首建大臣節制江上之議。上諭大臣以文若與虞允文、杜莘老、馬驥才皆可用，復除起居郎。時諸將北出，捷書日聞，上下有狃志，獨文若憂之，圖上元嘉北伐故事。上諭文若以創業所歷艱苦及敵情反覆甚悉，文若對曰：「願陛下深察大勢，趨策之長而避其短，無循前代軌轍，則大善。」

未幾，諸軍退守，金主自將，圍大將王權于歷陽，權遁，淮南盡沒。詔百官廷議，文若畫三策，一請上親征，二乞遣大臣勞軍，三乞起張浚。工部侍郎許尹是其言，衆遂列奏上之，不報。

文若尋面對，上問曰：「今計安出，卿孰張浚否？」文若曰：「浚守道篤學，天下屬望，今四十年，天不死浚嶺海，正爲今日。」上矍然曰：「援浚者多，非卿無以發此。」數日，遣楊存中護江上軍，緩親征之期，起浚知平江府，蓋上以浚雖忠懇，喜功，將士多不附。文若復言浚本以孤忠得衆，尋改浚鎭建康府，將以爲江、淮宣撫使，中沮之而止。

乘輿幸江表，以起居郎兼給事中，直學士院，同羣司居守。駕還，遷中書舍人。上將內禪，前數日手詔追崇皇太子所生父，文若既書黃，因過周必大誦聖德，而疑名稱未安，歸白宰相，請更黃，堂吏不可，文若執不已，宰相以聞。詔改稱本生親，尋又改宗室子偁，其後詔稱皇兄。

孝宗嗣位，張浚以右府都督江、淮軍事，文若時以疾請外，除敷文閣待制，知漢州，尋改都督府參贊軍事。浚使行邊按守備，多所罷行者。未還，除知鼎州，改江州。

明年，浚入相，都督府罷。其冬，金復大入，官軍悉戍淮。文若謂上流當嚴兵備，以定民志，奏籍鄉丁五萬，訓練有法，人倚以固。解嚴，和糴大起，郡之數八萬，文若以民勞，堅請得減什三。旋請祠，章三上未報。

乾道元年卒，年六十。贈左通奉大夫。

李燾字仁甫，眉州丹稜人，唐宗室曹王之後也。父中登第，知仙井監。燾甫冠，憤金讎未報，著反正議十四篇，皆救時大務。紹興八年，擢進士第。調華陽簿，再調雅州推官。改秩，知雙流縣。仕族張氏子居喪而爭產，燾曰：「若忍墜先訓乎？盍歸思之。」三日復來，迄悔艾無訟。又有不白其母而鬻產者，燾置之理，豪強斂迹。於是以餘暇力學。

燾恥讀王氏書，獨博極載籍，搜羅百氏，慨然以史自任，本朝典故尤悉力研覈。倣司馬光資治通鑑例，斷自建隆，迄于靖康，爲編年一書，名曰長編，浩大未畢，仍效光體爲百官公卿表。史官以聞，詔給札來上。制置王剛中辟幹辦公事。

知榮州。榮因溪爲隍，夏秋率苦水潦，燾築防捍之。除潼川府路轉運判官，入境，劾守令不職者四人。縣多聚斂，燾括一路財賦額，通有無，酌三年中數，定爲科約，上之朝，頒之州縣。

乾道三年，召對，首舉藝祖治身、治家、治官、治吏典故，以爲恢復之法，乞增置諫官，許六察言事，請練兵，毋增兵，杜諸將私獻，覈軍中虛籍。

除兵部員外郎兼禮部郎中。會慶節上壽，在郊禮散齋內，議權作樂，燾言：「漢、唐祀天地，散齋四日，致齋三日，建隆初郊亦然。自崇寧、大觀法周禮祭天地，故前十日受誓戒。今旣合祭，宜復漢、唐及建隆舊制，庶幾兩得。」詔垂拱上壽止樂，正殿爲北使權用。正除禮部郎中，言中興祭禮未備，請以開寶通禮、嘉祐因革禮、政和新儀令太常寺參校同異，修成祭法。

四年，上續通鑑長編，自建隆至治平，凡一百八卷。時乾道新曆成，燾言：「曆不差不改，不驗不用。未差無以知其失，未驗無以知其是。舊曆多差，不容不改，而新曆亦未有大驗，乞申飭曆官討論。」五年，遷祕書少監兼權起居舍人，尋兼實錄院檢討官。

子垕試賢良方正直言極諫科。燾素謂唐三百年不愧此科者惟劉去華，心慕之，嘗以所著通論五十篇見蜀帥張燾，欲應詔，不偶而止。其友晁公遡以書勉之，燾答以當修此學，必不從此舉。旣不克躬試，於是命二子垕、塾習焉。至是，吏部尙書汪應辰薦垕文行可應詔，故有是命。

左相陳俊卿出知福州，右相虞允文任恢復事，更張舊典。宰相以燾數言事，不樂，燾遂請去。除直顯謨閣、湖北轉運副使，陛辭，以欲速變古爲戒。

又奏：「禹貢九州，荊田第八，賦乃在三，人功既修，遂超五等。今田多荒蕪，賦虧十八。」上命之條畫。既至，奏：「京湖之民結茅而廬，築土而坊，傭牛而犂，糴種而殖，穀苗未立，睥睨已多，有横加科斂者。今宜寬侵冒之禁，依乾德詔書止輸舊稅，廣收募之術，如咸平、元豐故事，勸課有勞者推恩。」詔從之。總餉呂游問入奏燾攝其事。歲饑，發鄂州大軍倉振之，僚屬爭執不可，燾曰：「吾自任，不以累諸君。」尋如數償之。游問返，果劾燾專，上止令具析，不之罪也。

八年，直寶文閣，帥潼川兼知瀘州，首葺石門堡以扼夷人，奏乞戒茶馬司市敍州羈縻馬毋溢額，戒官民毋於夷、漢禁山伐木造舟，奏移鎖水於開邊舊池，皆報可。

淳熙改元，被召，適城中火，上章自劾。提刑何熙志奏焚數不實，且言長編記魏王食肥彘，語涉誣謗，上曰：「憲臣按奏火數失實，職也，何預國史？」命成都提刑李蘩究火事，詔熙志貶二秩罷，燾止貶一秩。

燾及都門，乞祠，除江西運副，且許臨遣。或勸以方被讒，無及時事，燾曰：「聖主全度如此，竭忠所以爲報。」遂奏：「日食、地震皆陰盛，主敵國小人，不可不慮。」且申「無變古、無欲速」兩言，又上快箴，引太祖罷朝悔乘快決事以諫，上曰：「朕當揭之座右。」進祕閣修撰、權同修國史、權實錄院同修撰。

燾爲左史時，嘗乞復行明堂禮，謂「南郊、明堂初無隆殺，合視圜壇，特免出郊浮費。」至是申言之，詔集議，孌幸沮止。其後周必大爲禮部尚書，申其說，始克行。權禮部侍郎。

七月壬戌，雷震太祖廟柱，壞鴟尾，有司旋加修繕。燾奏非所以畏天變，當應以實。上諭大臣：「燾愛朕，屢進讜言。」賜金紫。嘗請正太祖東向之位。

四年，駕幸太學，以執經特轉一官。燾論兩學釋奠：從祀孔子，當升范仲淹、歐陽脩、司馬光、蘇軾，黜王安石父子；從祀武成王，當黜李勣。衆議不叶，止黜王雱而已。眞拜侍郎，仍兼工部。

徽宗實錄置院已久，趣上奏篇，燾薦呂祖謙學識之明，召爲祕書郎兼檢討官。夜直宣引，奏：「近者蒙氣蔽日，厥占不肖者祿，股肱耳目宜謹厥與。」賜坐。欲起，又留賜飲、賜茶。尋詔監視太史測驗天文。

九月丁酉，日當夜食，燾爲社壇祭告官，伐鼓禮廢，特舉行。垕既中制科，爲祕書省正字，尋遷著作郎兼國史實錄院編修檢討官。父子同主史事，搢紳榮之。

燾感上知遇，論事益切，每集議，衆莫敢發言，獨條陳可否無所避。近臣復舉其次子塾應制科，以閣試不中程黜。垕偶考上舍試卷，發策問制科，爲御史所劾，語連及燾，垕罷，燾亦知常德府。

初，政和末，澧、辰、沅、靖四州置營田刀弩手，募人開邊，范世雄等附會擾民，建炎罷之。乾道間，有建請復置者，燾爲轉運使，嘗奏不當復，已而提刑尹機迫郡縣行之，田不能給。燾至是又申言之，請度田立額，且約帥臣張栻列奏，詔從之。境多茶園，異時禁切商賈，率至交兵，燾曰：「官捕茶賊，豈禁茶商？」聽其自如，訖無警。

累表乞閑，提舉興國宮。秋，明堂大禮成，以其首議，復除敷文閣待制。頃之，垕、塈繼亡，上欲以史事紓燾憂，起知遂寧府。

七年，長編全書成，上之，詔藏祕閣。燾自謂此書寧失之繁，無失之略，故一祖八宗之事凡九百七十八卷，卷第總目五卷。依熙寧修三經例，損益修換四千四百餘事，上謂其書無愧司馬遷。燾嘗舉漢石渠、白虎故事，請上稱制臨決，又請冠序，上許之，竟不克就。

又奏：「陛下即位二十餘年，志在富強，而兵弱財匱，與『教民七年可以卽戎者』異矣。」一日，召對延和殿，講臣方讀陸贄奏議，燾因言：「贄雖相德宗，其實不遇。今遇陛下，可謂千載一時。」遂舉贄所言切於今可舉而行者數十事，勸上力行之。上有功業不足之歎，燾曰：「功業見乎變通，人事既修，天應乃至。」進敷文閣直學士〔三〕，提舉佑神觀兼侍講、同修國史。薦尤袤、劉淸之十人爲史官。

十年七月，久旱，進祖宗避殿減膳求言故事，上亟施行。丁丑雨。一日宣對，燾言：「外議陛下多服藥，罕御殿，宮嬪無時進見，浮費頗多。」上曰：「卿可謂忠愛，顧朕老矣，安得此聲。近惟葬李婕妤用三萬緡，他無費也。」遂因轉對，乞用祖宗故事召宰執赴經筵。

太史言十一月朔，日當食心八分。燾復條上古今日食是月者三十四事，因奏之曰：「心，天王位，其分爲宋。十一月於卦爲復，方潛陽時，陰氣乘之，故比他食爲重，非小人害政，卽敵人窺中國。」明日對延和殿，又及晉何曾譏武帝無經國遠圖。

十一年春，乞致仕，優詔不允。上數問其疾增損，給事中宇文价傳上旨，燾曰：「臣子戀闕，非老病，忍乞骸骨。」因叩价時事，勉以忠藎。又聞四川乞減酒課額，猶手劄贊廟堂行之。

病革，除敷文閣學士，致仕。命下，喜曰：「事了矣。」口占遺表云：「臣年七十，死不爲夭，所恨報國缺然。願陛下經遠以藝祖爲師，用人以昭陵爲則。」辭氣舒徐，乃卒，年七十。

上聞嗟悼，贈光祿大夫。他日謂宇文价曰：「朕嘗許燾大書『續資治通鑑長編』七字，且用神宗賜司馬光故事，爲序冠篇，不謂其止此。」

燾性剛大，特立獨行。早著書，檜尚當路，檜死始聞于朝。暨在從列，每正色以訂國論。張栻嘗曰：「李仁甫如霜松雪柏。」無嗜好，無姬侍，不殖產。平生生死文字間。」長編一書用力四十年，葉適以爲春秋以後纔有此書。

有易學五卷，春秋學十卷，五經傳授、尙書百篇圖、大傳雜說〔三〕、七十二子名籍各一卷，文集五十卷，奏議三十卷，四朝史藁五十卷，通論十卷，南北攻守錄三十卷，七十二候圖、陶潛新傳幷詩譜各三卷，歷代宰相年表、唐宰相譜、江左方鎭年表、晉司馬氏本支〔四〕、齊梁本支、王謝世表、五代將帥年表合爲四十一卷。

諡文簡，累贈太師、温國公。子垕、垩、埶、壁、亶。垕著作郎，垩夔州路提點刑獄，壁、亶皆執政，別有傳。

論曰：執羔宿德雅度，在經筵，忠忱啓沃，以口舌相高爲戒。希呂剛直懇切，有古引裾風。良祐力止汎使，懼開釁端，忤旨竄斥而甘心焉。李浩獨不造秦熺，陳橐以呈身爲恥，文若譏休兵，胡沂斥閹宦，其淸風苦節，終始弗渝。高、孝之世，李燾恥讀王氏書，掇拾禮文殘缺之餘，粲然有則，長編之作，咸稱史才，然所掇拾，或出野史，春秋傳疑傳信之法然歟！

校勘記

〔一〕且門章安在　疑「門」字誤，錢士升南宋書卷三四本傳改作「且問章安在」，疑是。

〔二〕敷文閣直學士　「直」字原脫，據周必大周益國文忠公集平園續稾卷二六李燾神道碑、南宋館閣續錄卷九補。

〔三〕大傳雜說　此下原衍「各一卷」三字，據周益國文忠公集平園續稾卷二六李燾神道碑刪。

〔四〕晉司馬氏本支　「司馬氏」原作「司馬光」，據同上書同卷同篇、本書卷二〇四藝文志改。

宋史卷三百八十九

列傳第一百四十八

尤袤 謝諤 顏師魯 袁樞 李椿 劉儀鳳 張孝祥

尤袤字延之，常州無錫人。少穎異，蔣偕、施坰呼爲奇童。入太學，以詞賦冠多士，尋冠南宮。紹興十八年，擢進士第。嘗爲泰興令，問民疾苦，皆曰：「邵伯鎭置頓，爲金使經行也，使率不受而空厲民。漕司輸藁秸，致一束數十金。二弊久莫之去。」乃力請臺閫奏免之。縣舊有外城，屢殘於寇，頹毀甚，袤卽脩築。已而金渝盟，陷揚州，獨泰興以有城得全。後因事至舊治，吏民羅拜曰：「此吾父母也。」爲立生祠。

注江陰學官，需次七年，爲讀書計。從臣以靖退薦，召除將作監簿。大宗正闕丞，人爭求之，陳俊卿曰：「當予不求者。」遂除袤。虞允文以史事過三館，問誰可爲祕書丞者，僉以袤對，亟授之。張栻曰：「眞祕書也。」兼國史院編脩官、實錄院檢討官，遷著作郎兼太子侍讀。

先是，張說自閤門入西府，士論鼎沸，從臣因執奏而去者數十人，袤率三館上書諫，且不往見。後說留身密奏，於是梁克家罷相，袤與祕書少監陳騤各與郡。袤得台州，州五縣，有丁無產者輸二年丁稅，凡萬有三千家。前守趙汝愚修郡城工纔什三，屬袤成之。袤按行前築，殊鹵莽，亟命更築，加高厚，數月而畢。明年大水，更築之，塘正直水衝，城賴以不沒。

會有毀袤者，上疑之，使人密察，民誦其善政不絕口，乃錄其東湖四詩歸奏。上讀而歎賞，遂以文字受知。除淮東提舉常平，改江東。江東旱，單車行部，覈一路常平米，通融有無，以之振貸。

朱熹知南康，講荒政，下五等戶租五斗以下悉蠲之，袤推行於諸郡，民無流殍。進直祕閣，遷江西漕兼知隆興府。屢請祠，進直敷文閣，改江東提刑。

梁克家薦袤及鄭僑以言事去國，久于外，當召，上可之。召對，言：「水旱之備惟常平、義倉，願預飭有司隨市價禁科抑，則人自樂輸，必易集事。」除吏部郎官、太子侍講，累遷樞密檢正兼左諭德。輪對，又申言民貧兵怨者甚切。

夏旱，詔求闕失，袤上封事，大略言：「天地之氣，宣通則和，壅遏則乖；人心舒暢則悅，抑鬱則憤。催科峻急而農民怨；關征苛察而商旅怨；差注留滯，而士大夫有失職之怨；廩給朘削，而士卒有不足之怨；奏讞不時報，而久繫囚者怨；幽枉不獲伸，而負累者怨；强暴殺人，多特貸命，使已死者怨；有司買納，不卽酬價，負販者怨。人心抑鬱所以感傷天和者，豈特一事而已。方今救荒之策，莫急於勸分，輸納既多，朝廷吝於推賞。乞詔有司檢舉行之。」

高宗崩前一日，除太常少卿。自南渡來，恤禮散失，事出倉卒，上下罔措，每有討論，悉付之袤，斟酌損益，便於今而不戾於古。

當定廟號，袤與禮官定號「高宗」，洪邁獨請號「世祖」。袤率禮官顏師魯、鄭僑奏曰：「宗廟之制，祖有功，宗有德。藝祖規創大業，爲宋太祖，太宗混一區夏，爲宋太宗，自眞宗至欽宗，聖聖相傳，廟制一定，萬世不易。在禮，子爲父屈，示有尊也。太上親爲徽宗子，子爲祖而父爲宗，失昭穆之序。議者不過以漢光武爲比，光武以長沙王後，布衣崛起，不與哀、平相繼，其稱無嫌。太上中興，雖同光武，然實繼徽宗正統，以子繼父，非光武比。將來祔廟在徽宗下而稱祖，恐在天之靈有所不安。」詔羣臣集議，袤復上議如初，邁論遂屈。詔從禮官議。衆論紛然。會禮部、太常寺亦同主「高宗」，謂本朝創業中興，皆在商丘，取「商高宗」，實爲有證。始詔從初議。建議事堂，令皇太子參決庶務。袤時兼侍讀，乃獻書，以爲：

「儲副之位，止於侍膳問安，不交外事；撫軍監國，自漢至今，多出權宜。乞便懇辭以彰殿下之令德。」

臺臣乞定喪制，袤奏：「釋老之教，矯誣褻瀆，非所以嚴宮禁、崇几筵，宜一切禁止。」靈駕將發引，忽定配享之議，洪邁請用呂頤浩、韓世忠、趙鼎、張俊。袤言：「祖宗典故，既祔然後議配享，今忽定於靈駕發引一日前，不集衆論，懼無以厭伏勳臣子孫之心。宜反覆熟議，以俟論定。」奏入，詔未預議官詳議以聞，繼寢之，卒用四人者。時楊萬里亦謂張浚當配食，爭之不從，補外。進袤權禮部侍郎兼同脩國史侍講，又兼直學士院。力辭，上聽免直院。

淳熙十四年，將有事于明堂，詔議升配，袤主紹興孫近、陳公輔之說，謂：「方在几筵，不可配帝，且歷舉郊歲在喪服中者凡四，惟元祐明堂用呂大防請，升配神考，時去大祥止百餘日，且祖宗悉用以日易月之制，故升侑無嫌。今陛下行三年之喪，高宗雖已祔廟，百官猶未吉服，詎可近違紹興而遠法元祐升侑之禮？請俟喪畢議之。」詔可。

孝宗嘗論人才，袤奏曰：「近召趙汝愚，中外皆喜，如王藺亦望收召。」上曰：「然。」一日論事久，上曰：「如卿才識，近世罕有。」次日語宰執曰：「尤袤甚好，前此無一人言之，何也？」兼權中書舍人，復詔兼直學士院，力辭，且薦陸游自代，上不許。時內禪議已定，猶未諭大臣也。是日諭袤曰：「旦夕制册甚多，非卿孰能爲者，故處卿以文字之職。」袤乃拜命，內禪一時制册，人服其雅正。

光宗卽位，甫兩旬，開講筵，袤奏：「願謹初戒始，孜孜興念。」越數日，講筵又奏：「天下萬事失之於初，則後不可救。書曰：『愼厥終，惟其始。』」又歷舉唐太宗不私秦府舊人爲戒。又五日講筵，復論官制，謂：「武臣諸司使八階爲常調，橫行十三階爲要官，遙郡五階爲美職，正任六階爲貴品，祖宗待邊境立功者。近年舊法頓壞，使被堅執銳者積功累勞，僅得一階；權要貴近之臣，優游而歷華要，舉行舊法。」姜特立以爲議己，言者固以爲周必大黨，遂與祠。

紹熙元年，起知婺州，改太平州，除煥章閣待制，召除給事中。既就職，卽昌言曰：「老矣，無所補報。凡貴近營求內除小礙法制者，雖特旨令書請，有去而已，必不奉詔。」甫數日，中貴四人希賞，欲自正使轉橫行，袤繳奏者三，竟格不下。

兼侍講，入對，言：「願上謹天戒，下畏物情，內正一心，外正五事，澄神寡欲，保毓太和，虛己任賢，酬酢庶務。不在於勞精神、耗思慮、屑屑事爲之末也。」吳元充、夏永壽遷秩，皆論駁之，上並聽納。

陳源除在京宮觀，耶律适嘿除承宣使，陸安轉遙郡，王成特補官，謝淵、李孝友賞轉官，韓侂胄以武功大夫、和州防禦使用應辦賞直轉橫行，袤繳奏，謂：「正使有止法，可回授不可直轉。佺胄勳賢之後，不宜首壞國法，開攀援之門。」奏入，手詔令書行，袤復奏：「佺胄四年間已轉二十七年合轉之官，今又欲超授四階，復轉二十年之官，是朝廷官爵專徇佺胄之求，非所以爲摩厲之具也。」命遂格。

上以疾，一再不省重華宮，袤上封事曰：「壽皇事高宗歷二十八年如一日，陛下所親見，今不待倦勤以宗社付陛下，當思所以不負其託，望勿憚一日之勤，以解都人之惑。」後數日，駕卽過重華宮。

侍御史林大中以論事左遷，袤率左史樓鑰論奏，疏入，不報，皆封駮不書黃。耶律适嘿復以手詔除承宣使，一再繳奏，輒奉內批，特與書行。袤言：「天下者祖宗之天下，爵祿者祖宗之爵祿，壽皇以祖宗之天下傳陛下，安可私用祖宗爵祿而加於公議不允之人哉？」疏入，上震怒，裂去後奏，付前二奏出。袤以後奏不報，使吏收閣，命遂不行。

中宮謁家廟，官吏推賞者百七十有二人，袤力言其濫，乞痛裁節，上從之。嘗因登對，專論廢法用例之弊，至是復申言之。除禮部尚書。駕當詣重華宮，復以疾不出，率同列奏言：「壽皇有免到宮之命，願力請而往，庶幾可以慰釋羣疑，增光孝治。」後三日，駕隨出，中外歡呼。

兼侍讀，上封事曰：「近年以來，給舍、臺諫論事，往往不行，如黃裳、鄭汝諧〔一〕事遷延一月，如陳源者奉祠，人情固已驚愕，至姜特立召，尤爲駭聞。向特立得志之時，昌言臺諫皆其門人，竊弄威福，一旦斥去，莫不誦陛下英斷。今遽召之，自古去小人甚難，譬除蔓草，猶且復生，況加封植乎？若以源、特立有勞，優以外任，或加錫賚，無所不可。彼其閑廢已久，含憤蓄怨，待此而發，儻復呼之，必將潛引黨類，力排異己，朝廷無由安靜。」

時上已屬疾，國事多舛，袤積憂成疾，請告，不報。疾篤乞致仕，又不報，遂卒，年七十。遺奏大略勸上以孝事兩宮，以勤康庶政，察邪佞，護善類。又口占遺書別政府。明年，轉正奉大夫致仕。贈金紫光祿大夫。

袤少從喻樗、汪應辰游。樗學於楊時，時，程頤高弟也。方乾道、淳熙間，程氏學稍振，忌之者目爲道學，將攻之。袤在掖垣，首言：「夫道學者，堯、舜所以帝，禹、湯、武所以王，周公、孔、孟所以設教。近立此名，詆訾士君子，故臨財不苟得所謂廉介，安貧守分所謂恬退，擇言顧行所謂踐履，行己有恥所謂名節，皆目之爲道學。此名一立，賢人君子欲自見於世，一舉足且入其中，俱無得免，此豈盛世所宜有？願徇名必責其實，聽言必觀其行，人才庶不壞於疑似。」孝宗曰：「道學豈不美之名，正恐假託爲姦，使眞僞相亂爾。待付出戒敕之。」袤死數年，侂冑擅國，於是禁錮道學，賢士大夫皆受其禍，識者以袤爲知言。

嘗取孫綽遂初賦以自號，光宗書扁賜之。有遂初小藁六十卷、內外制三十卷。嘉定五年，謚文簡。子棐、檠。孫熵，禮部尙書。

謝諤字昌國，臨江軍新喩人。幼敏惠，日記千言，爲文立成。紹興二十七年，中進士第，調峽州夷陵縣主簿，未上，撫之樂安多盜，監司檄諤攝尉，條二十策，大要使其徒相糾而以信賞隨之，羣盜果解散。金渝盟，諸軍往來境上，選行縣事，有治辦聲。

改吉州錄事參軍。囚死者舊瘞以䅈，往往暴骨。諤白郡，取船官棄材以棺斂之。郡民陳氏僮竊其篋以逃，有匿之者。陳于官，詞過其實，反爲匿僮者所誣。帥龔茂良怒，欲坐以罪，諤爲書白茂良，陳氏獲免，茂良亦以是知之。

歲大侵，饑民萬餘求廩，官吏罔措。諤植五色旗，分部給糶，頃刻而定。知袁州分宜縣。縣積負於郡數十萬，歲常賦外，又征緡錢二萬餘，諤乃疏其弊於諸監司，請免之。以母憂去。尋丁父憂，服闋，除幹辦行在諸司糧料院。遷國子監簿，尋擢監察御史。奏減袁州分宜、秀州華亭月椿錢。

諤里居時，創義役法，編爲一書，至是上之。詔行其法於諸路，民以爲便。遷侍御史，再遷右諫議大夫兼侍講。講尙書，言於上曰：「書，治道之本，故觀經者當以書爲本。」上曰：「朕最喜伊尹、傅說所學，得事君之道。」謂曰：「伊、傅固然，非成湯、武丁信用之，亦安能致治！」因論及邊事，上有乘機會之論，謂曰：「機會雖不可失，舉事亦不可輕。」上嘗問曰：「聞卿與郭雍遊，雍學問甚好，豈曾見程頤乎？」謂奏：「雍父忠孝嘗事頤，雍蓋得其傳於父。」上遂封雍爲頤正先生。

光宗登極，獻十箴，又論二節三近：所當節者曰宴飲，曰妄費；所當近者曰執政大臣，曰舊學名儒，曰經筵列職。除御史中丞，權工部尙書。請祠，以煥章閣直學士知泉州，又辭，提舉太平興國宮而歸。紹熙五年，卒，年七十四，贈通議大夫。

謂爲文倣歐陽脩、曾鞏。初居縣南之竹坡，名其燕坐曰艮齋，人稱艮齋先生。周必大薦士，及謂姓名，孝宗曰：「是謂艮齋者耶？朕見其性學淵源〔三〕五卷而得之」云。

顏師魯字幾聖，漳州龍溪人。紹興中，擢進士第，歷知莆田、福清縣。嘗決水利滯訟，闢陂漑綿四十里。歲大侵，發廩勸分有方而不遏糴價，船粟畢湊，市糴更平。鄭伯熊爲常平使，薦于朝，帥陳俊卿尤器重之。召爲官告院，遷國子丞，除江東提舉。時天雨土，日青無光，都人相驚，師魯陛辭，言：「田里未安，犴獄未淸，政令未當，忠邪未辨，天不示變，人主何繇省悟！願詔中外，極陳得失，求所以答天戒，銷患未形。」上韙其言。

尋改使浙西。役法敝甚，細民至以雞豚畀榻折產力，遇役輒破家。師魯下教屬邑，預正流水籍，稽其役之序，寬比限，免代輸，咸便安之。鹽課歲百鉅萬，本錢久不給，亭竈私鬻，禁不可止，刑辟日繁。師魯撙帑緡，盡償宿負，戒官吏毋侵移，比旁路課獨最。上謂執政曰：「儒生能辦事如此。」予職直祕閣。農民有墾曠土成田未及受租者，姦豪多爲己利，師魯奏：「但當正其租賦，不應繩以盜種法，失劭農重本意。」奏可，遂著爲令。

入爲監察御史，遇事盡言，無所阿撓。有自外府得內殿宣引，且將補御史闕員，師魯亟奏：「宋璟召自廣州，道中不與楊思勗交一談。李鄘恥爲吐突承璀所薦，堅辭相位不拜。士大夫未論其才，立身之節，當以璟、鄘爲法。今其人朋邪爲迹，人所切齒，縱朝廷乏才，寧少此輩乎？臣雖不肖，羞與爲伍。」命乃寢。繼累章論除職帥藩者：「比年好進之徒，平時交結權倖，一紆郡紱，皆掊克以厚包苴，故昔以才稱，後以貪敗。」上出其疏袖中，行之。

十年，繇太府少卿爲國子祭酒。初，上論執政擇老成端重者表率太學，故有是命。首奏：「宜講明理學，嚴禁穿鑿，俾廉恥興而風俗厚。」師魯學行素孚規約，率以身先，與諸生言，孳孳以治己立誠爲本，藝尤異者必加獎勸，由是人知飭勵。上聞之喜曰：「顏師魯到學未久，規矩甚肅。」除禮部侍郎，尋兼吏部。

有旨改官班，特免引見。師魯獻規曰：「祖宗法度不可輕弛，願始終持久，自強不息。」因言：「賜帶多濫，應奉微勞，皆得橫金預外朝廷會，如觀瞻何？且臣下非時之賜，過於優隆；梵舍不急之役，亦加錫賚。雖南帑封樁不與大農經費，然無功勞而槩與之，是棄之也。萬一有爲國制變禦侮，建功立事者，將何以旌寵之？」高宗喪制，一時典禮多師魯裁定，又與禮官尤袤、鄭僑上議廟號，語在袤傳。

詔充遺留禮信使。初，顯仁遺留使至金，必令簪花聽樂。師魯陛辭，言：「國勢今非昔比，金人或強臣非禮，誓以死守。」沿途宴設，力請徹樂。至燕山，復辭簪花執射。時孝宗以孝聞，師魯據經陳誼，反復慷慨，故金終不能奪。

遷吏部侍郎，尋除吏部尚書兼侍講，屢抗章請老，以龍圖閣直學士知泉州。臺諫、侍從相繼拜疏，引唐孔戣事以留行。內引，奏言：「願親賢積學，以崇聖德，節情制欲，以養淸躬。」在泉因任，凡閱三年，專以恤民寬屬邑爲政，始至卽蠲舶貨，諸商賈胡尤服其淸。再起知泉州，以紹熙四年卒于家，年七十五。

師魯自幼莊重若成人，孝友天至。初爲番禺簿，喪父以歸，扶柩航海，水程數千里，甫三日登于岸，而颶風大作，人以爲孝感。常曰：「窮達自有定分，枉道希世，徒喪所守。」故其大節確如金石，雖動與俗情不合，而終翕然信服。嘉泰二年，詔特賜謚曰定肅。

袁樞字機仲，建之建安人。幼力學，嘗以修身爲弓賦試國子監，周必大、劉珙皆期以遠器。試禮部，詞賦第一人，調温州判官，教授興化軍。乾道七年，爲禮部試官，就除太學錄，輪對三疏，一論開言路以養忠孝之氣，二論規恢復當圖萬全，三論士大夫多虛誕、僥榮利。張說自閤門以節鉞簽樞密，樞方與學省同僚共論之，上雖容納而色不怡。樞退詣宰相，示以奏疏，且曰：「公不恥與噲等伍邪？」虞允文愧甚。樞卽求外補，出爲嚴州教授。

樞常喜誦司馬光資治通鑑，苦其浩博，乃區別其事而貫通之，號通鑑紀事本末。參知政事龔茂良得其書，奏于上，孝宗讀而嘉嘆，以賜東宮及分賜江上諸帥，且令熟讀，曰：「治道盡在是矣。」

他日，上問袁樞今何官，茂良以實對，上曰：「可與寺監簿。」於是以大宗正簿召登對，卽因史書以言曰：「臣竊聞陛下嘗讀通鑑，屢有訓詞，見諸葛亮論兩漢所以興衰，有『小人不可不去』之戒，大哉王言，垂法萬世。」遂歷陳往事，自漢武而下至唐文宗偏聽姦佞，致于禍亂。且曰：「固有詐僞而似誠實，憸佞而似忠鯁者，苟陛下日與圖事於帷幄中，進退天下士，臣恐必爲朝廷累。」上顧謂曰：「朕不至與此曹圖事帷幄中。」樞謝曰：「陛下之言及此，天下之福也。」

遷太府丞。時士大夫頗有爲黨與者。樞奏曰：「人主有偏黨之心，則臣下有朋黨之患。比年或謂陛下寵任武士，有厭薄儒生之心，猜疑大臣，親信左右，內庭行廟堂之事，近侍參軍國之謀。今雖總權綱，專聽覽，而或壅蔽聰明，潛移威福。願可否惟聽於國人，毀譽不私於左右。」上方銳意北伐，示天下以所向。樞奏：「古之謀人國者，必示之以弱，苟陛下志復金讎，臣願蓄威養銳，勿示其形。」復陳用宰執、臺諫之術。

時議者欲制宗室應舉鎖試之額，限添差嶽祠，減臣僚薦舉，定文武任子，嚴特奏之等，展郊禋之歲，緩科舉之期，樞謂：「此皆近來從窄之論，人君惟天是則，不可行也。」遂抗疏勸上推廣大以存國體。

兼國史院編修官，分修國史傳。章惇家以其同里，宛轉請文飾其傳，樞曰：「子厚爲相，負國欺君。吾爲史官，書法不隱，寧負鄉人，不可負天下後世公議。」時相趙雄總史事，見之嘆曰：「無愧古良史。」

權工部郎官，累遷兼吏部郎官。兩淮旱，命廉視眞、揚、廬、和四郡。歸陳兩淮形勢，謂：「兩淮堅固則長江可守，今徒知備江，不知保淮，置重兵於江南，委空城於淮上，非所以戒不虞。瓜洲新城，專爲退保，金使過而指議，淮人聞而嘆嗟。誰爲陛下建此策也？」遷軍器少監，除提舉江東常平茶鹽，改知處州，赴闕奏事。樞之使淮入對也，嘗言：「朋黨相附則大臣之權重，言路壅塞則人主之勢孤。」時宰不悅。至是又言：「威權在下則主勢弱，故大臣逐臺諫以蔽人主之聰明；威權在上則主勢强，故大臣結臺諫以遏天下之公議。今朋黨之舊尙在，臺諫之官未正紀綱，言路將復荆榛矣。」

除吏部員外郎，遷大理少卿。通州民高氏以産業事下大理，殿中侍御史冷世光納厚賂曲庇之，樞直其事以聞，人爲危之。上怒，立罷世光，以朝臣劾御史，寔自樞始。手詔權工部侍郎，仍兼國子祭酒。因論大理獄案請外，有予郡之命，旣而貶兩秩，寢前旨。光宗受禪，敍復元官，提舉太平興國宮、知常德府。

寧宗登位，擢右文殿修撰、知江陵府。江陵瀕大江，歲壞爲巨浸，民無所託。楚故城楚觀在焉，爲室廬，徙民居之，以備不虞。種木數萬，以爲捍蔽，民德之。尋爲臺臣劾罷，提舉太平興國宮。自是三奉祠，力上請制，比之疏傳、陶令。開禧元年，卒，年七十五。

自是閑居十載，作易傳解義及辯異、童子問等書藏于家。

李椿字壽翁，洺州永年〔三〕人。父升，進士起家。靖康之難，升翼其父，以背受刃，與長子俱卒。椿年尙幼，藁殯佛寺，深竄而詳識之；奉繼母南走，艱苦備嘗，竭力以養。以父澤補迪功郎，歷官至寧國軍節度推官。治豪民僞券，還陳氏田，吏才精强，人稱之。張浚辟爲制司準備差遣，常以自隨。椿奔走淮甸，綏流民，布屯戍，察廬、壽軍情，相視山水砦險要，周密精審，所助爲多。

隆興元年春，諸將有以北討之議上聞者，事下督府，椿方奉檄至巢，亟奏記浚曰：「復讎伐敵，天下大義，不出督府而出諸將，况藩籬不固，儲備不豐，將多而非才，兵弱而未練，議論不定，縱得其地，未易守也。」既而師出無功。

浚嘗嘆實才之難，椿曰：「豈可厚誣天下無人，唯不惡逆耳而甘遜志，則庶其肯來耳。」浚復除右相，椿知事不可爲，勸之去。明年春，浚出視師，椿曰：「小人之黨已勝，公無故去朝廷，蹤跡必危。」復申前說甚苦。浚心是之，而自以宗臣任天下之重，不忍決去，未幾果罷。

監登聞鼓院，有所不樂，請通判廉州以歸。未上，召對，知鄂州。請行墾田，復戶數千，曠土大闢。

移廣西提點刑獄，獄未竟者，一以平決之，釋所疑數十百人。奏罷昭州金坑，禁仕者毋市南物。移湖北漕，適歲大侵，官強民振糶，且下其價，米不至，益艱食。椿損所強糶數而不遏其直，未幾米舟湊集，價減十三。每行部，必前期戒吏具州縣所當問事列爲籍，單車以行，所至取吏卒備使令。凡以例致饋，一不受，言事者請下諸道爲式。

召爲吏部郎官，論廣西鹽法，孝宗是其說，遂改法焉。除樞密院檢詳。小吏持南丹州莫酋表，求自宜州市馬者，因簽書張說以聞。椿謂：「邕遠宜近，故遷之，豈無意？今莫氏方橫，奈何道之以中國地里之近？小吏妄作，將啓邊釁，請論如法。」說怒，椿因求去，上慰諭令安職。

遷左司，復請外，除直龍圖閣、湖南運副。兼請十三事，同日報可，大者減桂陽軍月椿錢萬二千緡，損民稅折銀之直，民刻石紀之。

除司農卿。椿會大農歲用米百七十萬斛，而省倉見米僅支一二月，歎曰：「眞所謂國非其國矣。」力請歲儲二百萬斛爲一年之蓄。

擢臨安守，椿在議中，執政或謂其於人無委曲，上曰：「正欲得如此人。」遂兼臨安府，視事三月，竟以權倖不便解去。椿在朝，遇事輒言，執政故不悅。及是轉對，又言：「君以剛健爲體而虛中爲用，臣以柔順爲體而剛中爲用。陛下得虛中之道，以行剛健之德矣。在廷之臣，未見其能以剛中守柔順而事陛下者也。」執政滋不悅，出知婺州。

會詔市牛筋，凡五千斤。椿奏：「一牛之筋纔四兩，是欲屠二萬牛也。」上悟，爲收前詔。

除吏部侍郎，又極言閹寺之盛，曰：「自古宦官之盛衰，係國家興亡。其盛也，始則人畏之，甚則人惡之，極則羣起而攻之。漢、唐勿論，靖康、明受之禍未遠，必有以裁制之，不使至極，則國家免於前日之患，宦官亦保其富貴。門禁宮戒之外，勿得預外事，嚴禁士大夫兵將官與之交通。」上聞靖康、明受語，蹙頞久之，曰：「幼亦聞此。」因納疏袖中以入。最後極言：「當預邊備，如欲保淮，則楚州、盱眙、昭信、濠梁、渦口、花靨〔四〕、正陽、光州皆不可以不守；如欲保江，則高郵、六合、瓦梁、濡須、巢湖、北峽亦要地也。」以病請祠，不許，面請益力，乃除集英殿修撰、知寧國府，改太平州，賜尚方珍劑以遣。既至，力圖上流之備，請選將練習，緩急列艦，上可以援東關、濡須，下可以應采石。

年六十九，上章請老，以敷文閣待制致仕。越再歲，上念湖南兵役之餘，欲鎭安之，謂椿重厚可倚，命待制顯謨閣、知潭州、湖南安撫使。累辭不獲，乃勉起，至則撫摩凋瘵，氣象一如盛時。復酒稅法，人以爲便。歲旱，發廩勸分，蠲租十一萬，糶常平米二萬，活數萬人。

潭新置飛虎軍，或以爲非便，椿曰：「長沙一都會，控扼湖、嶺，鎭撫蠻傜〔五〕，二十年間，大盜三起，何可無一軍？且已費縣官緡錢四十二萬，何可廢耶？亦在馭之而已。」未滿歲，復告歸，進數文閣直學士致仕，朝拜命，夕登舟，歸老野塘上。

椿年十五歲避地南來，貧無以爲養，不得專力於學。年三十始學易，其言於朝廷，措諸行事，皆易之用。巋然有守，存心每主於厚，尤惡佛老邪說。淳熙十年，卒，年七十三。朱熹嘗銘其墓，謂其「逆知得失，不假蓍龜」，「不阿主好，不詭時譽」云。

劉儀鳳字韶美，普州人。少以文謁左丞馮澥，澥甚推許，遂知名。紹興二年，登進士第。抱負倜儻，不事生產，於仕進恬如也。擢第十年，始赴調，尉遂寧府之蓬溪，監資州資陽縣酒稅，爲果州、榮州掾。

紹興二十七年，有旨令侍從薦士，起居郞趙逵舉儀鳳，稱其「富有詞華，恬於進取」。宰執上其名，上曰：「蜀人道遠，文學行義有可用者，不由論薦，何緣知之？前此蜀仕宦者例多隔絕，不得一至朝廷，殊可惜也。」自秦檜專權，深抑蜀士，故上語及之。尋除諸王宮大小學教授。召試館職，辭以久離場屋，改國子監丞。宰相以其名士，遷祕書丞、禮部員外郞。所草牋奏，以典雅稱。

孝宗受禪，議上「光堯壽聖」尊號册寶，有欲俟欽宗服除者，太常博士林栗謂：「唐憲宗上順宗册寶在德宗服中，不必避，備樂而不作可也。」儀鳳獨上議曰：「謹按上尊號事屬嘉禮，累朝必俟郊祀慶成然後舉行。太上皇帝爲欽宗備禮終制，見於詔書。議者引憲宗故事，考之唐史，自武德以來，皆用易月之制，與本朝事體大相遠也。乞候欽宗終制，檢舉以行，則國家盛美，主上事親情實稱矣。」議者雖是其言，然謂事親當權宜而從厚，竟用栗議，儀鳳復爭辨不已。尋兼國史院編修官兼權祕書少監。乾道元年，遷兵部侍郎兼侍講。

儀鳳在朝十年，每歸即匿其車騎，扃其門戶，客至，無親疏皆不得見，政府累月始一上謁，人尤其傲。奉入，半以儲書，凡萬餘卷，國史錄無遺者。御史張之綱論儀鳳錄四庫書本以傳私室，遂斥歸蜀。

三年十二月，輔臣進前侍從當復職者，上曰：「劉儀鳳無罪，可與復集英殿修撰。」起知邛州，未上，改漢州、果州，罷歸。淳熙二年十二月丙申，卒，年六十六。

儀鳳苦學，至老不倦，尤工於詩。然頗慕晉人簡傲之風，不樂與庸輩接，故平生多蹭蹬，一跌遂不振云。

張孝祥字安國，歷陽烏江人。讀書一過目不忘，下筆頃刻數千言。年十六，領鄉書，再舉冠里選。紹興二十四年，廷試第一。時策問師友淵源，秦塤與曹冠皆力攻程氏專門之學，孝祥獨不攻。考官已定塤冠多士，孝祥次之，曹冠又次之。高宗讀塤策皆秦檜語，於是擢孝祥第一，而塤第三，授承事郎、簽書鎭東軍節度判官。諭宰相曰：「張孝祥詞翰俱美。」

先是，上之抑塤而擢孝祥也，秦檜已怒，旣知孝祥乃祁之子，祁與胡寅厚，檜素憾寅，且唱第後，曹泳揖孝祥于殿庭，以請婚爲言，孝祥不答，泳憾之。於是風言者誣祁有反謀，繫詔獄。會檜死，上郊祀之二日，魏良臣密奏散獄釋罪，遂以孝祥爲祕書省正字。故事，殿試第一人，次舉始召，孝祥第甫一年得召由此。

初對，首言乞總攬權綱以盡更化之美。又言：「官吏忤故相意，並緣文致，有司觀望鍛鍊而成罪，乞令有司卽改正。」又言：「王安石作日錄，一時政事，美則歸己。故相信任之專，非特安石。臣懼其作時政記，亦如安石專用己意，乞取已修日曆詳審是正，黜私說以垂無窮。」從之。

遷校書郎。芝生太廟，孝祥獻文曰原芝，以大本未立爲言，且言：「芝在仁宗、英宗之室，天意可見，乞早定大計。」遷尙書禮部員外郎，尋爲起居舍人、權中書舍人。

初，孝祥登第，出湯思退之門，思退爲相，擢孝祥甚峻。而思退素不喜汪澈，孝祥與澈同爲館職，澈老成重厚，而孝祥年少氣銳，往往陵拂之。至是澈爲御史中丞，首劾孝祥姦不在盧杞下，孝祥遂罷，提舉江州太平興國宮，於是湯思退之客稍稍被逐。

尋除知撫州。年未三十，莅事精確，老於州縣者所不及。孝宗卽位，復集英殿修撰、知平江府。事繁劇，孝祥剖決，庭無滯訟。屬邑大姓並海囊橐爲姦利，孝祥捕治，籍其家得穀粟數萬。明年，吳中大饑，迄賴以濟。

張浚自蜀還朝，薦孝祥，召赴行在。孝祥既素爲湯思退所知，及受浚薦，思退不悅。孝祥入對，乃陳「二相當同心戮力，以副陛下恢復之志。且靖康以來惟和戰兩言，遺無窮禍，要先立自治之策以應之。」復言：「用才之路太狹，乞博采度外之士以備緩急之用。」上嘉之。

除中書舍人，尋除直學士院兼都督府參贊軍事。俄兼領建康留守，以言者改除敷文閣待制，留守如舊。會金再犯邊，孝祥陳金之勢不過欲要盟。宣諭使劾孝祥落職，罷。

復集英殿修撰、知靜江府、廣南西路經略安撫使，治有聲績，復以言者罷。俄起知潭州，爲政簡易，時以威濟之，湖南遂以無事。復待制，徙知荆南、荆湖北路安撫使。築寸金隄〔六〕，自是荆州無水患，置萬盈倉以儲諸漕之運。

請祠，以疾卒，孝宗惜之，有用才不盡之歎。進顯謨閣直學士致仕，年三十八。

孝祥俊逸，文章過人，尤工翰墨，嘗親書奏劄，高宗見之，曰：「必將名世。」但渡江初，大議惟和戰，張浚主復讎，湯思退祖秦檜之說力主和，孝祥出入二人之門而兩持其說，議者惜之。

論曰：尤袤學本程頤，所謂老成典刑者，立朝抗論，與人主爭是非，不允不已，而能令終完節，難矣。謝諤、顏師魯、袁樞臨民則以治辦聞，立朝則啓沃忠諫，各擧乃職，爲世師表。李椿、劉儀鳳言論節槩，著於行事。張孝祥早負才畯，莅政揚聲，迨其兩持和戰，君子每歎息焉。

校勘記

〔一〕鄭汝諧　原作「鄭汝楷」，據本書卷三九三黃裳傳、樓鑰攻媿集卷二八繳鄭汝諧除權吏部侍郎改。

〔二〕性學淵源　原作「聖學淵源」，據楊萬里誠齋集卷一二一謝公神道碑、周必大周益國文忠公集卷六八謝諤神道碑改。

〔三〕永年　原作「永平」，據朱熹朱文公文集卷九四李椿墓誌銘、誠齋集卷一一六李侍郎傳改。

〔四〕花靨　原作「花壓」，據朱文公文集卷九四李椿墓誌銘、誠齋集卷一一六李侍郎傳改。

〔五〕鎮撫蠻傜　「傜」，誠齋集卷一一六李侍郎傳、朱文公文集卷九四李椿墓誌銘均作「徼」。

〔六〕寸金隄　原作「守金隄」，據本書卷三九七吳獵傳、張孝祥于湖居士文集附錄張安國傳及宣城張氏信譜傳改。

宋史卷三百九十

列傳第一百四十九

李衡　王自中　家愿　張綱　張大經　蔡洸　莫濛　周淙
劉章　沈作賓

李衡字彥平，江都人。高祖昭素仕至侍御史。衡幼善博誦，爲文操筆立就。登進士第，授吳江主簿。有部使者怙勢作威，侵刻下民，衡不忍以敲扑迎合，投劾于府，拂衣而歸。後知溧陽縣，專以誠意化民，民莫不敬。夏秋二稅，以期日榜縣門，鄉無吏迹，而輸送先他邑辦。因任歷四年，獄戶未嘗繫一重囚。

隆興二年，金犯淮堧，人相驚曰：「寇深矣！」官沿江者多送其孥，衡獨自浙右移家入縣，民心大安。盜蝟起旁境，而溧陽靖晏自如。帥汪澈、轉運使韓元吉等列上治狀，詔進一秩，尋召入爲監察御史。歷司封郎中、樞密院檢詳，出知溫、婺、台三州，惟婺嘗涖其治。加直祕閣，而衡引年乞身，懇懇不休，上累卻其奏，除祕閣修撰致仕。上思其樸忠，旋召落致仕，除侍御史，以老固辭，不獲命。差同知貢舉。會外戚張說以節度使掌兵柄，衡力疏其事，謂「不當以母后肺腑爲人擇官」，廷爭移時。改除起居郎，衡曰：「與其進而負於君，孰若退而合於道。」章五上，請老愈力，上知不可奪，仍以祕撰致仕。時給事中莫濟不書敕，翰林周必大不草制，右正言王希呂亦與衡相繼論奏，同時去國，士爲四賢詩以紀之。衡後定居崑山，結茅別墅，杖屨徜徉，左右惟二蒼頭，聚書踰萬卷，號曰「樂菴」，卒，年七十九。

衡自宜和間入辟雍，同舍有趙孝孫者，洛人也，其父實師程頤，家學有源，勸衡讀論語曰：「學非記誦辭章之謂，所以學聖賢也，不可有絲毫僞實處，方可以言學。」衡心佩其訓，雖博通羣書而以論語爲根本。臨沒，沐浴冠櫛，翛然而逝。周必大聞之曰：「世謂潛心釋氏，乃能達死生，衡非逃儒入釋者，而臨終超然如此，殆幾孔門所謂聞道者歟。」

王自中字道甫，温州平陽人。少負奇氣，自立崖岸，繇是忤世。乾道四年，議遣歸正人，自中伏麗正門爭論，且言：「今內空無賢，外空無兵，當搜羅豪俊，廣募忠力，以圖中原。」坐斥徽州，放還。淳熙中，登進士第，主舒州懷寧簿。嚴州分水令。

樞密使王藺薦，召對，帝壯其言，將改秩爲籍田令，又俾舉所知，且嚮用矣，以諫疏罷。自中本韓彥古客，王藺既薦之，上大喜。韓彥直、彥質輩恐其爲彥古報仇，力請交結於自中；而密達意近習，謂「自中受彥古賂，伏闕上書薦彥古爲相」。上遣人物色其事，中書舍人王信恆懼自中入臺將不利於王淮，知彥直輩譖已行，亟請對，探上意；退卽走白右正言蔣繼周。繼周方敢劾奏，讀至「受賂伏闕」處，上曰：「卿可謂中其膏肓。」繼周奏：「臣非不知孤蹤忤王藺，但不敢曠職。」蓋欲併中藺以媚淮，上但喜繼周善論事，不知曲折如此。

通判郢州，道除知光化軍，改信州，丁內艱，服闋，還朝。光宗卽位，迎謂曰：「朕得卿名於壽皇，留爲郎可乎？」言者不置。主管沖佑觀，起知邵州、興化軍，命下而自中已病，慶元五年八月，卒，年六十。

家愿字處厚，眉山人。父勤國，慶曆、嘉祐間與從兄安國、定國同從劉巨游，與蘇軾兄弟爲同門友。王安石久廢春秋學，勤國憤之，著春秋新義。熙寧、元豐諸人紛更，而元祐諸賢矯枉過正，勤國憂之，爲築室，作室喩，二蘇讀之敬歎。

愿弱冠游京師，以廣文館進士登第，時紹聖元年也。廷策進士，中書侍郎李淸臣擬進策問，力詆元祐之政，愿答策惟以守九年之所已行者爲言。時門下侍郎蘇轍嘗上疏辨策問，舉漢武帝事，觸上怒待罪，愿未及知也，因見轍，誦所對，轍驚喜曰：「故人子道同志合，猶若是也。」楊畏覆考，專主熙寧、元豐，取畢漸爲第一，愿遂居下第。轍尋出守汝，而國論大變矣。

元符三年，以日食求言，愿時爲普州樂至令，應詔上言，極論時政凡萬言，其大要有十：一曰謹始以正本，二曰敬德以格天，三曰謹好惡以防小人，四曰審信任以辨君子，五曰開言路以來直諫，六曰詳聽言以觀事實，七曰破黨議以存至公，八曰登碩德以服天下，九曰從寬厚以盡人才，十曰崇名節以厚士風。疏上不報。崇寧元年，詔籍元祐、元符上書人姓名，愿以選人籍入邪下等，謫監華州西嶽廟。時當改京秩，迄不改，禁錮不調凡十年。大觀四年，孛星出，降赦，黨禁解，始改秩，調知雙流縣。通判文州。郡守鄭行純憑內侍勢自恣，罷蕃夷互市，啓邊隙。愿爭之，不從，徑下令復其舊。守怒，交章互奏，俱報罷。而愿以曾入黨籍，謫英州酒稅，量移黃州，數年始予祠。興元帥臣王庶薦自代，通判果州。靖康初，左丞馮澥薦備諫列，除開封府工曹，京城失守，不克赴。高宗南渡，擢知閬州。會張浚謀大舉，愿謂浚厲兵足穀以俟機會，浚不悅，以便旨移彭州。有論邊防書，名曰罪言。守彭之明年，乞骸骨以歸，卒。

方蘇轍之讀愿策，謂愿少年能不爲進取計，異時當以直道聞，恨不及見，轍之言至是而驗。淳祐間，愿曾孫大酉侍講經筵，因從容及之，上改容嘉歎，宣取所上書，又親書「西社同門友，元符上書人」十大字以賜。

愿同郡楊恂，丹稜〔一〕人也，字信仲。元豐五年，登進士第。元符初，知廣都縣，與愿同時上書，語甚切直。越三年，亦同入黨籍邪下第五等。其書以火不存。

張綱字彥正，潤州丹陽人。入太學，以上舍及第。釋褐，徽宗知綱三中首選〔二〕，特除太學正，遷博士，除校書郎。入對，論：「君子小人溷殽，詢言試事則邪正自別。小人得志邀功生事，禍有不可勝言者。今用事者大言罔上，風俗侈靡，背本趨末，日甚一日。宜以祖考躬行之教爲法，天下有不難化矣。」上稱善。論事與蔡京不相合，擠之去，主管玉局觀。久之還故官，兼修國朝會要、校正御前文字。遷著作佐郎、屯田司勳郎。

初，朝議遣童貫、蔡攸使朔方，綱力論不可出師狀，不報。及金渝盟犯京闕，命綱分守四壁，旋解嚴，詔登陴足月者遷。綱曰：「主憂臣辱，義當爾，顧因此受賞邪？」卒不自言。出爲兩浙提刑，移江東。池將王進剽悍恣睢，曹官以小過違忤，遂釘手于門。事聞，詔綱乘傳窮竟。時國勢未安，諸將往往易朝廷，進擁甲騎數百突至綱前，綱叱進階下，即按問，罪立具，自是無越法者。以左司召，權監察御史。請令郡邑月具繫囚存亡數，申提刑司，歲終校多寡行殿最。進起居舍人，改中書舍人。建言乞依祖宗法命大臣兼領史事，詔宰臣呂頤浩監修國史，著爲令。

試給事中。大將有以軍中田不均乞不收租，朝廷將從之，綱執不可。會推恩元祐黨籍家，有司無限制，自陳者紛至。綱建議以崇寧所刻九十八人爲正〔三〕。自軍興後，小人多乘時召亂，歷五年而怨家告訐者衆。綱謂非所以廣好生之德，乞自薇囚，後有告勿受。宗室令廣特轉太中大夫，綱言：「庶官超轉侍從非法，且自崇寧以來官職不循資任，致綱紀大壞，今方丕變其俗，奈何以令廣故復違舊章。」詔以次官命詞，舍人王居正復執不行，命遂寢。宣撫使張俊駐師九江，遣營卒以書至瑞昌，縣令郭彥章揣知卒與獄囚通，乃械繫之。俊愬于朝，彥章坐免。綱言：「近時州縣吏多獻諛當路，彥章不隨流俗，是能奉法守職，今不獎而黜，何以示勸？」

除給事中。侍御史魏矼劾綱，提舉太平觀。進徽猷閣待制，引年致仕。秦檜用事久，綱臥家二十年絕不與通問。檜死，召爲吏部侍郎兼侍讀。初講詩關雎，因后妃淑女事，歷陳文王用人，寓意規戒。上曰：「久不聞博雅之言，今日所講析理精詳，深啓朕心。」綱言：

「比年監司資淺望輕，請擇七品以上淸望官，或曾任郡守有治狀者爲之，庶位望旣重，材能已試，可擧其職。」從之。權吏部尙書。時以彗出東方，詔求言。綱奏：「求言易，聽察難。宜命有司詳審章奏，必究極其情，無事苟簡。」除參知政事。高宗頻諭輔臣寬恤民力，蓋懲秦檜苛政，期安黎庶。綱乃摘其切於利民八十事，標以大指，乞鏤版宣布中外，於是人皆昭知上德意。告老，以資政殿學士知婺州，尋致仕。高宗幸建康，綱朝行宮。孝宗登極，召綱陪祀南郊，以老辭不至，詔嘉之，命所在州郡恆存問，仍賜羊酒，卒，年八十四。

綱常書坐右曰：「以直行己，以正立朝，以靜退高天下。」其篤守如此。初謚文定，吏部尙書汪應辰論駁之，孫釜再請，特賜曰章簡。釜，慶元間爲諫官，力排道學諸賢，累官至簽書樞密院事。

張大經字彥文，建昌南城人。紹興十五年，中進士第，宰吉之龍泉，有善政。諸司列薦，賜對便殿，出知儀眞。時兩淮監司、帥守多興事邀功，大經獨以平易近民，民咸德之。提擧湖南常平，提點湖北刑獄，尋移江東。他路有巨豪犯法，獄久不竟，命移屬大經。豪挾權勢求脫，大經卒正其罪。孝宗重風憲之選，命條上部使者十人，上獨可大經，召見，上曰：「朕十人中得卿一人，以卿風力峻整。」遂除監察御史，命下，中外聳歎。大經首陳士風掊克、媮惰、誕慢、浮虛四弊。時理官間多居外，大經奏非便，乃作舍寺庭。遷大理少卿，守殿中侍御史。言：「今日不治，由大臣不任責。」又言：「諸路荒政不實，飛蝗頗多。願益加恐懼，申飭大臣，俾內而百官有司輸忠讜、脩厥職，外而監司守臣察貪理冤、去苛斂、寬民力。」上皆嘉納。因論近習韓侂冑薦士，上曰：「此亦無害。昔楊得意爲狗監，亦嘗薦司馬相如。」大經奏：「彼何人斯，使得薦士，將恐無廉恥者望風希旨，傷毀士俗。」後數日，上謂大經曰：「卿前所論韓侂冑，朕思之誠是也。」又論宦者董璉暴橫，將命淮甸，所至誅求，且自號「董閻羅」。上曰：「然，人皆言之。」卽依奏鐫罷，竄南康軍。除侍御史。上宣諭曰：「卿論事得體，且詳練。」大經遂言：「士風未厚，吏治未肅，民力未蘇，和氣未應，皆由人心未正。願察公正，明義利，以彰好惡，抑浮薄，去貪刻，則莫不靡然洗濯，一歸於正。」上稱善再三。又言：「監司治民之本，不可限以資格。」上納其言，卽選四寺丞同時臨遣。試右諫議大夫兼侍講。請通漕臣之計，以補州郡之有無；拘戶絕之租，以廣常平之儲偫；嚴贓罪改正法，以懲貪黷；收外路辟闕歸吏部，以杜私謁而通孤寒。

秋旱，詔求言。大經極言：「人心不和有以致之。民力竭而愁歎多，軍士貧而怨嗟衆，二者當今大弊。州縣之間，絹帛多折其估，米粟過收其贏，關市苛征，榷酤峻禁。中外兵帥多出貴倖之門，營利自豐，素召衆怨，教閱滅裂，軍容不整。且近習甲第名園，越法踰制，別墅列肆，在在有之，非賂遺何以濟欲？願陛下疎斥憸腐，抑絕倖門，垂意人主之職，責成宰輔，一提其綱，則天下事必有能辦之者。」俄而池司郝政降充統制官，殿帥補外，蓋用其言也。

除禮部尙書兼侍讀。大經屢請祠，上曰：「卿公廉必能爲朕牧民。」以徽猷閣學士知建寧府。未幾，移鎭紹興，辭不拜，予祠。進龍圖閣學士，告老，以通奉大夫致仕。方主眷未衰，抗疏引去，人方之孔戣。壽逾八袠，紹熙五年，寧宗卽位，進正議大夫，降詔撫問，賜銀奩藥茗。慶元四年七月，疾革，語諸子曰：「吾目可瞑，吾愛君憂國之心不可泯。」無一語及私。卒，年八十九。訃聞，上甚悼之，贈銀青光祿大夫，謚簡肅。

蔡洸字子平，其先興化仙遊人，端明殿學士襄之後，徙霅川。父伸，左中大夫。洸以蔭補將仕郎，中法科，除大理評事，遷寺丞，出知吉州。召爲刑部郎，徙度支，以戶部郎總領淮東軍馬錢糧、知鎭江府。會西溪卒移屯建康，舳艫相銜。時久旱，郡民築陂瀦水灌漑，漕司檄郡決之，父老泣訴。洸曰：「吾不忍獲罪百姓也。」卻之。已而大雨，漕運通，歲亦大熟。民歌之曰：「我瀦我水，以灌以漑。俾我不奪，蔡公是賴。」就除司農少卿，言：「鎭江三邑稅戶客戶輸丁各異，請爲一體，不得自爲同異。所輸丁絹，依和買之直，計尺折納，人給一鈔，官自買絹起發，公私皆便。」上嘉納。以戶部侍郎召，試吏部尚書，移戶部。上謂侍臣曰：「朕以版曹得人爲喜。」洸常言「財無滲漏則不可勝用」。未幾求去，除徽猷閣學士、知寧國府。陛辭賜坐，上慰勞曰：「卿面有火色，風證也，朕有二方賜卿。」洸謝，卽奉祠以歸。卒，年五十七。

洸事親孝，曾祖襄未易名，力請于朝，賜謚忠惠。所得奉，每以振親戚之貧者，去朝之日，囊無餘資，至售所賜銀鞍韉治行，人服其淸潔云。

莫濛字子蒙，湖州歸安人。以祖蔭補將仕郎，兩魁法科，累官至大理評事、提舉廣南市舶。張子華以贓敗，朝廷命濛往鞫之，濛正其罪。又言秦熺、鄭時中受子華賂，計直數千緡。還朝，除大理寺正。吏部火，連坐者數百人，久不決，命濛治之。濛察其最可疑者留于獄，出餘人爲耳目以蹤跡之，約三日復來，遂得其實，繫者乃得釋。黃州倅奏親擒盜五十餘人，上命濛窮竟，旣至，咸以冤告。濛命囚去桎梏，引倅至庭，詢竊發之由，鬥敵之所，遠近時日悉皆牴牾，折之，語塞。濛具正犯數人奏上，餘釋之。上諭輔臣曰：「莫濛非獨曉刑獄，可俾理金穀。」除戶部員外郎。

朝廷遣濛措置浙西、江淮沙田蘆場，上語之曰：「得此可助經費，歸日以版曹處卿。」濛多方括責，得二百五十三萬七千餘畝。言者論其丈量失實，徵收及貧民，責監饒州景德鎭。起知光化軍。諜知金渝盟，郡乏舟，衆以爲慮，濛力爲辦集，及敵犯境，民賴以濟。時餉餽急，除淮南轉運判官，濛遷延不之任，右司諫梁仲敏劾其慢命，罷官勒停。宣諭使汪澈爲言於上，復舊職，召見，上諭曰：「朕常記向措置沙田甚不易。」濛謝曰：「職爾，不敢避怨。」上曰：「使任責者人人如卿，天下何事不成。」

除湖北轉運判官。未幾，知鄂州，召除戶部左曹郎中，出知揚州。陛辭，上以城圮，命濛增築。濛至州，規度城闉，分授諸將各刻姓名甃堞間，縣重賞激勸，閱數月告成。除直寶文閣學士、大理少卿兼詳定司敕令官，兼權知臨安府。未幾，假工部尙書使金賀正旦。金庭錫宴，濛以本朝忌日不敢簪花聽樂，金遣人趣赴，濛堅執不從，竟不能奪。使還，除刑部侍郎，改工部侍郎兼臨安府少尹，以言者罷。起知鄂州。卒于官，年六十一，贈正奉大夫。

周淙字彥廣，湖州長興人。父需，以進士起家，官至左中奉大夫。淙幼警敏，力學，宣和間以父任爲郎，歷官至通判建康府。紹興三十年，金渝盟，邊事方興，帥守難其選，士夫亦憚行。首命淙守滁陽，未赴，移楚州，又徙濠梁。淮、楚舊有並山水置砦自衞者，淙爲立約束，結保伍。金主亮傾國犯邊，民賴以全活者不可勝計。除直祕閣，再任。孝宗受禪，王師進取虹縣，中原之民翕然來歸，扶老攜幼相屬于道。淙計口給食，行者犒以牛酒，至者處以室廬，人人感悅。張浚視師，駐于都梁，見淙謀，輒稱歎，且曰：「有急，公當與我俱死。」淙亦感激，至謂「頭可斷，身不可去」。浚入朝，悉陳其狀，上嘉歎不已，進直徽猷閣，帥維揚。會錢端禮以尙書宣諭淮東，復以淙薦，進直顯謨閣。時兩淮經蹂踐，民多流亡，淙極力招輯，按堵如故。勸民植桑柘，開屯田，上亦專以屬淙，屢賜親札。淙奉行益力，進直龍圖閣，除兩浙轉運副使。未幾，知臨安府，上言：「自古風化必自近始。陛下躬履節儉，以示四方，而貴近奢靡，殊不知革。」乃條上禁止十五事，上嘉納之，降詔獎諭，賜金帶。臨安駐蹕歲久，居民日增，河流湫隘，舟楫病之，淙請疏浚。工畢，除祕閣修撰，進右文殿修撰，提舉江州太平興國宮以歸。上念淙不忘，除敷文閣待制，起知寧國府，趣入奏，上慰撫愈渥。魏王出鎭，移守婺州。明年春，復奉祠，亟告老。十月卒，年六十，積階至右中奉大夫，封長興縣男。

劉章字文孺，衢州龍游人。少警異，日誦數千言，通小戴禮，四冠鄉舉。紹興十五年廷對，考官定其級在三，迨進御，上擢爲第一，授鎭江軍簽判。是冬，入省爲正字。明年，遷祕書郎兼普安、恩平兩王府教授，遷著作佐郎。事王邸四歲，盡忠誠，專以經誼文學啓迪掖導，受知孝宗自此始。秦檜當國，嫌不附己，風言者媒蘖其罪，出倅筠州。檜死，召爲司封員外郎、檢詳樞密院文字兼玉牒檢討官。擢祕書少監、起居郎。使金還，除權工部侍郎，俄兼吏部，兼侍講。郊祀畢，侍從，上慶成詩。

初，章在祕省，嘗議郊廟禮文，當置局討論，詔行其說。正遷吏部，御史論章使胥長買絹，高宗愕然曰：「劉章必無是事。」御史執不已，罷提舉崇道觀，舉朝嗟鬱。起居郎王佐訟其冤，亦坐絀。起知信州，未久，復請祠。孝宗受禪，念舊學，命知漳州，爲諫議大夫王大寶所格。尋除祕閣修撰、敷文閣待制，召提舉佑神觀兼侍讀，遂拜禮部侍郎。奏禁過淫祀，仍於三朝史中刪去道釋、符瑞志，大略以爲非春秋法。

朝廷議經略中原，調諸郡兵，民頗擾。少卿趙彥端指言非是。或譖彥端曰：「陛下究心大舉，凡所圖回，但資趙彥端一笑爾。」彥端懼不測。上因夜對問章曰：「聞卿監中有笑朕者。」章不知狀，從容對曰：「聖主所爲，人焉敢笑，若議論不同或有之。」上意頗解。彥端獲免，人稱章長者。詔詢唐太宗所問魏徵德仁功利優劣，章上疏諄複，且言：「太宗問徵在貞觀十六年，陛下宅天命十載于茲，願益加意，將越商、周紹唐、虞矣，太宗非難到也。」進權禮部尚書兼給事中。對選德殿，問章：「今年幾而容貌未衰，頗嘗學道否？」章拱對曰：「臣書生無他長，惟菲儉自度。晏嬰一狐裘三十年不易，人以爲難，臣以爲易。」上嘉歎久之。親灑宸翰以賜，俾安職。章力告歸，以顯謨閣學士食祠祿。

淳熙元年，子之衡由御史、檢法出守廣德軍，當陛辭，對便殿，問：「卿父學士安否？」撫勞再三，臨退復謂曰：「卿歸侍，爲朕致此意。」旋遣閤門祗候蘇曦至家宣問，拜端明殿學士，賜銀絹四百匹。四年，上表告老，以資政殿學士致仕，卒，年八十，贈光祿大夫，謚曰靖文。章容狀魁碩，以周密自守，出入兩朝，被顧遇，未嘗泄禁中一語。

沈作賓字賓王，世爲吳興歸安人。以父任入仕，監饒州永平監，治鑄堅緻，又承詔造鴈翎刀，稱上意，連進兩資。中刑法科，歷江西提刑司檢法官，入爲大理評事。改秩，通判紹興府。帥守丘崈遇僚吏剛嚴，作賓從容裨贊，每濟以寬。秩滿，知台州，首訪民疾苦，弛鹽禁，寬租期，均徭役，更酒政，決滯獄，五十日間盡除前政之不便民者，邦人胥悅；而前守嫉其勝己，巧媒蘖之，罷去。民請于朝，借留不遂，爲立「留賢碑」。除大理正，親嫌，改太府丞，遷刑部郎。

慶元初，歷官至淮南轉運判官，以治辦聞。直華文閣，因其任。擢太府少卿，總領淮東軍馬錢糧，繼升爲卿。尋除直龍圖閣，帥浙東，知紹興府。入對，奏：「徽州、南康軍月樁不如期，朝廷科降額，比年曰『權免一次』，來年督促如初，適足啓吏姦、重民害，乞明詔示。又楚州武鋒一軍已招三千五百餘人，朝廷初欲減戍，數年未就紀律：一，主將望輕；二，郡守節制不爲禮；三，訓練不盡其能。願令本州少假借，責之練習，期以歲月，考績用成否，上于朝而黜陟之。」上嘉納。韓侂胄方用事，族有居越者，私醸公行，作賓逮捕置于獄，而竄其奴。又論紹興府和買事，語在食貨志。

除兩浙轉運副使。入對，奏：「欑宮一司，歲撥經、總制錢爲緡率四萬有奇，丹雘未弊，加之塗飾，牆壁具存，從而創易，妄費固不足計，亡謂驚黷，非所以妥神靈、彰聖孝。今後有合營繕，聞于朝，下守臣稽覈，畫旨而後興役。」上首肯再三，而修奉者不樂也。

除權工部侍郎，繼兼戶部侍郎。奏請修紹興三十一年以前故事，復敕令所删修官五員以待選人有才者，又乞申嚴保伍法。以言者罷歸，起知鎭江府，除集英殿修撰，改知寧國府，除寶謨閣待制，知潭州，除戶部侍郎兼詳定敕令官。奏湖北當儲粟，湖南當增兵。未幾，除龍圖閣待制、知平江府，請得節制許浦水軍，詔可。郡有使臣，故海盜也，作寶使招誘其黨，既至，慰勉之，錫衣物，又得強勇者幾千人，置將以統之，號曰「義士」；復募郡城內外惡少亦幾千人，號曰「壯士」。衣糧器械皆視官軍，而輕捷善鬥過之，於是海道不警，市井無譁。尋命參贊督府，兼權鎭江府。請留戍兵千人，又欲以江、閩新軍二千人易舊軍千人，備不虞。朝廷難之，遂請祠。言者繼及之，復召爲戶部侍郎。軍興之餘，國力殫耗，見存金穀，僅支旬日。作賓考逋負，柅吏姦，閱三月卽有半年之儲。充館伴使，兼權工部尙書。

會臨安闕知府事，時相欲奏用作賓，力辭。除權戶部尙書，以母憂解，服闋，授顯謨閣直學士、知建寧府。入覲，乞申嚴詭戶之禁。除寶謨閣學士、江西安撫兼知隆興府。奏部內南安、南康、龍泉三縣，迫近溪峒，三縣令尉及近峒之砦曰秀洲，曰北鄉，曰蓮塘，幷永新縣之勝鄉砦，宜就委帥、憲兩司擇才辟置，量加賞格。又乞詔諸道監司分詣州郡，選禁軍，精練閱，改刺其懦弱者爲廂軍。在郡撙錢二十餘萬緡，僚屬請獻諸朝，作賓謂平生未嘗獻羨，以半歸帥司犒師，半隸本府。除煥章閣學士、提舉隆興府玉隆萬壽宮，進顯謨閣學士致仕，卒于家，贈金紫光祿大夫。

論曰：李衡進退雍容，幾於聞道。王自中、家愿奇邁危言，摧折弗悔，咸有可稱。嘗考宋之立國，元氣在臺諫。崇寧、大觀而後，姦佞擅權，爵賞冒濫，馴至覆亡。高、孝重繩糾封駁之司，張綱抑令釐恩，大經劾韓侂、斥董璉，人人振揚風采，正氣稍伸矣。時則有若洸、濛、淙、章、作賓，班班有善，同傳亦宜。

校勘記

〔一〕丹稜　原作「丹陵」，據本書卷八九地理志一、太平寰宇記卷七四、輿地廣記卷二九改。

〔二〕三中首選　「三」原作「五」，據張綱華陽集卷四〇張綱行狀、洪邁華陽老人文集序改。

〔三〕綱建議以崇寧所刻九十八人爲正　「九」字原脫，據華陽集卷一八看詳元祐黨人狀、卷四〇張綱行狀補。

宋史卷三百九十一

列傳第一百五十

周必大　留正　胡晉臣

周必大字子充，一字洪道，其先鄭州管城人。祖詵，宣和中倅廬陵，因家焉。父利建，太學博士。必大少英特，父死，鞠於母家，母親督課之。

紹興二十年，第進士，授徽州戶曹。中博學宏詞科，教授建康府。除太學錄，召試館職，高宗讀其策，曰：「掌制手也。」守秘書省正字。館職復召試自此始。兼國史院編修官，除監察御史。

孝宗踐祚，除起居郎。直前奏事，上曰：「朕舊見卿文，其以近作進。」上初御經筵，必大奏：「經筵非爲分章析句，欲從容訪問，裨聖德，究治體。」先是，左右史久不除，並記注壅積，必大請言動必書，兼修月進。乃命必大兼編類聖政所詳定官，又兼權中書舍人。侍經筵，嘗論邊事，上以蜀爲憂，對曰：「蜀民久困，願詔撫諭，事定宜寬其賦。」應詔上十事，皆切時弊。

權給事中，繳駁不辟權倖。翟婉容位官吏轉行礙止法，爭之力，上曰：「意卿止能文，不謂剛正如此。」金索講和時舊禮，必大條奏，請正敵國之名，金爲之屈。

曾覿、龍大淵得幸，臺諫交彈之，並遷知閤門事，必大與金安節不書黃，且奏曰：「陛下於政府侍從，欲罷則罷，欲貶則貶，獨於二人委曲遷就，恐人言紛紛未止也。」明日宣手詔，謂：「給舍爲人鼓扇，太上時小事，安敢爾！」必大入謝曰：「審爾，則是臣不以事太上者事陛下。」退待罪，上曰：「朕知卿舉職，但欲破朋黨、明紀綱耳。」旬日，申前命，必大格不行，遂請祠去。

久之，差知南劍州，改提點福建刑獄。入對，願詔中外舉文武之才，區別所長爲一籍，藏禁中，備緩急之用。除秘書少監、兼直學士院，兼領史職。鄭聞草必大制，上改竄其末，引漢宣帝事。必大因奏曰：「陛下取漢宣帝之言，親制贊書，明示好惡。臣觀西漢所謂社稷臣，乃鄙朴之周勃，少文之汲黯，不學之霍光。至於公孫弘、蔡義、韋賢，號曰儒者，而持祿保位，故宣帝謂俗儒不達時宜。使宣帝知眞儒，何至雜伯哉？願平心察之，不可有輕儒名。」上喜其精洽，欲與之日夕論文。

德壽加尊號，必大曰：「太上萬壽，而紹興末議文及近上表用嗣皇帝爲未安。按建炎遙拜徽宗表，及唐憲宗上順宗尊號册文，皆稱皇帝。」議遂定。趙雄使金，賫國書，議受書禮。必大立具草，略謂：「尊卑分定，或較等威；叔姪親情，豈嫌坐起！」上褒之曰：「未嘗諭國書之意，而卿能道朕心中事，此大才也。」

兼權兵部侍郎。奏請重侍從以儲將相，增臺諫以廣耳目，擇監司、郡守以補郎官。尋權禮部侍郎、兼直學士院，同修國史、實錄院同修撰。

一日，詔同王之奇、陳良翰對選德殿，袖出手詔，舉唐太宗、魏徵問對，以在位久，功未有成，治效優劣，苦不自覺，命必大等極陳當否。退而條陳：「陛下練兵以圖恢復而將數易，是用將之道未至；擇人以守郡國而守數易，是責實之方未盡。諸州長吏，倏來忽去，婺州四年易守者五，平江四年易守者四，甚至秀州一年而四易守，吏姦何由可察，民瘼何由可蘇！」上善其言，爲革二弊。江、湖旱，請捐南庫錢二十萬代民輸，上嘉之。

兼侍講，兼中書舍人。未幾，辭直學士院，從之。張說再除簽書樞密院，給事中莫濟封還錄黃，必大奏曰：「昨舉朝以爲不可，陛下亦自知其誤而止之矣。曾未周歲，此命復出。貴戚預政，公私兩失，臣不敢具草。」上批：「王曮疾速譔入。」濟、必大予宮觀，日下出國門。」說露章薦濟、必大，於是濟除溫州，必大除建寧府。濟被命即出，必大至豐城稱疾而歸，濟聞之大悔。必大三請祠，以此名益重。

久之，除敷文閣待制兼侍讀、兼權兵部侍郎、兼直學士院。上勞之曰：「卿不迎合，無附麗，朕所倚重。」除兵部侍郎，尋兼太子詹事。奏言：「太宗儲才爲眞宗、仁宗之用，仁宗儲才爲治平、元祐之用。自章、蔡沮士氣，卒致裔夷之禍。秦檜忌刻，逐人才，流弊至今。願陛下儲才於閑暇之日。」

上日御毬場，必大曰：「固知陛下不忘閱武，然太祖二百年天下，屬在聖躬，願自愛。」上改容曰：「卿言甚忠，得非虞銜橛之變乎？正以讎恥未雪，不欲自逸爾。」升兼侍讀，改吏部侍郎，除翰林學士。

久雨，奏請減後宮給使，寬浙郡積逋，命省部議優恤。內直宣引，論：「金星近前星，武士擊毬，太子亦與，臣甚危之。」上俾語太子，必大曰：「太子人子也，陛下命以驅馳，臣安敢勸以違命，陛下勿命之可也。」

乞歸，弗許。上欲召人與之分職，因問：「呂祖謙能文否？」對曰：「祖謙涵養久，知典故，不但文字之工。」除禮部尙書兼翰林學士，進吏部兼承旨。詔禮官議明堂典禮，必大定圜丘合宮互舉之議。被旨撰選德殿記及皇朝文鑑序。必大在翰苑幾六年，制命温雅，周盡事情，爲一時詞臣之冠。或言其再入也，實曾覿所薦，而必大不知。

除參知政事，上曰：「執政於宰相，固當和而不同。前此宰相議事，執政更無語，何也？」必大曰：「大臣自應互相可否。自秦檜當國，執政不敢措一辭，後遂以爲當然。陛下虛心無我，大臣乃欲自是乎？惟小事不敢有隱，則大事何由蔽欺。」上深然之。久旱，手詔求言。宰相謂此詔一下，州郡皆乞振濟，何以應之，約必大同奏。必大曰：「上欲通下情，而吾儕阻隔之，何以塞公論。」

有介椒房之援求爲郎者，上俾諭給舍繳駁，必大曰：「臺諫、給舍與三省相維持，豈可諭意？不從失體，從則壞法。命下之日，臣等自當執奏。」上喜曰：「肯如此任怨耶？」必大曰：「當予而不予則有怨，不當予而不予，何怨之有！」上曰：「此任責，非任怨也。」除知樞密院。上曰：「每見宰相不能處之事，卿以數語決之，三省本未可輟卿也〔一〕。」

山陽舊屯軍八千，雷世方乞止差鎭江一軍五千，必大曰：「山陽控扼淸河口，若今減而後增，必致敵疑。揚州武鋒軍本屯山陽者，不若歲撥三千，與鎭江五千同戍。」郭杲請移荆南軍萬二千永屯襄陽，必大言：「襄陽固要地，江陵亦江北喉襟。」於是留二千人。上諭以「金旣還上京，且分諸子出鎭，將若何？」必大言：「敵恫疑虛喝，正恐我先動。當鎭之以靜，惟邊將不可不精擇。」

拜樞密使。上曰：「若有邊事，宣撫使惟卿可，他人不能也。」上諸軍升差籍，時點召一二察能否，主帥悚激，無敢容私。創諸軍點試法，其在外解發而親閱之。池州李忠孝〔三〕自言正將二人不能開弓，乞罷軍。上曰：「此樞使措置之效也。」金州謀帥，必大曰：「與其私舉，不若明揚。」令侍從、管軍薦舉。或傳大石林牙將加兵於金，忽魯大王分據上京，邊臣結約夏國。必大皆屏不省，勸上持重，勿輕動。既而所傳果妄。上曰：「卿眞有先見之明。」

淳熙十四年二月，拜右丞相。首奏：「今內外晏然，殆將二紀，此正可懼之時，當思經遠之計，不可紛更欲速。」秀州乞減大軍總制錢二萬，吏請勘當，必大曰：「此豈勘當時耶？」立蠲之。封事多言大臣同異，必大曰：「各盡所見，歸於一是，豈可尙同？陛下復祖宗舊制，命三省覆奏而後行，正欲上下相維，非止奉行文書也。」

高宗升遐，議用顯仁例，遣三使詣金。必大謂：「今昔事殊，不當畏敵曲徇。」止之。賀正使至，或請權易淡黃袍御殿受書，必大執不可，遂爲縞素服，就帷幄引見。十五年，思陵發引，援熙陵呂端故事，請行，乃攝太傅，爲山陵使。明堂加恩，封濟國公。

十一月，留身乞去，上獎勞再三。忽宣諭：「比年病倦，欲傳位太子，須卿且留。」必大言：「聖體康寧，止因孝思稍過，何遽至倦勤。」上曰：「禮莫大於事宗廟，而孟饗多以病分詣；孝莫重於執喪，而不得自至德壽宮。欲不退休，得乎？朕方以此委卿。」必大泣而退。十二月壬申，密賜紹興傳位親札。辛卯，命留身議定。二月壬戌，又命預草詔，專以奉几筵、侍東朝爲意。拜左丞相、許國公。參政留正拜右丞相。壬子，上始以內禪意諭二府。二月辛酉朔，降傳位詔。翼日，上吉服御紫宸殿。必大奏：「陛下巽位與子，盛典再見，度越千古。顧自今不得日侍天顏。」因哽噎不能言，上亦泫然曰：「正賴卿等協贊新君。」

光宗問當世急務，奏用人、求言二事。三月，拜少保、益國公。李巘草二相制，抑揚不同，上召巘令帖麻改定，既而斥巘予郡。必大求去。

何澹爲司業，久不遷，留正奏選之。澹憾必大而德正，至是爲諫長，遂首劾必大。詔以觀文殿大學士判潭州。澹論不已，遂以少保充醴泉觀使。判隆興府，不赴，復除觀文殿學士、判潭州，復大觀文。坐所舉官以賄敗，降滎陽郡公。復益國公，改判隆興，辭，除醴泉觀使。

寧宗卽位，求直言，奏四事：曰聖孝，曰敬天，曰崇儉，曰久任。慶元元年，三上表引年，遂以少傅致仕。

先是，布衣呂祖泰上書請誅韓侂胄，逐陳自強，以必大代之。嘉泰元年，御史施康年劾必大首唱僞徒，私植黨與，詔降爲少保。自慶元以後，侂胄之黨立僞學之名，以禁錮君子，而必大與趙汝愚、留正實指爲罪首。

二年，復少傅。四年，薨，年七十有九。贈太師，謚文忠。寧宗題篆其墓碑曰「忠文耆德之碑」。

自號平園老叟，著書八十一種，有平園集二百卷。嘗建三忠堂於鄉，謂歐陽文忠修、楊忠襄邦乂、胡忠簡銓皆廬陵人，必大平生所敬慕，爲文記之，蓋絕筆也。一子，綸。

留正字仲至，泉州永春人。六世祖從效，事太祖，爲清遠軍節度使，封鄂國公。紹興十三年，第進士，授南恩州陽江尉、清海軍節度判官。

龔茂良守番禺，正言：「在法：劫盜贓滿五貫死，海盜加等。小民餌利，牽身陷重辟。請鏤梓海上，使戶知之。」民始知避。用茂良薦，赴都堂審察。宰相虞允文奇之，薦于上。得對，正言：「國家右文而略武備，祖宗以天下全力用於西夏，承平日久，邊不爲備，至敵人長驅而不能支。今當改轍，使文武並用。」孝宗嘉歎，書箚中要語下三省施行。

知循州，陛辭，言：「士大夫名節不立，國家緩急無所倚仗。靖康金人犯闕，死義者少，因亂謀利者多。今欲恢復，當崇尙名節。」上益喜，明日諭輔臣：「留正奏事，議論耿耿，可與職事官。」除軍器監簿，歷官考功郎官。太常謚葉義問「恭簡」，正覆謚，言：「義問將兵出疆，不知敵人情僞，及金犯邊，督視寡謀，幾至敗事。」下太常更議，時論韙之。

擢起居舍人，尋權中書舍人。光宗自東宮朝，顧見正，謂左右曰：「修整如此，其人可知。」乃請于上，兼太子左諭德。正言：「記注進御，非設官本意。乞自今免奏御。」詔從之。爲中書舍人兼侍講，兼權兵部侍郎，除給事中。張說子薦往視鎭江戰艦，挾勢遊觀，沉舟溺卒，除知閤門事、樞密副承旨，正封還詞頭。洪邦直除御史，正言：「邦直爲邑人所訟，不宜任風憲。」

兼權吏部尙書，言：「用人莫先論相。陛下志在恢復，而相位不能任輔贊。望精選人才，與圖大計。」時相益不樂，以顯謨閣直學士出知紹興府。侍御史范仲芑劾前帥贓六十萬，有詔覈責。正明其非辜，御史怒，幷劾正，降顯謨閣待制、提舉玉隆萬壽宮。尋復職。知贛州，奏減上供米，不報。及爲相，蠲一萬八千石。知隆興府。

進龍圖閣直學士、四川制置使，兼知成都府。平四蜀折租價，歲減酒課三十八萬。乾道初，羌酋奴兒結越大渡河，據安靜砦，侵漢地幾百里。正密授諸將方略，擒奴兒結以歸，盡俘其黨，羌平。進敷文閣學士，尋詔赴行在。正在蜀以簡素化民，歸裝僅書數篋，人服其清。

除端明殿學士、簽書樞密院事，參知政事，同知樞密院事。孝宗密諭內禪意，拜右丞相。一日奏事，皇太子參決侍立，上顧謂太子曰：「留正純誠可託。」

光宗受禪，主管左右春坊姜特立隨龍恩擢知閤門事，聲勢浸盛。正列其招權預政狀，乞斥逐，上意猶未決。會副參闕，特立謁正曰：「上以丞相在位久，欲遷左相，葉翥、張杓當擇一人執政，未知孰先？」正奏之，上大怒，詔特立提舉興國宮。孝宗聞之，曰：「眞宰相也。」

紹熙元年，進左丞相。正謹法度，惜名器，豪髮不可干以私。引趙汝愚首從班，卒與之共政。用黃裳爲皇子嘉王翊善，世號得人。嘉王感疾，正言：「陛下只有一子，隔在宮牆外非便，乃令蚤正元良之位，入居東宮，則朝夕相見甚順。」又奏：「太子，天下本。傳曰：『豫建太子，所以重宗廟社稷。』漢文帝卽位，卽建太子。本朝皇子居冢嫡，有未出閤而正儲位者。皇子嘉王既居冢嫡，出閤已久，宜早正儲位，以定天下本。」再月不報。檢漢文帝紀及本朝眞宗立仁宗典故，幷呂誨、張方平兩奏，節其要語繳奏。

上不豫，外議洶洶，正與同列間至福寧殿奏事，處分得宜，人情以安。進封中國公。上疾浸平，正乞歸政，不許。

初，正帥蜀，慮吳氏世將，謀去之。至是，朝廷議更蜀帥，正言：「西邊三將，惟吳氏世襲兵柄，號爲『吳家軍』，不知有朝廷。」遂以戶部侍郎丘崈行。及吳挺死，韓侂胄爲吳氏地，使吳曦世襲。正力請留曦環衞，遣張詔代挺。後數歲，曦入蜀，卒稔變。

壽皇聖政成，進少保，封衞國公。李端友以椒房親，手詔除郎，正繳還，上不納，復執奏曰：「昔館陶公主爲子求郎，明帝不許。今端友依憑內援，恐累聖德。」姜特立除浙東副總管，尋召赴行在，正引唐憲宗召吐突承璀事，乞罷相。上批：「成命已行，朕無反汗，卿宜自處。」正待罪六和塔，奏言：「陛下近年，不知何人獻把定之説，遂至每事堅執，斷不可回。天下至大，機務至煩，事出於是，則人無異詞，可以固執；事出於非，則衆論紛起，必須惟是之從。臣恐自此以往，事無是非，陛下壹持把定之説，言路遂塞。」因繳進前後錫賚及告敕，待罪范村，乞歸田里，不許。

壽聖太后將以冬至上尊號册寶，以正爲禮儀使，攝太傅。於是上遣左司徐誼諭旨，正復入都堂視事。是行也，待罪凡一百四十日。册寶禮成，拜少傅，封魯國公。正力辭。

五年正月，孝宗疾革，正數請車駕過宮。一日，上拂衣起，正引裾泣諫，隨至福寧殿門。正退上疏，言極激切。六月戊戌，孝宗崩，光宗以疾未能執喪，正率同列屢奏，乞早正嘉王儲位，又擬指揮付學士院降詔。尋有手詔：「朕歷事歲久，念欲退閑。」正得之始懼，請對，復不報。即出國門，上表請老，末曰：「願陛下速回淵鑒，追悟前非，漸收人心，庶保國祚。」

正始議以上疾未克主喪，宜立皇太子監國；若終喪未倦勤，當復辟。設議內禪，太子可即位。時從臣鄭湜奏與正同。既而趙汝愚以內禪請于憲聖，正謂：「建儲詔未下，遽及此，他日必難處。」論既違，以肩輿逃去。及嘉王即位，尊皇帝爲太上皇帝，以正爲大行攢宮總護使。寧宗即位，入謝，復出。憲聖命速宣押，時汝愚亦以爲請，上親札，遣使召正還。

侍御史張叔椿請議正棄國之罰，乃徙叔椿吏部侍郎，而正復相。入賀，且請車駕一出，慰安都人心；及定壽康宮南向，撤去新增禁旅。詔悉從之。進少傅，屢辭不拜，奏言：「陛下勉徇羣情，以登大寶，當遇事從簡，示天下以不得已之意，實非頒爵之時。」

韓侂胄浸謀預政，數詣都堂，正使省吏諭之曰：「此非知閤日往來之地。」侂胄怒而退。會經筵晚講賜坐，正執奏以爲非，上不懌。侍御史黃度論馬大同罪，正擬度補外，上知其情，除度右正言。正請推恩隨龍人，上曰：「朕未見父母，可恩及下人耶？」積數事失上意，侂胄從而間之。八月，手詔正以少師、觀文殿大學士判建康府。尋又以諫議大夫張叔椿言，落職。

慶元元年六月，詔正以上皇付正手詔八字進入，宣付史館。復觀文殿大學士。

初，劉德秀自重慶入朝，未爲正所知，謁正客范仲黼請爲言，正曰：「此人若留之班行，朝廷必不靜。」乃除大理簿，德秀憾之。至是爲諫議大夫，論正四大罪，褫職，自是彈劾無虛歲。以張釜言，責授中大夫、光祿卿，分司西京，邵州居住。明年，令自便。給事中謝源明封還錄黃，量移南劍州，再許自便。復光祿大夫、提舉洞霄宮。上章乞納祿，詔復元官職致仕。又以御史林采言，依舊官光祿大夫致仕。俄復觀文殿學士、金紫光祿大夫。嘉泰元年，進封魏國公，復少師、觀文殿大學士。開禧二年七月，薨，年七十八。贈太師。

正出處大致如紹熙去國，恥與姜特立並位而待罪近郊，五月復入，議者猶惜其去之不勇。首發大議，蚤正嘉王儲位，遂致言者深文，指爲棄國，豈弘毅有所不足耶？或問范仲黼：「留、趙二公處變不同如何？」仲黼曰：「趙，同姓之卿也；留則異姓之卿，反復之而不聽，則去。」聞者以爲名言。

有詩文、奏議、外制二十卷行于世。寶慶三年，謚忠宣。子恭、丙、端，皆爲尙書郎。孫元英，工部侍郎；元剛，起居舍人。

胡晉臣字子遠，蜀州人。登紹興二十七年進士第，爲成都通判。制置使范成大以公輔薦諸朝，孝宗召赴行在。入對，疏當今士俗、民力、邊備、軍政四弊。試學士院，除秘書省校書郎，遷著作佐郎兼右曹郎官。

輪對，論三事：一，無忽講讀官，以仁宗爲法；二，責諫官以糾官邪，責宰相以抑奔競；三，廣聽納、通下情，以銷未形之患。又極論近倖，上覽奏色動。晉臣口陳甚悉，至論及兩稅折變，天威稍霽，首肯久之。

趙雄時秉政，手詔下中書問近倖姓名。晉臣翼日至中書，執政詰其故，晉臣曰：「近習招權，丞相豈不知之？」卽條具大者以聞。上感悟，自是近習嚴憚。

晉臣以親年高，求外補，知漢州，除潼川路提點刑獄，以憂去。服除再召，以五事見，曰：選將帥，廣常平，治渠堰，更銓法，通楮幣。上謂輔臣曰：「胡晉臣言可行。」除度支郎，累遷侍御史。朱熹除兵部郎官，以病足未供職。侍郎林栗與熹論易不合，因奏熹不卽受印爲傲慢。晉臣上疏留熹而排栗，物論歸重。

光宗嗣位，遷工部侍郎，除給事中，每以裁濫恩、惜名器爲重，內降持不下，上嘉其有守，拜端明殿學士、簽書樞密院事。正謝日，上命條上軍政利害。既而朝重華宮，孝宗謂曰：「嗣君擢任二三大臣，深愜朕意，聞外庭亦無異詞。」晉臣拜謝。

除參知政事兼同知樞密院事。上自南郊後久不御朝，晉臣與丞相留正同心輔政，中外帖然。其所奏陳，以溫凊定省爲先，次及親君子、遠小人、抑僥倖、消朋黨，啓沃剴切，彌縫縝密，人無知者。未幾，薨于位，贈資政殿學士，謚文靖。

論曰：謀大事，決大議，非凝定有立者不能也。周必大、留正一時俱以相業稱，然必大純篤忠厚，能以善道其君，光、寧禪受之際，懼禍而去，其可爲有立乎哉？若胡晉臣爭論朱熹，則侃侃有守者也。

校勘記

〔一〕三省本未可輟卿也　「未」原作「末」，據周必大周益國文忠公集附錄卷二周必大行狀、樓鑰攻媿集卷九四周必大神道碑改。

〔二〕李忠孝　同上二書同卷同篇作「李思孝」。

宋史卷三百九十二

列傳第一百五十一

趙汝愚 子崇憲

趙汝愚字子直，漢恭憲王元佐七世孫，居饒之餘干縣。父善應，字彥遠，官終修武郎、江西兵馬都監。性純孝，親病，嘗刺血和藥以進。母畏雷，每聞雷則披衣走其所。嘗寒夜遠歸，從者將扣門，遽止之曰：「無恐吾母。」露坐達明，門啓而後入。家貧，諸弟未製衣不敢製，已製未服不敢服，一瓜果之微必相待共嘗之。母喪，哭泣嘔血，毁瘠骨立，終日俯首柩傍，聞雷猶起，側立垂涕。既終喪，言及其親，未嘗不揮涕，生朝必哭于廟。父終肺疾，每膳不忍以諸肺爲羞。母生歲值卯，謂卯兔神也，終其身不食兔。聞四方水旱，輒憂形于色。江、淮警報至，爲之流涕，不食累日；同僚會宴，善應悵然曰：「此寧諸君樂飲時耶！」衆爲失色而罷。故人之孤女，貧無所歸，善應聘以爲己子婦。

有嘗同僚者死不克葬，子傭食他所，善應馳往哭之，歸其子而予之貲，使葬焉。道見病者必收恤之，躬爲煑藥。歲饑，旦夕率其家人輟食之半，以飼飢者。夏不去草，冬不破壞，懼百蟲之遊且蟄者失其所也。晉陵尤袤稱之曰：「古君子也。」旣卒，丞相陳俊卿題其墓碣曰：「宋篤行趙公彥遠之墓。」

汝愚早有大志，每曰：「丈夫得汗青一幅紙，始不負此生。」擢進士第一，簽書寧國軍節度判官，召試館職，除祕書省正字。孝宗方銳意恢復，始見，卽陳自治之策，孝宗稱善，遷校書郎。知閤門張說擢簽書樞密院事，汝愚不往見，率同列請祠，未報。會祖母訃至，卽日歸，因自劾，上不加罪。

遷著作郎、知信州，易台州，除江西轉運判官，入爲吏部郎兼太子侍講。遷祕書少監兼權給事中。內侍陳源有寵於德壽宮，添差浙西副總管。汝愚言：「祖宗以童貫典兵，卒開邊釁，源不宜使居總戎之任。」孝宗喜，詔自今內侍不得兼兵職。舊制，密院文書皆經門下省，張說在西府，託言邊機不宜泄。汝愚謂：「東西二府朝廷治亂所關，中書庶政無一不由東省，何密院不然？」孝宗命如舊制。

權吏部侍郎兼太子右庶子，論知閤王抃招權預政，出抃外祠。以集英殿修撰帥福建，陛辭，言國事之大者四，其一謂：「吳氏四世專蜀兵，非國家之利，請及今以漸抑之。」進直學士、制置四川兼知成都府。諸羌蠻相挻爲邊患，汝愚至，悉以計分其勢。孝宗謂其有文武威風，召還。光宗受禪，趣召未至，殿中侍御史范處義論其稽命，除知潭州，辭，改太平州。進敷文閣學士，知福州。

紹熙二年，召爲吏部尚書。先是，高宗以宮人黃氏侍光宗於東宮，及卽位爲貴妃，后李氏意不能平。是年冬十一月郊，有司已戒而風雨暴至，光宗震懼，及齋宿青城，貴妃暴薨，駕還，聞之恚，是夕疾作。內侍馳白孝宗，孝宗倉卒至南內，問所以致疾之由，不免有所戒責。及光宗疾稍平，汝愚入對。上常以五日一朝孝宗於重華宮，至是往往以傳旨免，至會慶節上壽，駕不出，冬至朝賀又不出，都人以爲憂。汝愚往復規諫，上意乃悟。汝愚又屬嗣秀王伯圭調護，於是兩宮之情通。光宗及后俱詣北內，從容竟日。

四年，汝愚知貢舉，與監察御史汪義端有違言。汝愚除同知樞密院事，義端言祖宗之法，宗室不爲執政，詆汝愚植黨沽名，疏上，不納。又論臺諫、給舍陰附汝愚，一切緘默，不報。論汝愚發策譏訕祖宗，又不報。汝愚力辭，上爲徙義端軍器監。給事中黃裳言：「汝愚事親孝，事君忠，居官廉，憂國愛民，出於天性。義端實忌賢，不可以不黜。」上乃黜義端補郡，汝愚不獲已拜命。未幾，遷知樞密院事，辭不拜，有旨趣受告。汝愚對曰：「臣非敢久辭。臣嘗論朝廷數事，其言未見用，今陛下過重華，留正復相，天下幸甚。惟武興未除帥，臣心不敢安。」上遂以張詔代領武興軍，汝愚乃受命。

光宗之疾生於疑畏，其未過宮也，汝愚數從容進諫，光宗出聞其語輒悟，入輒復疑。五年春，孝宗不豫，夏五月，疾日臻。光宗御後殿，丞相率同列入，請上詣重華宮侍疾，從臣、臺諫繼入，閤門吏以故事止之，不退。光宗益疑，起入內。越二日，宰相又請對，光宗令知閤門事韓侂冑傳旨云：「宰執並出。」於是俱至浙江亭俟命。孝宗聞之憂甚，嗣秀王伯圭丞相傳孝宗意，令宰執復入。侂冑奏曰：「昨傳旨令宰執出殿門，今乃出都門。」請自往宣押，汝愚等乃還第。

六月丁酉，夜五鼓，重華大閹扣宰執私第，報孝宗崩，中書以聞，汝愚恐上疑，或不出視朝，持其劄不上。次日，上視朝，汝愚以提舉重華宮關禮狀進，上乃許過北內，至日昃不出，宰相率百官詣重華宮發喪。壬寅，將成服，留正與汝愚議，介少傅吳琚請憲聖太后垂簾暫主喪事，憲聖不許。正等附奏曰：「臣等連日造南內請對，不獲。累上疏，不得報。今當率百官恭請，若皇帝不出，百官相與慟哭于宮門，恐人情騷動，爲社稷憂。乞太皇太后降旨，以皇帝有疾，暫就宮中成服。然喪不可無主，祝文稱『孝子嗣皇帝』，宰臣不敢代行。太皇太后，壽皇之母也，請攝行祭禮。」蓋是時正、汝愚之請垂簾也，以國本係乎嘉王，欲因簾前奏陳宗社之計，使命出簾幃之間，事行廟堂之上，則體正言順，可無後艱。而吳琚素畏愼，且以后戚不欲與聞大計，此議竟格。

丁未，宰臣已下，待對和寧門，不報，乃入奏云：「皇子嘉王仁孝夙成，宜早正儲位以安人心。」又不報。越六日再請，御批云：「甚好。」明日，同擬旨以進，乞上親批付學士院降詔。是夕，御批付丞相云：「歷事歲久，念欲退閑。」留正見之懼，因朝臨佯仆于庭，密爲去計。汝愚自度不得辭其責，念故事須坐甲以戒不虞，而殿帥郭杲莫有以腹心語者。

會工部尚書趙彥逾至私第，語及國事，汝愚泣，彥逾亦泣，汝愚因微及與子意，彥逾喜。汝愚知彥逾善杲，因繆曰：「郭杲儻不同，奈何？」彥逾曰：「某當任之。」約明乃復命。汝愚曰：「此大事已出諸口，豈容有所俟乎？」汝愚不敢入私室，退坐屛後，以待彥逾之至。有頃，彥逾至，議遂定。明日，正以五更肩輿出城去，人心益搖，汝愚處之恬然。自吳琚之議不諧，汝愚與徐誼、葉適謀可以白意於慈福宮者，乃遣韓侂胄以內禪之意請于憲聖。侂胄因所善內侍張宗尹以奏，不獲命，明日往，又不獲命。侂胄逡巡將退，重華宮提舉關禮見而問之，侂胄具述汝愚意。禮令少俟，入見憲聖而泣。憲聖問故，禮曰：「聖人讀書萬卷，亦嘗見有如此時而保無亂者乎？」憲聖曰：「此非汝所知。」禮曰：「此事人人知之，今丞相已去，所賴者趙知院，旦夕亦去矣。」言與淚俱。憲聖驚曰：「知院同姓，事體與他人異，乃亦去乎？」禮曰：「知院未去，非但以同姓故，以太皇太后爲可恃耳。今定大計而不獲命，勢不得不去。

去，將如天下何？願聖人三思。」憲聖問侂胄安在，禮曰：「臣已留其俟命。」憲聖曰：「事順則可，令諭好爲之。」禮報侂胄，且云：「來早太皇太后於壽皇梓宮前垂簾引執政。」侂胄復命，汝愚始以其事語陳騤、余端禮，使郭杲及步帥閻仲夜以兵衞南北內，禮使其姻黨宣贊舍人傅昌朝密製黃袍。

是日，嘉王謁告不入臨，汝愚曰：「禫祭重事，王不可不出。」翌日，禫祭，羣臣入，王亦入。汝愚率百官詣大行前，憲聖垂簾，汝愚率同列再拜，奏：「皇帝疾，未能執喪，臣等乞立皇子嘉王爲太子，以繫人心。皇帝批出有『甚好』二字，繼有『念欲退閑』之語，取太皇太后處分。」憲聖曰：「既有御筆，相公當奉行。」汝愚曰：「茲事重大，播之天下，書之史册，須議一指揮。」憲聖允諾。汝愚袖出所擬太皇太后指揮以進，云：「皇帝以疾至今未能執喪，曾有御筆，欲自退閑。皇子嘉王擴可卽皇帝位，尊皇帝爲太上皇帝，皇后爲太上皇后。」憲聖覽畢曰：「甚善。」汝愚奏：「自今臣等有合奏事，當取嗣君處分。然恐兩宮父子間有難處者，須煩太皇太后主張。」又奏：「上皇疾未平，驟聞此事，不無驚疑，乞令都知楊舜卿提舉本宮，任其責。」遂召舜卿至簾前，面喻之。憲聖乃命皇子卽位，皇子固辭曰：「恐負不孝名。」汝愚奏：「天子當以安社稷、定國家爲孝。今中外人人憂亂，萬一變生，置太上皇何地？」衆扶入素幄，披黃袍，方却立未坐，汝愚率同列再拜。寧宗詣几筵殿，哭盡哀。須臾，立仗訖，催百官班。帝衰服出就重華殿東廡素幄立，內侍扶掖乃坐。百官起居訖，行禫祭禮。汝愚卽喪次，召還留正長百僚，命朱熹待制經筵，悉收召士君子之在外者。侍御史張叔椿請議正棄國之罰，汝愚爲遷叔椿官。

是月，上命汝愚兼權參知政事。留正至，汝愚乞免兼職，乃除特進、右丞相。汝愚辭不拜，曰：「同姓之卿，不幸處君臣之變，敢言功乎？」乃命以特進爲樞密使，汝愚又辭特進。孝宗將欑，汝愚議欑宮非永制，欲改卜山陵，與留正議不合。侂胄因而間之，出正判建康，命汝愚爲光祿大夫、右丞相。汝愚力辭至再三，不許。汝愚本倚正共事，怒侂胄不以告，及來謁，故不見，侂胄慚忿。簽書樞密羅點曰：「公誤矣。」汝愚亦悟，復見之。侂胄終不懌，自以有定策功，且依託肺腑，出入宮掖，居中用事。朱熹進對，以爲言，又約吏部侍郎彭龜年同劾之，未果。熹白汝愚，當以厚賞酬勞，勿使預政，而汝愚謂其易制不爲慮。

右正言黃度欲論侂胄，謀泄，以內批斥去。熹因講畢，奏疏極言：「陛下卽位未能旬月，而進退宰執，移易臺諫，皆出陛下之獨斷，大臣不與謀，給舍不及議。此弊不革，臣恐名爲獨斷，而主威不免於下移。」疏入，遽出內批，除熹宮觀。汝愚袖批還上，且諫且拜，侂胄必欲出之，汝愚退求去，不許。吏部侍郎彭龜年力陳侂胄竊弄威福，爲中外所附，不去必貽患。又奏：「近日逐朱熹太暴，故欲陛下亦亟去此小人。」既而內批龜年與郡，侂胄勢益張。

侂胄恃功，爲汝愚所抑，日夜謀引其黨爲臺諫，以擯汝愚。汝愚爲人疎，不虞其姦。趙彥逾以嘗達意於郭杲，事定，冀汝愚引與同列，至是除四川制置，意不懕，與侂胄合謀。陛辭日，盡疏當時賢者姓名，指爲汝愚之黨，上意不能無疑。汝愚請令近臣舉御史，侂胄密諭中司，令薦所厚大理寺簿劉德秀，內批擢德秀爲察官，其黨牽聯以進，言路遂皆侂胄之人。會黃裳、羅點卒，侂胄又擢其黨京鏜代點，汝愚始孤，天子益無所倚信。於是中書舍人陳傅良、監察御史吳獵、起居郎劉光祖各先後斥去，羣憸和附，視正士如仇讎，而衣冠之禍始矣。

侂胄欲逐汝愚而難其名，或教之曰：「彼宗姓，誣以謀危社稷，則一網無遺。」侂胄然之，擢其黨將作監李沐爲正言。沐，彥穎之子也，嘗求節度使於汝愚不得，奏：「汝愚以同姓居相位，將不利於社稷，乞罷其政。」汝愚出浙江亭待罪，遂罷右相，除觀文殿學士、知福州。臺臣合詞乞寢出守之命，遂以大學士提舉洞霄宮。

國子祭酒李祥言：「去歲國遭大戚，中外洶洶，留正棄相位而去，官僚幾欲解散，軍民皆將爲亂，兩宮隔絕，國喪無主。汝愚以樞臣獨不避殞身滅族之禍，奉太皇太后命，翊陛下以登九五，勳勞著於社稷，精忠貫於天地，乃卒受黯黮而去，天下後世其謂何？」博士楊簡亦以爲言。李沐劾祥、簡，罷之。太府丞呂祖儉亦上書訴汝愚之忠，詔祖儉朋比罔上，送韶州安置。太學生楊宏中、周端朝、張衟、林仲麟、蔣傅、徐範等伏闕言：「去歲人情驚疑，變在朝夕。當時假非汝愚出死力，定大議，雖百李沐，罔知攸濟。當國家多難，汝愚位樞府，本兵柄，指揮操縱，何向不可，不以此時爲利，今上下安恬，乃獨有異志乎？」書上，悉送五百里外羈管。

侂胄忌汝愚益深，謂不重貶，人言不已。以中丞何澹疏，落大觀文。監察御史胡紘疏汝愚唱引僞徒，謀爲不軌，乘龍授鼎，假夢爲符。責寧遠軍節度副使，永州安置。初，汝愚嘗夢孝宗授以湯鼎，背負白龍升天，後翼寧宗以素服登大寶，蓋其驗也，而讒者以爲言。時汪義端行詞，用漢誅劉屈氂、唐戮李林甫事，示欲殺之意。迪功郎趙師召亦上書乞斬汝愚。汝愚怡然就道，謂諸子曰：「觀侂胄之意，必欲殺我，我死，汝曹尚可免也。」至衡州病作，爲守臣錢鍪所窘，暴薨，天下聞而寃之，時慶元二年正月壬午也。

汝愚學務有用，常以司馬光、富弼、韓琦、范仲淹自期。凡平昔所聞於師友，如張栻、朱熹、呂祖謙、汪應辰、王十朋、胡銓、李燾、林光朝之言，欲次第行之，未果。所著詩文十五卷、太祖實錄舉要若干卷、類宋朝諸臣奏議三百卷。汝愚聚族而居，門內三千指，所得廩給悉分與之，菜虀疏食，恩意均洽，人無間言。自奉養甚薄，爲夕郎時，大冬衣布裘，至爲相亦然。

汝愚既歿，黨禁寖解，旋復資政殿學士、太中大夫，已而贈少保。侂胄誅，盡復元官，賜諡忠定，贈太師，追封沂國公。理宗詔配享寧宗廟庭，追封福王，其後進封周王。子九人，崇憲其長子也。

崇憲字履常，淳熙八年以取應對策第一，時汝愚侍立殿上，降，再拜以謝。孝宗顧近臣曰：「此汝愚子，豈卽前科取應第一人者耶？」曰：「汝愚年幾何？已有子如此。」越三年，復以進士對策，擢甲科。上謂執政曰：「此汝愚子，豈卽前科取應第一人者耶？」

崇憲初仕爲保義郎、監饒州贍軍酒庫，換從事郎、撫州軍事推官。汝愚帥蜀，辟書寫機宜文字，改江西轉運司幹辦公事，監西京中岳廟。汝愚旣貶死，海內憤鬱，崇憲闔門自處。居數年，復汝愚故官職，多勸以仕。

改奉議郎、知南昌縣事，奉行荒政，所活甚衆。升籍田令，制曰：「爾先人有功王室，中更讒毀，思其功而錄其子，國之典也。」崇憲拜命感泣，陳疏力辭，以爲「先臣之冤未悉昭白，而其孤先被寵光，非公朝所以勸忠孝、厲廉恥之意」。俄改監行在都進奏院，復引陳瓘論司馬光、呂公著復官事申言之，乞以所陳下三省集議：「若先臣心迹有一如言者所論，卽近日恩典皆爲冒濫，先臣復官賜諡，與臣新命，俱合追寢。如公論果謂誣衊，乞昭示中外，使先臣之讒謗旣辨，忠節自明，而憲聖慈烈皇后擁佑之功德益顯。然後申飭史官、改正誣史，垂萬世之公。」

又請正趙師召妄貢封章之罪，究蔡璉與大臣爲仇之姦，毁龔頤正續稽古錄之妄。詔兩省史官考訂以聞。已而吏部尚書兼修國史樓鑰等請施行如章，從之。及誣史未正，復進言，其略謂：「前日史官徒以權臣風旨，刊舊史、焚元稿，略無留難。今詔旨再三，莫有慨然奮直筆者，何小人敢於爲惡，而謂之君子者顧不能勇於爲善耶？」聞者愧之。其後玉牒、日曆所卒以重修龍飛事實進呈，因崇憲請也。

未幾，贈汝愚太師，封沂國公，擢崇憲軍器監丞，改太府監丞，遷祕書郎，辭，弗許。尋爲著作佐郎兼權考功郎官。嘗因閔雨求言，乃上封事，謂：「今日有更化之名，無更化之實。人才，國之元氣，而忠鯁擯廢之士，死者未盡省錄，存者未悉褒揚。言論，國之風采，其間輸忠亡隱，有所規益者，豈惟奬激弗加，蓋亦罕見施用；媮安取容，無所建明者，豈惟黜罰弗及，或乃遂階通顯。」至若勉聖學以廣聰明，敎儲貳以固根本，戒宰輔大臣同寅盡瘁以濟艱難，責侍從臺諫思職盡規以宣壅蔽，防左右近習竊弄之漸，察姦憸餘黨窺伺之萌，皆懇懇爲上言之。

請外，知江州。郡民歲苦和糴，崇憲疏于朝，永蠲之。且轉糴旁郡穀別廩儲之，以備歲儉。瑞昌民負茶引錢，新舊累積，爲緡十七萬有奇，皆困不能償，死則以責其子孫猶弗貸。

會新劵行，視舊價幾倍蓰，崇憲歎曰：「負茶之民愈困矣。」亟請以新劵一償舊劵二，詔從之。蓋受賜者千餘家，刻石以紀其事。修陂塘以廣溉灌，凡數千所。提舉江西常平兼權隆興府及帥漕司事，遷轉運判官仍兼帥事。

初，汝愚捐私錢百餘萬創養濟院，俾四方賓旅之疾病者得藥與食，歲久寖移為它用。崇憲至，尋修復，立規約數十條，以愈疾之多寡為賞罰。棄兒於道者，亦收鞠之。社倉久敝，訪其利害而更張之。

以兵部郎中召，尋改司封，皆固辭，遂直祕閣、知靜江府、廣西經略安撫。靜江之屬邑十，地肥磽略等，而陽朔、修仁、荔浦之賦獨倍焉。自張栻奏減之餘，人猶以為病。崇憲請再加蠲減，詔遞損有差，三縣民立祠刻石。瓊守非才，激黎峒之變，乃劾去之，改辟能者代其任。蘿蔓峒者仍歲寇鈔為暴，實民何鬻父子陰誘導之。崇憲捐金繒付小校使繫以來，置之法。因嚴民夷交通之禁，使邊民相什伍，寇至則鳴鼓召衆，先後掩擊，俘獲者賞，不至者有懲。先是，部內郡邑有警，輒移統府兵戍之，在宜州者百人，古縣半之。崇憲謂根本單虛，非所以窒姦萌，迺於其地各置兵如戍兵之數，而斂戍者以歸。邕為邊要害地，自狄青平儂智高，所以設扞防者甚至，歲久寖弛，而溪峒日彊。崇憲條上其議，朝廷頗采其言，然未及盡用也。

崇憲天性篤孝，居父喪，月餘始食食，小祥始茹果實，終喪不飲酒食肉，比御猶弗入者久之。

論曰：自昔大臣處危疑之地，而能免於禍難者蓋鮮矣。昔者周成王立而幼冲，周公以王室懿親爲宰輔，四國流言，而周公不免於居東之憂，非天降風雷之變，以彰周公之德而啓成王之衷，則所謂金縢之書，固無因而關於王之耳目，公之心果能以自明乎？公之心能自明，則天意之所以屬於周而綿八百載之丕祚者，實係于茲。不然，周其殆哉！趙汝愚，宋之宗臣也，其賢固不及周公，其位與戚又非若周公之尊且昵也。方孝宗崩，光宗疾，大喪無主，中外洶洶，一時大臣有畏難而去者矣。汝愚獨能奮不慮身，定大計於頃刻，收召明德之士，以輔寧宗之新政，天下翕然望治，其功可謂盛矣。然不幾時，卒爲韓侂胄所構，一斥而遂不復返，天下聞而冤之。於此見天之所以眷宋者不如周，而宋之陵夷馴至于不可爲，信非人力之所能也。

汝愚父以純孝聞，而子崇憲能守家法，所至有惠政，亦可謂世濟其美者已。

宋史卷三百九十三

列傳第一百五十二

彭龜年 黃裳 羅點 黃度 周南附 林大中 陳騤 黃黼 詹體仁

彭龜年字子壽，臨江軍清江人。七歲而孤，事母盡孝。性穎異，讀書能解大義。及長，得程氏易讀之，至忘寢食，從朱熹、張栻質疑，而學益明。登乾道五年進士第，授袁州宜春尉、吉州安福丞。鄭僑、張杓同薦，除太學博士。

殿中侍御史劉光祖以論帶御器械吳端，徙太府少卿，龜年上疏乞復其位，貽書宰相云：「祖宗嘗改易差除以伸臺諫之氣，不聞改易臺諫以伸倖臣之私。」兼魏王府教授，遷國子監丞。以侍御史林大中薦，爲御史臺主簿。改司農寺丞，進祕書郎兼嘉王府直講。

光宗嘗親郊，値暴風雨感疾，大臣希得進見。久之，疾平，猶疑畏不朝重華宮。龜年以書譙趙汝愚，且上疏言：「壽皇之事高宗，備極子道，此陛下所親覩也。況壽皇今日止有陛下一人，聖心拳拳，不言可知。特遇過宮日分，陛下或遲其行，則壽皇不容不降免到宮之旨，蓋爲陛下辭責於人，使人不得以竊議陛下，其心非不願陛下之來。自古人君處骨肉之閒，多不與外臣謀，而與小人謀之，所以交鬬日深，疑隙日大。今日兩宮萬萬無此。然臣所憂者，外無韓琦、富弼、呂誨、司馬光之臣，而小人之中，已有任守忠者在焉，惟陛下裁察。」

又言：「使陛下虧過宮定省之禮，皆左右小人閒諜之罪。宰執侍從但能推父子之愛，調停重華；臺諫但能仗父子之義，責望人主。至於疑閒之根，盤固不去，曾無一語及之。今內侍閒諜兩宮者固非一人，獨陳源在壽皇朝得罪至重，近復進用，外人皆謂離閒之機必自源始。宜亟發威斷，首逐陳源，然後肅命鑾輿，負罪引慝，以謝壽皇，使父子歡然，宗社有永，顧不幸歟？」居亡何，光宗朝重華，都人歡悅。尋除起居舍人，入謝，光宗曰：「此官以待有學識人，念非卿無可者。」

龜年述祖宗之法爲內治聖鑑以進。光宗曰：「祖宗家法甚善。」龜年曰：「臣是書大抵爲宦官、女謁之防，此曹若見，恐不得數經御覽。」光宗曰：「不至是。」他日，龜年奏：「臣所居之官，以記注人君言動爲職，車駕不過宮問安，如此書者又數十矣，恐非所以示後。」有旨幸玉津園，龜年奏：「不奉三宮，而獨出宴遊，非禮也。」又言：「陛下誤以臣充嘉王府講讀官，正欲臣等教以君臣父子之道。臣聞有身教，有言教，陛下以身教，臣以言教者也，言豈若身之切哉。」

紹熙五年五月，壽皇不豫，疾浸革，龜年連三疏請對，不獲命。屬上視朝，龜年不離班位，伏地扣額久不已，血漬甃甓。光宗曰：「素知卿忠直，欲何言？」龜年奏：「今日無大於不過宮。」光宗曰：「須用去。」龜年言：「陛下屢許臣，一入宮則又不然。內外不通，臣實痛心。」同知樞密院余端禮曰：「扣額龍墀，曲致忠懇，臣子至此，爲得已邪？」上云：「知之。」

孝宗崩，寧宗受禪，是夕召對，寧宗蹙額云：「前但聞建儲之義，豈知遽踐大位，泣辭不獲，至今震悸。」龜年奏：「此乃宗祏所係，陛下安得辭，今日但當盡人子事親之誠而已。」因擬起居劄子，乞日進一通。又與翊善黃裳同奏往朝南內，因定過宮之禮，乞先一日入奏，率百官恭謝。寧宗朝泰安宮，至則寢門已閉，拜表而退。

時議欲別建泰安宮，而光宗無徙宮之意。龜年言：「古人披荊棘立朝廷，尚可布政出令，況重華一宮豈爲不足哉？陛下居狹處，太上居寬處，天下之人必有諒陛下之心者。」於是宮不果建。遷中書舍人。劉慶祖已帶遙郡承宣使，而以太上隨龍人落階官，龜年繳奏，寧宗批：「可與書行。」龜年奏：「臣非爲慶祖惜此一官，爲朝廷惜此一門耳。夫『可與書行』，近世弊令也，使其可行，臣即書矣，使不可行，豈敢因再令而遂書哉？」寧宗嘗謂：「退朝無事，恐自怠惰，非多讀書不可。」龜年奏：「人君之學與書生異，惟能虛心受諫，遷善改過，乃聖學中第一事，豈在多哉！」

一日，御筆書朱熹、黃裳、陳傅良、彭龜年、黃由、沈有開、李巘、京鏜、黃艾、鄧馹十人姓名示龜年云：「十人可充講官否？」龜年對曰：「陛下若招徠一世之傑如朱熹輩，方厭人望，不可專以潛邸學官爲之。」尋除侍講，遷吏部侍郎，升兼侍讀。龜年知事勢將變，會暴雨震雷，因極陳小人竊權、號令不時之弊。遣充金國弔祭接送伴使。

初，朱熹與龜年約共論韓侂胄之姦，會龜年護客，熹以上疏見絀，龜年聞之，附奏云：「始臣約熹同論此事。今熹既罷，臣宜併斥。」不報。迨歸，見侂胄用事，權勢重於宰相，於是條數其姦，謂：「進退大臣，更易言官，皆初政最關大體者。大臣或不能知，而侂胄知之，假託聲勢，竊弄威福，不去必爲後患。」上覽奏甚駭，曰：「侂胄朕之肺腑，信而不疑，不謂如此。」批下中書，予侂胄祠，已乃復入。

龜年上疏求去，詔侂胄與內祠，龜年與郡，以煥章閣待制知江陵府、湖北安撫使。龜年丐祠，慶元二年，以呂棐言落職；已而追三官，勒停。嘉泰元年，復元官〔一〕。起知贛州，以疾辭，除集英殿修撰、提舉沖佑觀。開禧二年，以待制寶謨閣致仕，卒。

龜年學識正大，議論簡直，善惡是非，辨析甚嚴，其愛君憂國之忱，先見之識，敢言之氣，皆人所難。晚既投閑，悠然自得，幾微不見於顏面。自僞學有禁，士大夫鮮不變者，龜年於關、洛書益加涵泳，扁所居曰止堂，著止堂訓蒙，蓋始終特立者也。聞蘇師旦建節，曰：「此韓氏之陽虎，其禍韓氏必矣。」及聞用兵，曰：「禍其在此乎？」所著書有經解、祭儀、五致錄、奏議、外制。

侂胄誅，林大中、樓鑰皆白其忠，寧宗詔贈寶謨閣直學士。章穎等請易名，賜謚忠肅。上謂穎等曰：「彭龜年忠鯁可嘉，宜得謚。使人人如此，必能納君於無過之地。」未幾，加贈龍圖閣學士，而擢用其子欽。

黃裳字文叔，隆慶府普成〔二〕人。少穎異，能屬文。登乾道五年進士第，調巴州通江尉。益務進學，文詞迥出流輩，人見之曰：「非復前日文叔矣。」

時蜀中餉師，名爲和糴，實則取民。裳賦漢中行，諷總領李蘩，蘩爲罷糴，民便之。改興元府錄事參軍。以四川制置使留正薦，召對，論蜀兵民大計。遷國子博士，以母喪去。宰相進擬他官，上問裳安在，賜錢七十萬。除喪，復召。

時光宗登極，裳進對，謂：「中興規模與守成不同，出攻入守，當據利便之勢，不可不定行都。富國彊兵，當求功利之實，不可不課吏治。捍內禦外，當有緩急之備，不可不立重鎭。」其論行都，以爲就便利之勢，莫若建康。其論吏治，謂立品式以課其功，計資考以久其任。其論重鎭，謂自吳至蜀，綿亙萬里，曰漢中，曰襄陽，曰江陵，曰鄂渚，曰京口，當爲五鎭，以將相大臣守之，五鎭彊則國體重矣。除太學博士，進祕書郎。

遷嘉王府翊善，講春秋「王正月」，曰：「周之王，卽今之帝也。王不能號令諸侯，則王不足爲王；帝不能統御郡鎭，則帝不足爲帝。今之郡縣，卽古諸侯也。周之王惟不能號令諸侯，故春秋必書『王正月』，所以一諸侯之正朔。今天下境土，比祖宗時不能十之四，然猶跨吳、蜀、荆、廣、閩、越二百州，任吾民者，二百州守也，任吾兵者，九都統也，苟不能統御，則何以服之？」王曰：「何謂九都統？」裳曰：「唐太宗年十八起義兵，平禍亂。今大王年過之，而國家九都統之說猶有未知，其可不汲汲於學乎？」

他日，王擢用東宮舊人吳端，端詣王謝，王接之中節。裳因講左氏「禮有等衰」，問王：「比待吳端得重輕之節，有之乎？」王曰：「有之。」裳曰：「王者之學，正當見諸行事。今王臨事有區別，是得等衰之義矣。」王意益向學。於是作八圖以獻：曰太極，曰三才本性，曰皇帝王伯學術，曰九流學術，曰天文，曰地理，曰帝王紹運，以百官終焉，各述大旨陳之。每進言曰：「爲學之道，當體之以心。王宜以心爲嚴師，於心有一毫不安者，不可爲也。」且引前代危亡之事以爲儆戒。王謂人曰：「黄翊善之言，人所難堪，惟我能受之。」他日，王過重華宮，壽皇問所讀書，王舉以對，壽皇曰：「數不太多乎？」王曰：「講官訓說明白，忱心樂之，不知其多也。」壽皇曰：「黄翊善至誠，所講須諦聽之。」

裳久侍王邸，每歲誕節，則陳詩以寓諷。初嘗製渾天儀、輿地圖，侑以詩章，欲王觀象則知進學，如天運之不息，披圖則思祖宗境土半陷於異域而未歸。其後又以王所講三經爲詩三章以進。王喜，爲置酒，手書其詩以賜之。王嘗侍宴宮中，從容爲光宗誦酒誥，曰：「此黄翊善所教也。」光宗詔勞裳，裳曰：「臣不及朱熹，熹學問四十年，若召置府寮，宜有裨益。」光宗嘉納。裳每勸講，必援古證今，即事明理，凡可以開導王心者，無不言也。

紹熙二年，遷起居舍人。奏曰：「自古人君不能從諫者，其蔽有三：一曰私心，二曰勝心，三曰忿心。事苟不出於公，而以己見執之，謂之私心；私心生，則以諫者爲病，而求以勝之；勝心生，則以諫者爲仇，而求以逐之。因私而生勝，因勝而生忿，忿心生，則事有不得其理者焉。如潘景珪，常才也，陛下固亦以常人遇之，特以臺諫攻之不已，致陛下庇之愈力，事勢相激，乃至於此。宜因事靜察，使心無所係，則聞臺諫之言無不悅，而無欲勝之心，待臺諫之心無不誠，而無加忿之意矣。」

三年，試中書舍人。時武備寖弛，裳上疏曰：「壽皇在位三十年，拊循將士，士常恨不得效死以報。陛下誠能留意武事，三軍之士孰不感激願爲陛下用乎？」又論：「荊、襄形勢居吳、蜀之中，其地四平，若金人擣襄陽，據江陵，按兵以守，則吳、蜀中斷，此今日邊備之最可憂也。宜分鄂渚兵一二萬人屯襄、漢之間，以張形勢而壯重地。」時朝廷方宴安，裳所言多不省。

未幾，除給事中。趙汝愚除同知樞密院，監察御史汪義端言祖宗之法，宗室不爲執政，再疏醜詆汝愚，汝愚乞免官。裳奏：「汝愚事父孝，事君忠，居官廉。憂國愛民，出於天性，如青天白日，奴隸知其淸明。義端所見，曾奴隸之不如，不可以居朝列。」於是義端與郡。

裳在瑣闥甫一月，封駁無慮十數。韓侂胄落階官，鄭汝諧除吏部侍郎，裳皆繳其命。改兵部侍郎，不拜，遂以顯謨閣待制充翊善。先是，光宗以憂疑成疾，不過重華宮，裳入疏請五日一朝，至是復苦言之。上曰：「內侍楊舜卿告朕勿過宮。」裳請斬舜卿，且以八事之目爲奏，曰念恩，釋怨，辨讒，去疑，責己，畏天，防亂，改過。不報。

裳嘗病疽，及是憂憤，創復作，又奏：

陛下之於壽皇，未盡孝敬之道，意者必有所疑也。臣竊推致疑之因，陛下毋乃以焚廩、浚井之事爲憂乎？夫焚廩、浚井，在當時或有之。壽皇之子惟陛下一人，壽皇之心，託陛下甚重，愛陛下甚至，故憂陛下甚切。違豫之際，焫香祝天，爲陛下祈禱。愛子如此，則焚廩、浚井之心，臣有以知其必無也，陛下何疑焉？又無乃以肅宗之事爲憂乎？肅宗卽位靈武，非明皇意，故不能無疑。壽皇當未倦勤，親挈神器授之陛下，揖遜之風，同符堯、舜，與明皇之事不可同日而語明矣，陛下何疑焉？又無乃以衞輒之事爲憂乎？輒與蒯聵，父子爭國。壽皇老且病，乃頤神北宮，以保康寧，而以天下事付之陛下，非有爭心也，陛下何疑焉？又無乃以孟子責善爲疑乎？父子責善，本生於愛，爲子者能知此理，則何至於相夷。壽皇願陛下爲聖帝，責善之心出於忠愛，非賊恩也，陛下何疑焉？

此四者，或者之所以爲疑，臣以理推之，初無一之可疑者。自父子之間，小有猜疑，此心一萌，方寸遂亂。故天變則疑而不知畏，民困則疑而不知恤，疑宰執專權則不禮大臣，疑臺諫生事則不受忠諫，疑嗜慾無害則近酒色，疑君子有黨則庇小人。事有不須疑者，莫不以爲疑。乃若貴爲天子，不以孝聞，敵國聞之，將肆輕侮，此可疑也，而陛下則不疑；小人將起爲亂，此可疑也，而陛下則不疑；中外官軍，豈無他志，此可疑也，而陛下則不疑。事之可疑者，反不以爲疑，顚倒錯亂，莫甚於此，禍亂之萌，近在旦夕。宜及今幡然改過，整聖駕，謁兩宮，以交父子之歡，則四夷向風，天下慕義矣。

會壽皇不豫，中外憂危，裳抗聲諫。上起入宮，裳挽其裾隨之至宮門，揮涕而出。乃連章請外，謂：「臣職有三：曰待制，曰侍講，曰翊善。今使供待制之職乎？則當日夕求對以捄主失，今不過宮，有虧子道，前後三諫而不加聽，是待制之職可廢也。將使供侍講之職乎？則當引經援古，勸君以孝，今不問安，不視疾，大義已喪，復講何書乎？是侍講之職可廢也。將使供翊善之職乎？當究義理，敎皇子以孝，陛下不能以孝事壽皇，臣將何說以勸皇子乎？是翊善之職可廢也。」因出關待命。及聞壽皇遺詔，乃亟入臨。

寧宗即位，裳病不能朝。改禮部尚書，尋兼侍讀。力疾入謝，奏曰：

孔子曰：「有始有卒者，其惟聖人乎？」又詩曰：「靡不有初，鮮克有終。」所謂「有始有卒」者，由其持心之一也；所謂「鮮克有終」者，由其持心之不一也。陛下今日初政固善矣，能保他日常如此乎？請略舉已行之事論之。

陛下初理萬機，委任大臣，此正得人君持要之道。使大臣得人，常如今日，則陛下雖終身守之可也。臣恐數年之後，亦欲出意作爲，躬親聽斷，左右迎合，因謂陛下事決外庭，權不歸上，陛下能不咈然於心乎？臣恐是時委任大臣，不能如今日之專矣。夫以萬機之衆，非一人所能酬酢，苟不委任大臣，則必借助左右，小人得志，陰竊主權，引用邪黨，其爲禍患，何所不至，臣之所憂者一也。

陛下獎用臺諫，言無不聽，此正得祖宗設官之意。使臺諫得人，常如今日，則陛下終身守之亦可也。然臣恐自今以往，臺諫之言日關聖聽，或斥小人之過，使陛下欲用之而不能，或暴近習之罪，使陛下欲親之而不可。逆耳之言，不能無厭，左右迎合，因謂陛下獎用臺諫，欲聞讜論，而其流弊，致使人主不能自由，陛下能不怫然於心乎？臣恐是時獎用臺諫，不能如今日之重矣。夫朝廷所恃以分別善惡者，專在臺諫，陛下苟厭其多言，則爲臺諫者，將咋舌閉口，無所論列。君子日退，小人日進，而天下亂矣，臣之所憂者二也。

　　二事，朝廷之大者。又以三事之切於陛下之身言之：曰篤於孝愛，勤於學問，薄於嗜好。陛下今皆行之矣，未知數年之後，能保常如今日乎？

又引魏徵十漸以爲戒，懇懇數千言。又奏言：「陛下近日所爲頗異前日，除授之際，大臣多有不知，臣聞之憂甚而病劇。」蓋是時韓侂胄已潛弄威柄，而宰相趙汝愚未之覺，故裳先事言之。及疾革，時時獨語，曰：「五年之功，無使一日壞之，度吾已不可爲，後之君子必有能任其責者。」遂口占遺表而卒，年四十九。上聞之驚悼，贈資政殿學士。

　　裳爲人簡易端純，每講讀，隨事納忠，上援古義，下揆人情，氣平而辭切，事該而理盡。篤於孝友，與人言傾盡底蘊。恥一書不讀，一物不知。推賢樂善，出乎天性。所爲文，明白條達。有王府春秋講義及兼山集，論天人之理，性命之源，皆足以發明伊、洛之旨。嘗與其鄉人陳平父兄弟講學，平父，張栻之門人也，師友淵源，蓋有自來云。嘉定中，謚忠文。子瑾，大宗正丞兼刑部郎官。孫子敏，刑部郎官。

羅點字春伯，撫州崇仁人。六歲能文。登淳熙三年進士第，授定江節度推官。累遷校書郞兼國史院編修官。歲旱，詔求言，點上封事，謂：「今時姦諛日甚，議論凡陋。無所可否，則曰得體；與世浮沈，則曰有量；衆皆默，己獨言，則曰沽名；衆皆濁，己獨淸，則曰立異。此風不革，陛下雖欲大有爲於天下，未見其可也。自旱暵爲虐，陛下禱羣祠，赦有罪，曾不足以感動。及朝求讜言，夕得甘雨，天心所示，昭然不誣。獨不知陛下之求言，果欲用之否乎？如欲用之，則願以所上封事，反覆詳熟，當者審而後行，疑者咨而後決，如此則治象日著，而亂萌自消矣。」遷祕書郞兼皇太子宮小學教授。

寧宗時以皇孫封英國公，點兼教授，入講至晡時不輟，左右請少憩，點曰：「國公務學不休，奈何止之。」又摭古事勸戒，爲鑑古錄以進。高宗崩，孝宗在諒闇，皇太子參決庶務，點時以戶部員外郞兼太子侍講，出使浙右，遷起居舍人，改太常少卿兼侍立修注官，被命使金告登寶位。會金有國喪，迫點易金帶，點曰：「登位吉事也，必以吉服從事。有死而已，帶不可易。」又詰點不當稱「寶位」，點曰：「聖人大寶曰位，不加『寶』字，何以別至尊。」金人不能奪。

上嘗謂點：「卿舊爲宮僚，非他人比，有所欲言，毋憚啓告。」點言：「君子得志常少，小人得志常多。蓋君子志在天下國家，而不在一己，行必直道，言必正論，往往不忤人主，則忤貴近，不忤當路，則忤時俗。小人志在一己，而不在天下國家，所行所言，皆取悅之道。用其所以取忤者，其得志鮮矣；用其所以取悅者，其不得志亦鮮矣。若昔明主，念君子之難進，則極所以主張而覆護之；念小人之難退，則盡所以燭察而隄防之。」

皇子嘉王年及弱冠，點言：「此正親師友、進德業之時，宜擇端良忠直之士，參侍燕閒。」遂除黃裳爲翊善。又言：「人主憂勤，則臣下協心；人主偷安，則臣下解體。今道塗之言，皆謂陛下每旦視朝，勉彊聽斷，意不在事。宰執奏陳，備禮應答，侍從庶僚，備禮登對，而宮中燕游之樂，錫賚奢侈之費，已騰於衆口。彊敵對境，此聲豈可出哉！」

紹熙三年十一月日長至，車駕將朝賀重華宮，既而中輟。點言：「自天子達庶人，節序拜親，無有闕者，三綱五常，所係甚大，不當以爲常事而忽之。」上過宮意未決，點奏：「陛下已涓日過宮，壽皇必引領以俟陛下。常人於朋友且不可以無信，況人主之事親乎？今陛下久闕溫凊，壽皇欲見不可得，萬一憂思感疾，陛下將何以自解於天下？」

嘗召對便殿，點言：「近者中外相傳，或謂陛下內有所制，不能遽出，溺於酒色，不恤政事，果有之乎？」上曰：「無是。」點曰：「臣固知之。竊意宮禁間或有攖拂之事，姑以酒自遣耳。夫閭閻匹夫，處閨門逆境，容有縱酒自放者。人主宰制天下，此心如青天白日，當風雨雷電既霽之餘，湛然虛明，豈容復有纖芥停留哉？」上猶未過宮。點又奏：「竊聞嘉王生朝，稱壽禁中，以報劬勞之德，父子歡洽，寧不動心，上念兩宮延望之意。」十一月，點以言不見聽，求去，不許。十二月，試兵部尚書。

五年四月，上將幸玉津園，點請先過重華，又奏曰：「陛下爲壽皇子，四十餘年一無閒言，止緣初郊違豫，壽皇嘗至南內督過，左右之人自此讒閒，遂生憂疑。以臣觀之，壽皇與天下相忘久矣。今大臣同心輔政，百執事奉法循理，宗室、戚里、三軍、萬姓皆無貳志，設有離間，誅之不疑。乃若深居不出，久虧子道，衆口謗讟，禍患將作，不可以不慮。」上曰：「卿等可爲朕調護之。」黃裳對曰：「父子之親，何俟調護。」點曰：「陛下一出，卽當釋然。」上猶未行。點乃率講官言之，上曰：「朕心未嘗不思壽皇。」對曰：「陛下久闕定省，雖有此心，何以自白乎？」及壽皇不豫，點又隨宰執班進諫。閤門吏止之，點叱之而入。上拂衣起，宰執引上裾，點亟前泣奏曰：「壽皇疾勢已危，不及今一見，後悔何及。」羣臣隨上入至福寧殿，內侍闔門，衆慟哭而退。越三日，黓隨宰執班起居，詔獨引黓入。黓奏：「前日迫切獻忠，舉措失禮，陛下赦而不誅，然引裾亦故事也。」上曰：「引裾可也，何得輒入宮禁乎？」黓引辛毗事以謝，且言：「壽皇止有一子，既付神器，惟恐見之不速耳。」

壽皇崩，黓請上奔喪，許而不出，拜遺詔於重華宮。前後與侍從列奏諫請帝過宮者凡三十五疏，自上奏者又十六章，而奏疏重華、上書嘉王及面對口奏不預焉。寧宗嗣位，人心始定。拜黓端明殿學士、簽書樞密院事。上有事明堂，黓扈從齋宮，得疾卒，年四十五。贈太保，謚文恭。

黓天性孝友，無矯激崖異之行，而端介有守，義利之辨皎如。或謂天下事非才不辦，黓曰：「當先論其心，心苟不正，才雖過人，果何取哉！」宰相趙汝愚嘗泣謂寧宗曰：「黃裳、羅黓相繼淪謝，二臣不幸，天下之不幸也。」

黃度字文叔，紹興新昌人。好學讀書，祕書郎張淵見其文，謂似曾鞏。隆興元年進士，知嘉興縣。入監登聞鼓院，行國子監簿。言：「今日養兵爲巨患，救患之策，宜使民屯田，陰復府衞以銷募兵。」具屯田、府衞十六篇上之。

紹熙四年，守監察御史。蜀將吳挺死，度言：「挺子曦必納賂求襲位，若因而授之，恐為他日患，乞分其兵柄。」宰相難之。後曦割關外四州賂金人求王蜀，果如度言。

光宗以疾不過重華宮，度上書切諫，連疏極陳父子相親之義，且言：「太白晝見犯天關，熒惑、勾芒行入太微，其占為亂兵入宮。」以諫不聽，乞罷去。又言：「以孝事君則忠。臣父年垂八十，菽水不親，動經歲月，事親如此，何以為事君之忠。」蓋託己為諭，冀因有以感悟上心。

又與臺諫官劾內侍陳源、楊舜卿、林億年三人為今日禍根，罪大於李輔國。又言：「孔子稱『天下有道，則庶人不議。』夫人主有過，公卿大夫諫而改，則過不彰，庶人奚議焉。惟諫而不改，失不可蓋，使閭巷小人皆得妄議，紛然亂生，故勝、廣、黃巢之流議於下，國皆隨以亡。今天下無不議聖德者，臣竊危之。」上猶不聽。遂出脩門，上諭使安職。度奏：「有言責者，不得其言則去，理難復入。」寧宗卽位，詔復為御史，改右正言。

韓侂胄用事，丞相留正去國，侂胄知度嘗與正論事不合，欲諷使擠之。度語同列曰：「丞相已去，擠之易耳，然長小人聲燄可乎？」侂胄驟竊政柄，以意所好惡為威福。度具疏將論其姦，為侂胄所覺，御筆遽除度直顯謨閣、知平江府。度言：「蔡京擅權，天下所由以亂。今侂胄假御筆逐諫臣，使俛首去，不得効一言，非為國之利也。」固辭。丞相趙汝愚袖其疏入白，詔以沖佑祿歸養。俄知婺州，坐不發覺縣令張元弼贓罪，降罷。自是紀綱一變，大權盡出侂胄，而黨論起矣。然侂胄素嚴憚度，不敢加害。起知泉州，辭，乃進寶文閣，奉祠如故。

侂胄誅，天子思而召之，除太常少卿，尋兼國史院編修官、實錄院檢討官。朝論欲函侂胄首以泗州五千人還金，度以爲辱國非之。權吏部侍郎兼修玉牒、同修國史、實錄院同修撰，屢移疾，以集英殿修撰知福州，遷寶謨閣待制。始至，訟牒日千餘，度隨事裁決，日未中而畢。

進龍圖閣，知建康府兼江、淮制置使，賜金帶以行。至金陵，罷科糴輸送之擾，活飢民百萬口，除見稅二十餘萬，擊降盜卞整，斬盜胡海首以獻，招歸業者九萬家。侂胄嘗募雄淮軍，已收刺者十餘萬人，別屯數千人未有所屬，度憂其爲患，人給錢四萬，復其役遣之。遷寶謨閣直學士。度以人物爲己任，推挽不休，每曰：「無以報國，惟有此耳。」十上引年之請，不許，爲禮部尙書兼侍讀。趣入覲，論藝祖垂萬世之統，一曰純用儒生，二曰務惜民力。上納其言。謝病丐去，遂以煥章閣學士知隆興府。歸越，提舉萬壽宮。嘉定六年十月卒，進龍圖閣學士，贈通奉大夫。

度志在經世，而以學爲本。作詩、書、周禮說。著史通，抑僭竊，存大分，別爲編年，不用前史法。至於天文、地理、井田、兵法，即近驗遠，可以據依，無迂陋牽合之病。又有藝祖憲監、仁皇從諫錄、屯田便宜、歷代邊防行於世。壻周南。

周南字南仲，平江人。年十六，游學吳下，視時人業科舉，心陋之。從葉適講學，頓悟捷得。爲文詞，雅麗精切，而皆達於時用，每以世道興廢爲己任。登紹熙元年進士第，爲池州教授。會度以言忤當路，御史劾度，并南罷之。度與南俱入僞學黨。開禧三年，召試館職。南對策詆權要，言者劾南，罷之，卒于家。

南端行拱立，尺寸有程準。自賜第授文林郎，終身不進官，兩爲館職，數月止。既絕意當世，弊衣惡食，挾書忘晝夜，曰：「此所以遺吾老，俟吾死也。」

林大中字和叔，婺州永康人。入太學，登紹興三十年進士第，知撫州金谿縣。郡督輸賦急，大中請寬其期，不聽，納告勑投劾而歸。已而主太常寺簿。

光宗受禪，除監察御史。大中謂：「國之大事在祀，沿襲不正，非所以嚴典禮，妥神明。」上疏言：「臣昨簿正奉常，實陪廟祀，見其祝于神者，或舛於文；稱於神者，或訛其字；所宜厚者，或簡不虔；所宜先者，或廢不用；更制器服，或歲月太疏；夙興行事，或時刻太早：是皆禮意所未順，人情所未安也。」一日，御札示大中，謂言事覺察，宜遵舊例。大中曰：「臺臣不當踰分守，固如聖訓，然必抗直敢言，乃爲稱職。」

遷殿中侍御史。奏言：「進退人才，當觀其趣向之大體，不當責其行事之小節。趣向果正，雖小節可責，不失爲君子；趣向不正，雖小節可喜，不失爲小人。」又論：「今日之事，莫大於讎恥之未復。此事未就，則此念不可忘。此念存於心，于以來天下之才，作天下之氣，倡天下之義。此義既明，則事之條目可得而言，治功可得而成矣。」陳賈以靜江守臣入奏，大中極論其「庸回亡識，嘗表裏王淮，創爲道學之目，陰廢正人。儻許入奏，必再留中，善類聞之，紛然引去，非所以靖國。」命遂寢。

紹熙二年春，雷電交作，有旨訪時政闕失。大中以事多中出，乃上疏曰：「仲春雷電，大雪繼作，以類求之，則陰勝陽之明驗也。蓋男爲陽，而女爲陰，君子爲陽，而小人爲陰。當辨邪正，毋使小人得以間君子。當思正始之道，毋使女謁之得行。」

司諫鄧馹以言事移將作監，大中言：「臺諫以論事不合而遷，臣恐天下以陛下爲不能容。」守侍御史兼侍講。知潭州趙善俊得旨奏事，大中上疏劾善俊，而言宗室汝愚之賢當召。上用其言，召汝愚而出善俊與郡。

時江、淮、荆、襄爲國巨屏，而權任頗輕。大中言：「宜選行實材略之人，付以江、淮、荆、襄經理之任。舊制河北、陝西分爲四路〔三〕，以文臣爲大帥，武臣副之。中興初，沿江置制置使。自秦檜罷三大將兵權，專歸武臣，而江東、荆、襄帥臣不復領制置之職。宜仍舊制置，而以諸將爲副，久其任，重其權，則邊防立而國勢張矣。」

江、浙四路民苦折帛和買重輸，大中曰：「有産則有稅，於稅絹而科折帛，猶可言也，如和買折帛則重爲民害。蓋自咸平馬元方建言於春預支本錢濟其乏絶，至夏秋使之輸納，則是先支錢而後輸絹。其後則錢鹽分給，又其後則直取於民，今又令納折帛錢，以兩縑折一縑之直，大失立法初意。」朝廷以其言爲減所輸者三歲。

馬大同爲戶部，大中劾其用法峻。上欲易置他部，大中曰：「是嘗爲刑部，固以深刻稱。」章三上不報。又論大理少卿宋之瑞，章四上，又不報。大中以言不行，求去，改吏部侍郎，辭不拜，乃除大中直寶謨閣，而大同、之瑞俱與郡。

初，占星者謂朱熹曰：「某星示變，正人當之，其在林和叔耶？」至是，熹貽書朝士曰：「聞林和叔入臺，無一事不中的，去國一節，風義凜然，當於古人中求之。」給事中尤袤、中書舍人樓鑰上疏云：「大中言官，當與被論者有別。」尋命知寧國府，又移贛州。寧宗即位，召還，試中書舍人，遷給事中，尋兼侍講。知閤門事韓侂冑來謁，大中接之，無他語，陰請內交，大中笑而却之，侂冑怨由此始。

會吏部侍郎彭龜年抗論侂冑，侂冑轉一官與內祠，龜年除煥章閣待制與郡。大中同中書舍人樓鑰繳奏曰：「陛下眷禮僚舊，一旦龍飛，延問無虛日。不三數月間，或死或斥，賴龜年一人尚留，今又去之，四方謂其以盡言得罪，恐傷政體。且一去一留，恩意不侔。去者日遠，不復侍左右。留者內祠，則召見無時。請留龜年經筵，而命侂冑以外任，則事體適平，人無可言者。」有旨：「龜年已爲優異，侂冑本無過尤，可並書行。」大中復同奏：「龜年除職與郡以爲優異，則侂冑之轉承宣使非優異乎？若謂侂冑本無過尤，則龜年論事實出於愛君之忱，豈得爲過？龜年既以決去，侂冑難於獨留，宜畀外任或外祠，以慰公議。」不聽。

太府寺丞呂祖儉以上書攻侂冑，謫置韶州，大中捄之。汪義端頃爲御史，以論趙汝愚去，至是侂冑引爲右史，大中駁之。改吏部侍郎，不拜，以煥章閣待制知慶元府。城南民田，潮溢不可種，大中捐公帑治石築之，民不知役而蒙其利。郡訛言夜有妖，大中謂此必黠賊所爲，立捕黥之，人情遂安。丐祠，得請。給事中許及之繳駁，遂削職。後提舉沖佑觀。乞休致，復元職。監察御史林采論列，再落職，尋復之。

大中罷歸，屏居十二年，未嘗以得喪關其心，作園龜潭之上，客至，擷杞菊，取溪魚，觴酒賦詩，時事一不以掛口。客或勸大中通侂冑書，大中曰：「吾爲夕郎時，一言承意，豈閑居至今日耶？」客曰：「縱不求福，盍亦免禍。」大中曰：「福不可求而得，禍可懼而免耶？」侂胄既召兵釁，大中謂：「今日欲安民，非息兵不可；欲息兵，非去侂胄不可。」

及侂胄誅，卽召見，落致仕，試吏部尚書，言：「呂祖儉以言侂胄得罪，死於瘴鄉，雖贈官畀職，而公議未厭。彭龜年面奏侂胄過尤，朱熹論侂胄竊弄威柄，皆爲中傷，降官鐫職，卒以老死，宜優加旌表。其他因譏切侂胄以得罪者，望量其輕重而旌別之，以伸被罪者之寃。」除端明殿學士、簽書樞密院事。

嘉定改元，兼太子賓客。嘗議講和事，上曰：「朕不憚屈己爲民，講和之後，亦欲與卿等革侂胄弊政作家活耳。」大中頓首曰：「陛下言及此，宗社生靈之福也。」每語所親云：「吾年垂八十，豈堪勞勩，徒以和議未成，思體承聖訓，以革弊倖爲經久之計。儻初志略遂，卽乞身而歸矣。」是年六月卒，年七十有八，贈資政殿學士、正奉大夫，謚正惠。

大中清修寡欲，退然如不勝衣，及其遇事而發，凛乎不可犯。自少力學，趣向不凡。所著有奏議、外制、文集三十卷。

陳騤字叔進，台州臨海人。紹興二十四年，試春官第一，秦檜當國，以秦塤居其上。累官遷將作少監、守祕書少監兼太子諭德。太子尹臨安，騤謂：「儲宮下親細務，不得專于學，非所以毓德也。」太子矍然，亟辭。崔淵以外戚張說進，除祕書郎兼金部郎，騤封還詞頭。

未幾，出知贛州，易秀州。召還，首言：「陛下銳意圖治，羣下急於自媒，爭獻疆兵理財之計，及畀以職，報效蔑聞。宜杜邪諂之路。」再歸故官，遷祕書監兼崇政殿說書。淳熙五年，試中書舍人兼侍講、同修國史。

上欲采晉、宋以下興亡理亂之大端，約爲一書，謂騤曰：「惟卿與周必大可任此事。」言者忌而攻之，上留章不下，授提舉太平興國宮。起知寧國府，改知太平州，加集英殿修撰。以言者罷。起知袁州。光宗受禪，召試吏部侍郎。紹熙元年，同知貢舉兼侍講。

二年春，雷雪，詔陳時政得失，騤疏三十條，如宮闈之分不嚴，則權柄移；內謁之漸不杜，則明斷息；謀臺諫於當路，則私黨植；咨將帥於近習，則賄賂行；不求讜論，則過失彰；不謹舊章，則取舍錯；宴飲不時，則精神昏；賜予無節，則財用竭。皆切於時病。

三年三月，權禮部尚書。六月，同知樞密院事。四年二月，參知政事。光宗以疾不朝重華宮，會慶節稱壽又不果往。騤三入奏，廷臣上疏者以百數，上感悟，以冬至日朝重華。五年正月朔旦，稱壽于慈福宮。孝宗崩，光宗以疾未臨喪，騤請正儲位以安人心。七月，攝行三省事。

寧宗即位，知樞密院事兼參知政事。趙汝愚爲右丞相，騤素所不快，未嘗同堂語。汝愚擬除劉光祖侍御史，騤奏曰：「劉光祖舊與臣有隙，光祖入臺，臣請避之。」汝愚愕而止。時韓侂胄恃傳言之勞，潛竊國柄。吏部侍郎彭龜年論侂胄將爲國患，不報。於是龜年、侂胄俱請祠，騤曰：「以閤門去經筵，何以示天下？」龜年竟外補。侂胄語人曰：「彭侍郎不貪好官，固也，元樞亦欲爲好人耶？」遂以資政殿大學士與郡，辭，詔提舉洞霄宮。慶元二年，知婺州。告老，授觀文殿學士、提舉洞霄宮。嘉泰三年卒，年七十六。贈少傅，謚文簡。

黃黼字元章，臨安餘杭人也。少游太學，第進士，累遷太常博士。輪對，言：「周以輔翼之臣出任方伯，漢以牧守之最擢拜公卿，唐不歷邊任，不拜宰相，本朝不爲三司等屬，不除淸望官。仁宗時，韓琦、范仲淹、龐籍皆嘗經略西事，久歷邊任，始除執政。邊奏復警，范仲淹至再請行。貝州之變，文彥博親自討賊。乞於時望近臣中，擇才略謀慮可以任重致遠者，或畀上流，或委方面，習知邊防利害，地形險阨，中外軍民亦孚其恩信，熟其威名。天下無事則取風績顯著者不次除拜，以尊朝廷。邊鄙有警，則任以重寄，俾制方面。出將入相，何所不可。」上嘉獎曰：「如卿言，可謂盡用人之道。」

行太常丞，進祕書郎、提舉江東常平茶鹽，召爲戶部員外郎。尋除直祕閣、兩浙路轉運判官，進直龍圖閣，升副使，辭，改直顯謨閣。浙東瀕海之田，以旱澇告，常平儲蓄不足，黼捐漕計貸之。毗陵飢民取糠粃雜草根以充食，郡縣不以聞，黼取民食以進，乞捐僧牒、緡錢振濟，所全活甚衆。

除中書門下檢正諸房公事，守殿中侍御史兼侍講，遷侍御史，行起居郎兼權刑部侍郎。以劉德秀論劾，奉祠而卒。

詹體仁字元善，建寧浦城人。父慥，與胡宏〔四〕、劉子翬游，調贛州信豐尉。金人渝盟，慥見張浚論滅金祕計，浚辟爲屬。體仁登隆興元年進士第，調饒州浮梁尉。郡上體仁獲盜功狀當賞，體仁曰：「以是受賞，非其願也。」謝不就。爲泉州晉江丞。宰相梁克家，泉人也，薦於朝。入爲太學錄，升太學博士、太常博士，遷太常丞，攝金部郎官。

光宗卽位，提舉浙西常平，除戶部員外郎、湖廣總領，就升司農少卿。奏蠲諸郡賦輸積欠百餘萬。有逃卒千人入大冶，因鐵鑄錢，剽掠爲變。體仁語戎帥：「此去京師千餘里，若比上請得報，賊勢張矣。宜速加誅討。」帥用其言，羣黨悉散。

除太常少卿，陛對，首陳父子至恩之說，謂：「易於家人之後次之以睽，睽之上九曰：『見豕負塗，載鬼一車，先張之弧，後說之弧，匪寇婚媾，往，遇雨則吉。』夫疑極而惑，凡所見者皆以爲寇，而不知實其親也。孔子釋之曰：『遇雨則吉，羣疑亡也。』蓋人倫天理，有間隔而無斷絕，方其未通也，湮鬱煩憒，若不可以終日；及其醒然而悟，泮然而釋，如遇雨焉，何其和悅而條暢也。伏惟陛下神心昭融，聖度恢豁，凡厥疑情，一朝渙然若揭日月而開雲霧，丕敍彝倫，以承兩宮之歡，以塞兆民之望。」時上以積疑成疾，久不過重華宮，故體仁引易睽弧之義，以開廣聖意。

孝宗崩，體仁率同列抗疏，請駕詣重華宮親臨祥祭，辭意懇切。時趙汝愚將定大策，外庭無預謀者，密令體仁及左司郎官徐誼達意少保吳琚，請憲聖太后垂簾爲援立計。寧宗登極，天下晏然，體仁與諸賢密贊汝愚之力也。

時議大行皇帝謚，體仁言：「壽皇聖帝事德壽二十餘年，極天下之養，諒陰三年，不御常服，漢、唐以來未之有，宜謚曰『孝』。」卒用其言。孝宗將復土，體仁言：「永阜陵地勢卑下，非所以妥安神靈。」與宰相異議，除太府卿。尋直龍圖閣、知福州，言者竟以前論山陵事罷之。退居霅川，日以經史自娛，人莫窺其際。

始，體仁使浙右，時蘇師旦以胥吏執役，後倚侂冑躐躋大官，至是遣介通殷勤。體仁曰：「小人乘君子之器，禍至無日矣，烏得以汙我！」未幾，果敗。

復直龍圖閣、知靜江府，閣十縣稅錢一萬四千，蠲雜賦八千。移守鄂州，除司農卿，復總湖廣餉事。時歲凶艱食，卽以便宜發廩振捄而後以聞。

侂冑建議開邊，一時爭談兵以規進用。體仁移書廟堂，言兵不可輕動，宜遵養俟時。皇甫斌自以將家子，好言兵，體仁語僚屬，謂斌必敗，已而果然。開禧二年卒，年六十四。

體仁穎邁特立，博極羣書。少從朱熹學，以存誠愼獨爲主。爲文明暢，悉根諸理。周必大當國，體仁嘗疏薦三十餘人，皆當世知名士。郡人眞德秀早從其游，嘗問居官涖民之法，體仁曰：「盡心、平心而已，盡心則無愧，平心則無偏。」世服其確論云。

論曰：彭龜年、黃裳、羅點以青宮師保之舊，盡言無隱。黃度、林大中亦能守正不阿，進退裕如。此數臣者，皆能推明所學，務引君以當道，可謂粹然君子矣。陳騤論事頗切時病，詹體仁深於理學，皆有足稱者。然騤嘗詆譏呂祖謙，至視趙汝愚、劉光祖爲仇，而體仁乃能以朱熹、眞德秀爲師友，卽其所好惡，而二人之邪正，於是可知焉。

校勘記

〔一〕嘉泰元年復元官　按嘉泰二年，開放黨禁，黨人之在籍者始先後復官。樓鑰攻媿集卷九六彭龜年神道碑作「嘉泰三年秋，復元官」。疑是。

〔二〕普成　原作「普城」，據攻媿集卷九九黃裳墓誌銘、本書卷八九地理志改。

〔三〕舊制河北陝西分爲四路　按攻媿集卷九八林大中神道碑，「慶曆中，分河北、陝西各爲四路。」又本書卷八六、八七地理志，河北東西兩路，在慶曆八年分爲四路；陝西路，在慶曆元年分爲四路。「分」疑爲「各」之誤。

〔四〕胡宏　原作「吳宏」。按眞德秀西山先生眞文忠公文集卷四七詹體仁行狀，體仁父慥「與五峯胡先生、屏山劉先生游」。「五峯胡先生」，指胡宏，本書卷四三五有傳，據改。

宋史卷三百九十四

列傳第一百五十三

胡紘　何澹　林栗　高文虎　陳自強　鄭丙　京鏜
謝深甫　許及之　梁汝嘉

胡紘字應期，處州遂昌人。淳熙中，舉進士。紹熙五年，以京鏜薦，監都進奏院，遷司農寺主簿、祕書郎。韓侂胄用事，逐朱熹、趙汝愚，意猶未快，遂擢紘監察御史。紘未達時，嘗謁朱熹於建安，熹待學子惟脫粟飯，遇紘不能異也。紘不悅，語人曰：「此非人情。隻鷄尊酒，山中未爲乏也。」遂亡去。及是，劾趙汝愚，且詆其引用朱熹爲僞學罪首。汝愚遂謫永州。

汝愚初抵罪去國，搢紳大夫與夫學校之士，皆憤悒不平，疏論甚衆。侂胄患之，以汝愚之門及朱熹之徒多知名士，不便於己，欲盡去之，謂不可一一誣以罪，則設爲僞學之目以擯之。用何澹、劉德秀爲言官，專擊僞學，然未有誦言攻熹者。獨紘草疏將上，會改太常少卿，不果。沈繼祖以追論程頤得爲察官，紘遂以藁授之。繼祖論熹，皆紘筆也。

寧宗以孝宗嫡孫行三年服，紘言止當服期。詔侍從、臺諫、給舍集議釋服，於是徙紘太常少卿，使草定其禮。既而親饗太廟。

紘既解言責，復入疏云：「比年以來，僞學猖獗，圖爲不軌，動搖上皇，詆誣聖德，幾至大亂。賴二三大臣、臺諫出死力而排之，故元惡殞命，羣邪屏跡。自御筆有『救偏建中』之說，或者誤認天意，急於奉承，倡爲調停之議，取前日僞學之姦黨次第用之，以冀幸其他日不相報復。往者建中靖國之事，可以爲戒，陛下何未悟也。漢霍光廢昌邑王賀，一日而誅羣臣一百餘人；唐五王不殺武三思，不旋踵而皆斃於三思之手。今縱未能盡用古法，亦宜且令退伏田里，循省愆咎。」俄遷紘起居舍人。詔僞學之黨，宰執權住進擬，用紘言也。自是學禁益急。進起居郎，權工部侍郎，移禮部，又移吏部。坐同知貢舉、考宏詞不當而罷。未幾，學禁漸弛，紘亦廢棄，卒于家。

何澹字自然，處州龍泉人。乾道二年進士，累官至國子司業，遷祭酒，除兵部侍郎。光宗內禪，拜右諫議大夫兼侍講。

澹本周必大所厚，始爲學官，二年不遷，留正奏遷之。澹憾必大，及長諫垣，卽劾必大，必大遂策免。澹嘗與所善劉光祖言之，光祖曰：「周丞相豈無可論，第其門多佳士，不可併及其所薦者。」澹不聽。

時姜特立、譙熙載以春坊舊恩頗用事。一日，光祖過澹，因語澹曰：「曾、龍之事不可再。」澹曰：「得非姜、譙之謂乎？」既而澹引光祖入便坐，則皆姜、譙之徒也，光祖始悟澹謾諾。明年，澹同知貢舉，光祖除殿中侍御史，首上學術邪正之章。及奏名，光祖被旨入院拆號，與澹席甫逼。澹曰：「近日風采一新。」光祖曰：「非立異也，但嘗爲大諫言者，今日言之耳。」既出，同院謂光祖曰：「何自然見君所上章，數夕恍惚，餌定志丸，他可知也。」進御史中丞。

澹有本生繼母喪，乞有司定所服，禮寺言當解官，澹引不逮事之文，乞下給、諫議之。太學生喬嚞、朱有成等移書於澹，謂：「足下自長臺諫，此綱常之所係也。四十餘年以所生繼母事之，及其終也，反以爲生不逮而不持心喪可乎？奉常禮所由出，顧以臺諫、給舍議之，識者有以闚之矣。」澹乃去。終制，除煥章閣學士、知泉州，移明州。

寧宗卽位，朱熹、彭龜年以論韓侂胄俱紬，澹還爲中丞，怨趙汝愚不援引。汝愚時已免相，復詆其廢壞壽皇良法美意，汝愚落職罷祠。又言：「專門之學，流而爲僞。願風厲學者，專師孔、孟，不得自相標榜。」除同知樞密院事、參知政事，遷知樞密院。

吳曦賄通時宰，規圖帥蜀，未及賄澹，韓侂胄已許之，澹持不可。侂胄怒曰：「始以君肯相就，黜僞學，汲引至此，今顧立異耶？」以資政殿大學士提舉洞霄宮。起知福州。澹居外，常怏怏失意，以書祈侂胄，有曰：「迹雖東冶，心在南園。」南園，侂胄家圃也。侂胄憐之。進觀文殿學士，尋移知隆興府。後除江、淮制置大使兼知建康府，移使湖北，兼知江陵。奉祠卒，贈少師。

澹美姿容，善談論，少年取科名，急於榮進，阿附權奸，斥逐善類，主僞黨之禁，賢士爲之一空。其後更化，兇黨俱逐，澹以早退幸免，優游散地幾二十年。

林栗字黄中，福州福清人。登紹興十二年進士第，調崇仁尉，教授南安軍。宰相陳康伯薦爲太學正，守太常博士。孝宗卽位，遷屯田員外郎、皇子恭王府直講。

時金人請和，約爲叔姪之國，且以歸疆爲請。栗上封事言：「前日之和，誠爲非計。然徽宗梓宮、慈寧行殿在彼，爲是而屈，猶有名焉。今日之和，臣不知其說也。宗廟之讎，而事之以弟姪，其忍使祖宗聞之乎！無唐、鄧，則荆、襄有齒寒之憂；無泗、海，則淮東之備達于眞、揚，海道之防偏于明、越矣。議者皆言和戎之幣少，養兵之費多，不知講和之後，朝廷能不養兵乎？今東南民力，陛下之所知也，朝廷安得而不較乎？且非徒無益而已。與之歲幣，是畏之矣。三軍之情，安得不懈弛；歸正之心，安得不攜貳。爲今日計，宜停使勿遣，遷延其期。比至來春，別無動息，徐於境上移書，諭以兩國誓言。敗之自彼，信不由衷，雖盟無益。自今宜守分界，休息生靈，不煩聘使之往來，各保疆埸之無事，焉用疲弊州縣，以奉犬羊之使乎？」

孝宗懲創紹興權臣之弊，躬攬權綱，不以責任臣下，栗言：「人主涖權，大臣審權，爭臣議權，王侯、貴戚善撓權者也，左右近習善竊權者也。權在大臣，則大臣重；權在邇臣，則邇臣重；權在爭臣，則爭臣重。是故人主常患權在臣下，必欲收攬而獨持之，然未有能獨持之者也。不使大臣持之，則王侯、貴戚得而持之矣；不使邇臣審之，爭臣議之，則左右近習得而議之矣。人主顧謂得其權而自執之，豈不誤哉。是故明主使人持權而不以權與之，收攬其權而不肯獨持之。」至有「以鹿爲馬、以鷄爲鸞」之語。方奉對時，讀至「人主常患權在臣下，必欲收攬而獨持之」，孝宗稱善，栗徐曰：「臣意尙在下文。」執政有訴於孝宗曰：「林栗謂臣等指鹿爲馬，臣實不願與之同朝。」乃出知江州。

有旨省併江州屯駐一軍，栗奏：「辛巳、甲申，金再犯兩淮，賴江州一軍分布防托，故舒、蘄、黃三州獨不被寇。本州上至鄂渚七百里，下至池陽五百里；平時屯戍，誠若無益，萬一有警，鄂渚之戍，上越荆、襄，池陽之師，下流增備，中間千里藩籬，誠爲虛闕。無以一夫之議，而廢長江千里之防。」由是軍得無動。

以吏部員外郎召。冬至，有事南郊，前期十日，百執事聽誓戒；會慶節，有旨上壽不用樂，迨宴金使，乃有權用樂之命。栗以爲不可，致書宰相，不聽，乃乞免充舉册官，以狀申朝廷曰：「若聽樂則廢齋，廢齋則不敢以祭。祖宗二百年事天之禮，今因一介行人而廢之。天之可畏，過於外夷遠矣。」不聽。

兼皇子慶王府直講，有旨令二王非時招延講讀官，相與議論時政，期盡規益。栗以爲不可，疏言：「漢武帝爲戾太子開博望苑，卒敗太子；唐太宗爲魏王泰立文學館，卒敗魏王。古者教世子與吾祖宗之所以輔導太子、諸王，惟以講經讀史爲事，他無預焉。若使議論時政，則是對子議父，古人謂之無禮，不可不留聖意。」

除右司員外郎，遷太常少卿。太廟祫享之制，始祖東向，昭南向，穆北向，別廟神主祔于祖姑之下，隨本室南北向而無西向之位。紹興、乾道間，懿節、安穆二后升祔，有司設幄西向。逮安恭皇后新祔，有司承前失，其西向之位，幾與僖祖相對。栗辨正之。

除直寶文閣、知湖州。栗朝辭，曰：「臣聞漢人賈誼號通達國體，其所上書至於痛哭流涕者，考其指歸，大抵以一身諭天下之勢。其言曰：『天下之勢方病大瘇。非徒瘇也，又苦蹠盭。又類辟，且病痱。』臣每見士大夫好論時事，臣輒舉以問之：今日國體，於四百四病之中名爲何病？能言其病者猶未必能處其方，不能言其病而輒處其方，其誤人之死，必矣。聞臣之言者不忿則默，間有反以詰臣，卽對之曰：今日之病，名爲風虛，其狀半身不隨是也。風者在外，虛者在內，眞氣內耗，故風邪自外而乘之，忽中於人，應時僵仆，則靖康之變是也。幸而元氣猶存，故仆而復起，則建炎之興是也。然元氣雖存，邪氣尙盛，自淮以北皆吾故壤，而號令不能及，正朔不能加，有異於半身不隨者乎？非但半身不隨而已，半身存者，凛凛乎畏風邪之乘而不能以自安也。今日論者，譬如痿人之不忘起，奚必賢智之士，然後與國同其願哉？而市道庸流，口傳耳受，苟欲嘗試以售其方，則蕩熨鍼石，雜然並進，非體虛之人所宜輕受也。聞之醫曰：『中風偏廢，年五十以下而氣盛者易治。蓋眞氣與邪氣相敵，眞氣盛則邪氣衰，眞氣行則邪氣去。然眞氣不充滿於半存之身，則無以及偏廢之體。故欲起此疾者，必禁其嗜欲，節其思慮，愛其氣血，養其精神，使半存之身，日以充實，則陽氣周流，脈絡宣暢，將不覺舍杖而行。若急於愈疾而不顧其本，百毒入口，五臟受風，風邪之盛未可卒去，而眞氣之存者日以耗亡，故中風再至者多不能救。』臣愚有感於斯言，竊謂賈誼復生，爲陛下言，無以易此。」

知興化軍，又移南劍，除夔路提點刑獄，改知夔州，加直敷文閣。夔屬郡曰施州，其羈縻郡曰思州。施民譚汝翼者，與知思州田汝弼交惡，會汝弼卒，汝翼帥兵二千人伐其喪。汝弼之子祖周深入報復，兵交於三州之境，施、黔大震。汝翼復繕甲兵，料丁壯，以重幣借兵諸洞，而乞師於帥府。栗曰：「汝翼實召亂者。」移檄罷兵，乃選屬吏往攝兵職，以漸收汝翼之權。命兵馬鈐轄按閱諸州，密檄至施，就攝州事。汝翼不之覺，已乃皇遽遁入成都。事聞，孝宗親札賜栗及成都制置使陳峴曰：「田氏猶是羈縻州郡，譚氏乃夔路豪族，又且首爲釁端，帥閫不能彈壓，縱其至此。如尚不悛，未免加兵，除其元惡。」時汝翼在成都，聞之逃歸，調集家丁及役八砦義軍，列陳于沱河橋與官軍戰，潰，汝翼遁去，俘其徒四十有三人，獲甲鎧器仗三萬一千。栗取其巨惡者九人誅之。田祖周由是懼，與其母冉氏謀獻黔江田業，計錢九十萬緡以贖罪，蠻徼遂安。

既而汝翼入都訴栗受田氏金，詔以汝翼屬吏，省箚下夔州。栗親書奏狀繳還，併辨其事。上大怒。會近臣有救解者，尋坐栗身爲帥臣，擅格上命，鐫職罷歸。既而理寺追究，事白，貸汝翼死，幽置紹興府。

居頃之，詔栗累更事任，淸介有聞，復直寶文閣、廣南西路轉運判官，就改提點刑獄，又改知潭州。除祕閣修撰，進集英殿修撰、知隆興府。召對便殿，奏乞倣唐制置補闕、拾遺左右各一員，不以糾彈爲責。從之。除兵部侍郎。朱熹以江西提刑召爲兵部郎官，熹既入國門，未就職。栗與熹相見，論易與西銘不合。至是，栗遣吏部趣之，熹以脚疾請告。栗遂論：「熹本無學術，徒竊張載、程頤之緒餘，爲浮誕宗主，謂之道學，妄自推尊。所至輒攜門生十數人，習爲春秋、戰國之態，妄希孔、孟歷聘之風，繩以治世之法，則亂人之首也。今采其虛名，俾之入奏，將置朝列，以次收用。而熹聞命之初，遷延道途，邀索高價，門生迭爲游說，政府許以風聞，然後入門。既經陛對，得旨除郎，而輒懷不滿，傲睨累日，不肯供職，是豈張載、程頤之學敎之然也？緣熹既除兵部郎官，在臣合有統攝，若不舉劾，厥罪惟均。望將熹停罷，姑令循省，以爲事君無禮者之戒。」

上謂其言過當，而大臣畏栗之強，莫敢深論。太常博士葉適獨上封事辯之曰：「考栗之辭，始末參驗，無一實者。其中『謂之道學』一語，無實最甚。蓋自昔小人殘害良善，率有指名，或以爲好名，或以爲立異，或以爲植黨。近忽創爲『道學』之目，鄭丙唱之，陳賈和之。居要路者密相付授，見士大夫有稍務潔修，粗能操守，輒以道學之名歸之，殆如喫菜事魔、影迹犯敗之類。往日王淮表裏臺諫，陰廢正人，蓋用此術。栗爲侍從，無以達陛下之德意志慮，而更襲鄭丙、陳賈密相傳授之說，以道學爲大罪。文致言語，逐去一熹，固未甚害，第恐自此游辭無實，讒言横生，善良受害，無所不有！願陛下正紀綱之所在，絶欺罔於既形，摧抑暴横以扶善類，奮發剛斷以慰公言。」於是侍御史胡晉臣劾栗，罷之，出知泉州，又改明州。奉祠以卒，謚簡肅。

栗爲人强介有才，而性狷急，欲快其私忿，遂至攻詆名儒，廢絶師教，殆與鄭丙、陳賈、何澹、劉德秀、劉三傑、胡紘輩黨邪害正者同科。雖疇昔論事，雄辯可觀，不足以蓋晚節之謬也。

高文虎字炳如，四明人，禮部侍郎閌之從子。登紹興庚辰進士第，調平江府吴興縣主簿。

曾幾守官在吴，文虎從之游，故聞見博洽，多識典故。除國子正，遷太學博士。孝宗幸兩學，祭酒林光朝訪文虎具儀注，文虎輯國朝以來臨幸故事授之。兼國史院編修官，與修四朝國史。出知建昌軍，擢將作丞兼實録院檢討官，修高宗實録；又兼玉牒所檢討官，修神宗玉牒。自熙寧以來，史氏淆雜，人無所取信。文虎盡取朱墨本刊正繆妄，一一研覈。既奏御，又修徽宗玉牒，考訂宣和、崇、觀以來尤爲詳審。

寧宗卽位，遷軍器少監兼將作監，遷國子司業兼學士院權直，遷祭酒、中書舍人，兼直學士院兼祭酒，升實錄院同修撰、同修國史。

韓侂胄用事，既逐趙汝愚、朱熹，以其門多知名士，設僞學之目以擯之，遂命文虎草詔曰：「向者權臣擅朝，僞邪朋附，協肆姦宄，包藏禍心。賴天之靈，宗廟之福，朕獲承慈訓，膺受內禪，陰謀壞散，國勢復安。嘉與士大夫厲精更始，凡曰淫朋比德，幾其自新，而歷載臻茲，弗迪厥化。締交合盟，窺伺間隙，毀譽舛迕，流言間發，將以傾國是而惑衆心。甚至竊附於元祐之衆賢，而不思實類乎紹聖之姦黨。國家秉德康寧，弗汝瑕殄，今惟自作弗靖，意者漸于流俗之失不可復反歟？將狃于國之寬恩而罰有弗及歟？何其未能洗濯以稱朕意也！朕既深詔二三大臣與夫侍從言議之官，益維持正論以明示天下矣，諭告所抵，宜各改視回聽，毋復借疑似之說以惑亂世俗。若其遂非不悔，怙終不悛，邦有常刑，必罰毋赦！」

西掖詞命，舊率以數人共一詞，文虎以爲非所以崇訓戒、贊人才也，迺人人各爲之。遷兵部侍郎兼中書舍人，又兼祭酒，拜翰林學士兼侍讀、實錄院修撰，修國史。除華文閣學士、知建寧府，力丐祠，提舉太平興國宮。以臺臣言奪職，卒。

文虎以博洽自負，與胡紘合黨，共攻道學，久司學校，專困遏天下士，凡言性命道德者皆絀焉。

陳自強者，福州閩縣人，字勉之。登淳熙五年進士第。慶元二年，入都待銓。自以嘗爲韓侂胄童子師，欲見之，無以自通，適僦居主人出入侂胄家，爲言於侂胄。一日，召自強，比至，則從官畢集，侂胄設褥于堂，鄉自強再拜，次召從官同坐。侂胄徐曰：「陳先生老儒，汩沒可念。」明日，從官交薦其才。除太學錄，遷博士，數月轉國子博士，又遷祕書郎。入館半載，擢右正言、諫議大夫、御史中丞。入臺未踰月，遂登樞府，由選人至兩地財四年。嘉泰三年，拜右丞相，歷封祁、衞、秦國公。

韓侂胄顓朝權，包苴盛行，自強尤貪鄙。四方致書餽，必題其緘云：「某物幷獻」；凡書題無「幷」字，則不開。縱子弟親戚關通貨賄，仕進干請，必諧價而後予。日押空名刺劄送侂胄家，須用乃塡，三省不與也。都城火，自強所貯，一夕爲煨燼。侂胄首遺之萬緡，執政及列郡聞之，莫不有助。不數月，得六十萬緡，遂倍所失之數。創國用司，自爲國用使，以費士寅、張巖爲同知國用事，掊克民財，州郡騷動。

方侂胄欲爲平章，猶畏衆議，自強首率同列援典故入奏。詔以侂胄爲平章軍國事。常語人曰：「自強惟一死以報師王。」每稱侂胄爲恩王、恩父，而呼堂吏史達祖爲兄、蘇師旦爲叔。

侂胄將用兵，遣使北行審敵虛實，自強薦陳景俊以往。金人有「不宜敗好」之語，景俊歸，自強戒使勿言，侂胄乃决恢復之議。吳曦有逆謀，求歸蜀，厚賂自強。自強語侂胄：「非曦不足以鎭坤維。」乃縱之歸，曦卒受金人命爲蜀王。侂胄姦兇，久盜國柄，自強實爲之表裏。

旣開邊隙，朝野洶洶，三遣使請和。金人欲縛送首議用兵賊臣，侂胄恚憤，復欲用兵，中外大懼。史彌遠建議誅侂胄，詔以自強阿附充位，不恤國事，罷右丞相。未幾，詔追三官，永州居住，又責武泰軍節度副使〔一〕、韶州安置。中書舍人倪思繳奏，乞遠竄，籍其家，詔從之。再責復州團練副使、雷州安置。後死於廣州。

鄭丙字少融，福州長樂人。紹興十五年進士。積官至吏部尚書、浙東提舉。

朱熹行部至台州，奏台守唐仲友不法事，宰相王淮芘之。熹章十上。丙雅厚仲友，且迎合宰相意，奏：「近世士大夫有所謂『道學』者，欺世盜名，不宜信用。」蓋指熹也。於是監察御史陳賈奏：「道學之徒，假名以濟其僞，乞擯斥勿用。」道學之目，丙倡賈和，其後爲慶元學禁，善類被厄，丙罪爲多。

嘗知泉州，爲政暴急，或勸之尙寬，丙曰：「吾疾惡有素，豈以晚節易所守哉。」聞者哂之。丙官終端明殿學士，卒，謚簡肅。

京鏜字仲遠，豫章人也。登紹興二十七年進士第。龔茂良帥江西，見之曰：「子廟廊器也。」及茂良參大政，遂薦鏜入朝。

孝宗詔侍從舉良縣令爲臺官，給事中王希呂曰：「京鏜蚤登儒級，兩試令，有聲。陛下求執法官，鏜其人也。」上引見鏜，問政事得失。時上初統萬機，銳志恢復，羣臣進說，多迎合天子意，以爲大功可旦暮致。鏜獨言：「天下事未有驟如意者，宜舒徐以圖之。」上善其言。鏜於是極論今日民貧兵驕，士氣頽靡，言甚切至。上說，擢爲監察御史，累遷右司郎官。

金遣賀生辰使來，上居高宗喪，不欲引見，鏜爲儐佐，以旨拒之。使者請少留闕下，鏜曰：「信使之來，以誕節也。誕節禮畢，欲留何名乎？」使行，上嘉其稱職。轉中書門下省檢正諸房公事。

金人遣使來弔，鏜爲報謝使。金人故事，南使至汴京則賜宴。鏜請免宴，郊勞使康元弼等不從，鏜謂必不免宴，則請徹樂，遺之書曰：「鏜聞鄰喪者舂不相，里殯者不巷歌。今鏜銜命而來，繄北朝之惠弔，是荷是謝。北朝勤其遠而憫其勞，遣郊勞之使，蕆式宴之儀，德莫厚焉，外臣受賜，敢不重拜。若曰而必聽樂，是於聖經爲悖理，於臣節爲悖義，豈惟貽本朝之羞，亦豈昭北朝之懿哉？」相持甚久。鏜卽館，相禮者趣就席，鏜曰：「若不徹樂，不敢卽席。」金人迫之，鏜弗爲動，徐曰：「吾頭可取，樂不可聞也。」乃帥其屬出館門，甲士露刃向鏜，鏜叱退之。金人知鏜不可奪，馳白其主，主歎曰：「南朝直臣也。」特命免樂。自是恆去樂而後宴鏜。孝宗聞之喜，謂輔臣曰：「士大夫平居孰不以節義自許，有能臨危不變如鏜者乎？」

使還，入見，上勞之曰：「卿能執禮爲國家增氣，朕將何以賞卿？」鏜頓首曰：「北人畏陛下威德，非畏臣也。正使臣死於北庭，亦臣子之常分耳，敢言賞乎！」故事，使還當增秩。右相周必大言於上曰：「增秩常典爾，京鏜奇節，今之毛遂也，惟陛下念之。」乃命鏜權工部侍郎。

四川闕帥，以鏜爲安撫制置使兼知成都府。鏜到官，首罷征斂，弛利以予民。瀘州卒殺太守，鏜擒而斬之，蜀以大治。召爲刑部尚書。

寧宗卽位，甚見尊禮，由政府累遷爲左丞相。當是時，韓侂胄權勢震天下，其親幸者由禁從不一二歲至宰輔；而不附侂胄者，往往沉滯不偶。鏜既得位，一變其素守，於國事謾無所可否，但奉行侂胄風旨而已。又薦引劉德秀排擊善類，於是有僞學之禁。

後宦者王德謙除節度使，鏜乃請裂其麻，上曰：「除德謙一人而止可乎？」鏜曰：「此門不可啓。節鉞不已，必及三孤；三孤不已，必及三公。願陛下以眞宗不予劉承規爲法，以大觀、宣、政間童貫等冒節鉞爲戒。」上於是謫德謙而黜詞臣吳宗旦，或曰，亦侂胄意也。

居無何，以年老請免相，薨，贈太保，謚文忠。後以監察御史倪千里言，改謚莊定。

謝深甫字子肅，台州臨海人。少穎悟，刻志爲學，積數年不寐，夕則置缾水加足於上，以警困怠。父景之識爲遠器，臨終語其妻曰：「是兒當大吾門，善訓迪之。」母攻苦守志，督深甫力學。

中乾道二年進士第，調嵊縣尉。歲饑，有死道旁者，一嫗哭訴曰：「吾兒也。傭于某家，遭掠而斃。」深甫疑焉，徐廉得嫗子他所，召嫗出示之，嫗驚伏曰：「某與某有隙，賂我使誣告耳。」

越帥方滋、錢端禮皆薦深甫有廊廟才，調崑山丞，爲浙曹考官，一時士望皆在選中。司業鄭伯熊曰：「文士世不乏，求具眼如深甫者實鮮。」深甫曰：「文章有氣骨，如泰山喬嶽，可望而知，以是得之。」

知處州青田縣。侍御史葛邲、監察御史顏師魯、禮部侍郎王藺交薦之。孝宗召見，深甫言：「今日人才，枵中侈外者多妄誕，矯訐沽激者多眩鬻。激昂者急於披露，然或鄰於好夸；剛介者果於植立，而或鄰於太銳；靜退簡默者寡有所合，或鄰於立異。故言未及酬而已齟齬，事未及成而已挫抑。於是趣時徇利之人，專務身謀，習爲軟熟，畏避束手，因循苟且，年除歲遷，亦至通顯，一有緩急，莫堪倚仗。臣願任使之際，必察其實，既悉其實，則涵養之以蓄其才，振作之以厲其氣，栽培封殖，勿使沮傷。」上嘉納。問當世人才，對曰：「薦士，大臣職也。小臣來自遠方，不足以奉明詔。」上頷之，諭宰臣曰：「謝深甫奏對雍容，有古人風。」除籍田令，遷大理丞。

江東大旱，擢爲提舉常平，講行救荒條目，所全活一百六十餘萬人。光宗卽位，以左曹郎官借禮部尚書爲賀金國生辰使。紹熙改元，除右正言，遷起居郎兼權給事中。知閤門事韓侂胄破格轉遙郡刺史，深甫封還內降云：「人主以爵祿磨厲天下之人才，固可重而不可輕；以法令隄防天下之僥倖，尤可守而不可易。今侂胄驀越五官而轉遙郡，僥倖一啓，攀援踵至，將何以拒之？請罷其命。」

進士俞古應詔言事，語涉詆訐，送瑞州聽讀。深甫謂：「以天變求言，未聞旌賞而反罪之，則是名求而實拒也。俞古不足以道，所惜者朝廷事體耳。」右司諫鄧馹論近習，左遷，深甫請還馹，謂：「不可以近習故變易諫官，爲淸朝累。」

二年，知臨安府。三年，除工部侍郎。入謝，光宗面諭曰：「京尹寬則廢法，猛則厲民，獨卿爲政得寬猛之中。」進兼吏部侍郎，兼詳定敕令官。四年，兼給事中。陳源久以罪斥，忽予內祠，深甫固執不可。姜特立復詔用，深甫力爭，特立竟不得入。張子仁除節度使，深甫疏十一上，命遂寢。每禁庭燕私，左右有希恩澤者，上必曰：「恐謝給事有不可耳。」

寧宗卽位，除煥章閣待制、知建康府，改御史中丞兼侍讀。上言：「比年以來，紀綱不立。臺諫有所論擊，不與被論同罷，則反除以外任；給、舍有所繳駁，不命次官書行，則反遷以他官；監司有所按察，不兩置之勿問，則被按者反得美除。以奔競得志者，不復知有廉恥；以請屬獲利者，不復知有彝憲。貪墨縱橫，莫敢誰何；罪惡暴露，無所忌憚。隳壞紀綱，莫此爲甚。請風厲在位，革心易慮，以肅朝著。」禮官議祧僖祖，侍講朱熹以爲不可，深甫言：「宗廟重事，未宜遽革。朱熹考訂有據，宜從熹議。」

慶元元年，除端明殿學士、簽書樞密院事，遷參知政事，再遷知樞密院事兼參知政事。內侍王德謙建節，深甫三疏力陳不可蹈大觀覆轍，德謙竟斥。進金紫光祿大夫，拜右丞相，封中國公，進岐國公。光宗山陵，爲總護使。還，拜少保，力辭，改封魯國公。

嘉泰元年，累疏乞避位，寧宗曰：「卿能爲朕守法度，惜名器，不可以言去。」召坐賜茶，御筆書說命中篇及金幣以賜之。

有余嘉者，上書乞斬朱熹，絕僞學，且指蔡元定爲僞黨。深甫擲其書，語同列曰：「朱元晦、蔡季通不過自相與講明其學耳，果有何罪乎？余嘉蟣虱臣，乃敢狂妄如此，當相與奏知行遣，以厲其餘。」

金使入見不如式，寧宗起入禁中，深甫端立不動，命金使俟于殿隅，帝再御殿，乃引使者進書，迄如舊儀。

拜少保。乞骸骨，授醴泉觀使。明年，拜少傅，致仕。有星隕于居第，遂薨。後孫女爲理宗后，追封信王，易封衞、魯，謚惠正。

許及之字深甫，温州永嘉人。隆興元年第進士，知袁州分宜縣。以部使者薦，除諸軍審計，遷宗正簿。乾道元年，林栗請增置諫員，乃倣唐制置拾遺、補闕，以及之爲拾遺，班序在監察御史之上。

高宗崩，及之言：「皇帝旣躬三年之喪，羣臣難從純吉，當常服黑帶。」王淮當國久，及之奏：「陛下卽位二十七年，而羣臣未能如聖意者，以苟且爲安榮，以姑息爲仁恕，以不肯任事爲簡重，以不敢任怨爲老成。敢言者指爲輕儇，鮮恥者謂之朴實。陛下得若人而相之，何補於治哉！」淮竟罷職予祠。

光宗受禪，除軍器監，遷太常少卿，以言者罷。紹熙元年，除淮南運判兼淮東提刑，以鐵錢濫惡不職，貶秩，知廬州。召除大理少卿。寧宗卽位，除吏部尚書兼給事中。及之早與薛叔似同擢遺、補，皆爲當時所予。黨事旣起，善類一空，叔似累斥逐，而及之諂事侂胄，無所不至。嘗值侂胄生日，朝行上壽畢集，及之後至，閽人掩關拒之，及之俯僂以入。爲尚書，二年不遷，見侂胄流涕，序其知遇之意及衰遲之狀，不覺膝屈。侂胄惻然憐之曰：「尚書才望，簡在上心，行且進拜矣。」居亡何，同知樞密院事。當時有「由竇尚書、屈膝執政」之語，傳以爲笑。

嘉泰二年〔三〕，拜參知政事，進知樞密院事兼參政。兵端開，侂胄欲令及之守金陵，及之辭。侂胄誅，中丞雷孝友奏及之實贊侂胄開邊，及守金陵，始詭計免行。降兩官，泉州居住。嘉定二年，卒。

梁汝嘉字仲謨，處州麗水人。以外祖太宰何執中任入官，調中山府司議曹事〔三〕。建炎初，知常州武進縣。守薦其治狀，擢通判州事，加直祕閣，歷官至轉運副使。臨安闕守，火盜屢作，命汝嘉攝事。汝嘉修火政，嚴巡徼，盜發輒得，火災亦息。遂命爲眞，加直龍圖閣。以稱職，擢徽猷閣待制，試戶部侍郎兼知臨安府。累遷戶部侍郎，進權尙書兼江、淮、荆、廣經制使。

汝嘉素善秦檜，殿中侍御史周葵將按之。汝嘉聞，紿中書舍人林待聘曰：「副端將論君。」待聘亟告檜，徙葵起居郎。葵入後省，出疏示待聘曰：「梁仲謨何其幸也。」待聘始知爲汝嘉所賣，士大夫以是薄汝嘉。汝嘉求去，以寶文閣直學士提舉太平觀。未幾，升學士、知明州，兼浙西沿海制置使，更温、宣、鼎三郡，復奉祠以歸。紹興二十三年，卒。汝嘉長於吏治，在臨安風績尤著。

論曰：君子之論人，亦先觀其大者而已矣。忠孝，人之大節也，胡紘導其君以短喪，不得謂之忠；何澹疑所生繼母之服，士論紛紜而後去，不可以爲孝。彼於其大者且忍爲之，則其協比權姦，誣搆善類，亦何憚而不爲乎？謝深甫出處，舊史泯其迹，若無可議爲者。然慶元之初，韓侂胄設僞學之禁，網羅善類而一空之，深甫秉政，適與之同時，諉曰不知，不可也。況於一劾陳傅良，再劾趙汝愚，形於深甫之章，有不可揜者乎？陳自強、鄭丙、許及之輩，狐媚苟合，以竊貴寵，斯亦不足論已。若林栗之有治才，善論事，高文虎之自負該洽，京鏜之仗義秉禮，志信於敵國，抑豈無足稱者。然栗以私忿詆名儒，不爲淸議所與，而文虎草僞學之詔，以是爲非，以正爲邪，變亂白黑，以欺當世，其人可知也。鏜暮年得政，朋姦取容，旣愧其初服矣，況僞學之目，識者以爲鏜實發之乎？士君子立身行事，一失其正，流而不知返，遂爲千古之罪人，可不懼哉！可不懼哉！

校勘記

〔一〕武泰軍節度副使　「副」字原脫，據兩朝綱目卷一〇、宋史全文卷二九補。

〔二〕嘉泰二年　「嘉泰」原作「嘉定」。按本書卷二一三宰輔表，嘉泰二年十一月，「許及之參知政事」，兩朝綱目卷七同。「嘉定」爲「嘉泰」之誤，據改。

〔三〕調中山府司議曹事　「議曹」，周必大周益國文忠公集卷六九梁汝嘉神道碑作「儀曹」。本書卷一六六職官志，開封府有「儀曹」，爲六曹之一，疑「議」爲「儀」字之誤。

宋史卷三百九十五

列傳第一百五十四

樓鑰　李大性　任希夷　徐應龍　莊夏　王阮　王質
陸游　方信孺　王柟

樓鑰字大防，明州鄞縣人。隆興元年，試南宮，有司偉其辭藝，欲以冠多士，策偶犯舊諱，知貢舉洪遵奏，得旨以冠末等。投贄謝諸公，考官胡銓稱之曰：「此翰林才也。」試教官，調溫州教授，爲敕令所删定官，修淳熙法。議者欲降太學釋奠爲中祀，鑰曰：「乘輿臨幸，於先聖則拜，武成則肅揖，其禮異矣，可鈞敵乎？」

改宗正寺主簿，歷太府、宗正寺丞，出知溫州。屬縣樂清倡言方臘之變且復起，邑令捕數人歸于郡。鑰曰：「罪之則無可坐，縱之則惑民。」編隸其爲首者，而驅其徒出境，民言遂定。堂帖問故，鑰曰：「蘇洵有言：『有亂之形，無亂之實，是謂將亂。不可以有亂急，不可以無亂弛。』」丞相周必大心善之。

光宗嗣位，召對，奏曰：「人主初政，當先立其大者。至大莫如恢復，然當先強主志，進君德。」又曰：「今之網密甚矣，望陛下軫念元元，以設禁爲不得已，凡有創意增益者，寢而勿行，所以保養元氣。」

除考功郎兼禮部。吏銓並緣爲姦，多所壅底。鑰曰：「簡要清通，尚書郎之選。」盡革去之。改國子司業，擢起居郎兼中書舍人。代言坦明，得制誥體，繳奏無所回避。禁中或私請，上曰：「樓舍人朕亦憚之，不如且已。」刑部言，天下獄案多所奏裁，中書之務不清，宜痛省之。鑰曰：「三宥制刑，古有明訓。」力論不可。會慶節上壽，扈從班集，乘輿不出。已而玉牒、聖政、會要書成，將進重華，又屢更日。鑰言：「臣累歲隨班，見陛下上壽重華宮，歡動宸極。嘉王日趨朝謁，恪勤不懈，竊料壽皇望陛下之來，亦猶此也。」又奏：「聖政之書，全載壽皇一朝之事。玉牒、會要足成淳熙末年之書，幸速定其日，無復再展，以全聖孝。」於是上感悟，進書成禮。

試中書舍人，俄兼直學士院。光宗內禪詔書，鑰所草也，有云：「雖喪紀自行於宮中，而禮文難示於天下。」薦紳傳誦之。遷給事中。乞正太祖東嚮之位，別立僖祖廟以代夾室，順祖、翼祖、宣祖之主皆藏其中，祫祭卽廟而饗。從之。

朱熹以論事忤韓侂胄，除職與郡。鑰言：「熹鴻儒碩學，陛下閔其耆老，當此隆寒，立講不便，何如俾之內祠，仍令修史，少俟春和，復還講筵。」不報。趙汝愚謂人曰：「樓公當今人物也，直恐臨事少剛決耳。」及見其持論堅正，歎曰：「吾於是大過所望矣。」

寧宗受禪，侂胄以知閤門事與聞傳命，頗有弄權之漸，彭龜年力攻之。侂胄轉一官，與在京宮觀，龜年除待制，與郡。鑰與林大中奏，乞留龜年於講筵，或命侂胄以外祠。龜年竟去，鑰遷爲吏部尚書，以顯謨閣學士提舉江州太平興國宮。尋知婺州，移寧國府，罷，仍奪職。告老至再，許之。

侂胄嘗副鑰爲館伴，以鑰不附己，深嗛之。侂胄誅，詔起鑰爲翰林學士，遷吏部尚書兼翰林侍講。時鑰年過七十，精敏絕人，詞頭下，立進草，院吏驚詫。入朝，陛楯舊班諦視鑰曰：「久不見此官矣。」時和好未定，金求韓侂胄函首，鑰曰：「和好待此而決，姦兇已斃之首，又何足恤。」詔從之。

趙汝愚之子崇憲奏雪父冤，鑰乞正趙師召之罪，重蔡璉之誅，毀龔頤正續稽古錄以白誣謗。除端明殿學士、簽書樞密院事，升同知，進參知政事。位兩府者五年，累疏求去，除資政殿學士、知太平州，辭，進大學士，提舉萬壽觀。嘉定六年薨，年七十七，贈少師，謚宣獻。

綸文辭精博，自號攻媿主人，有集一百二十卷。

李大性字伯和，端州四會人。其先積中，嘗爲御史，以直言入元祐黨籍，始家豫章。大性少力學，尤習本朝典故。以父任入官，因參選，進藝祖廟謨百篇及公私利害百疏。又言：「元豐制，六察許言事，章惇爲相始禁之，乞復舊制，以廣言路。」從臣力薦之，命赴都堂審察，僅遷一秩，爲湖北提刑司幹官。未幾，入爲主管吏部架閣文字。丁母艱，服闋，進典故辨疑百篇，皆本朝故實，蓋網羅百氏野史，訂以日歷、實錄，核其正舛，率有據依，孝宗讀而褒嘉之。

擢大理司直，遷敕令所删定官，添差通判楚州。郡守吳曦與都統劉超合議，欲撤城移他所，大性謂：「楚城實晉義烏間所築，最堅，奈何以脆薄易堅厚乎？」持不可。臺臣將劾其沮撓，不果。會從官送北客，朝命因俾廉訪，具以實聞，遂罷戎帥，召大性除太府寺丞，遷大宗正丞兼倉部郎，尋改工部。

陳傅良以言事去國，彭龜年、黃度、楊方相繼皆去。大性抗疏言：「朝廷淸明，乃使言者無故而去，臣所甚惜也。數人之心，皆本愛君，知其愛君，任其去而不顧，恐端人正士之去者將不止此。孟子曰：『不信仁賢，則國空虛。』臣所以爲之寒心也。」

孝宗崩，光宗疾，未能執喪。大性復上疏言：「今日之事，顚倒舛逆，況金使祭奠當引見于北宮素帷，不知是時猶可以不出乎？檀弓曰：『成人有兄死而不喪者，聞子皐將爲成宰，遂爲衰。成人曰：「兄則死而子皐爲之衰。」』蓋言成人畏子皐之來方爲制服，其服乃子皐爲之，非爲兄也。若陛下必待使來然後執喪，則恐貽譏中外，豈特如成人而已哉。」遷軍器少監，權司封郎，提舉浙東常平，改浙東提刑兼知慶元府。召爲吏部郎中，四遷爲司農卿。明年，兼戶部侍郎。

出知紹興府，甫一歲，召爲戶部侍郎，升尙書。朝論將用兵，大性條陳利害，主不宜輕擧之說，忤韓侂胄意，出知平江，移知福州，又移知江陵，充荊湖制置使。江陵當用兵後，殘燬饑饉，繼以疾疫，大性首議振貸，凡三十八萬緡有奇。前官虛羨，凡十有四萬五千緡，率蠲放不督，民流移新復業者，皆奏免征榷。邊郡武爵，本以勵士，冒濫滋衆，大性劾兩路戎司冒受逃亡付身，凡三千四百九十有七道，率繳上毀抹，左選爲之一淸。江陵舊使銅鑼，錢重楮輕，民持貲入市，有終日不得一錢者。大性奏乞依襄、郢例通用鐵錢，於是泉貨流通，民始復業。除刑部尙書兼詳定敕令，尋遷兵部。

時金國分裂，不能自存，有擧北伐之議者，大性上疏以和戰之說未定，乞令朝臣集議，從之。尋以端明殿學士知平江府，引疾丐祠，卒于家，年七十七，贈開府儀同三司，謚文惠。李氏自積中三世官于朝，父子兄弟相師友，而大性與弟大異、大東並躋從列，爲名臣云。

任希夷字伯起，其先眉州人。四世祖伯雨爲諫議大夫，其後仕閩，因家邵武。希夷少刻意問學，爲文精苦。登淳熙三年進士第，調建寧府浦城簿。從朱熹學，篤信力行，熹器之曰：「伯起，開濟士也。」開禧初，主太常寺簿，奏：「紹熙以來，禮書未經編次，歲月滋久，恐或散亡，乞下本寺修纂。」從之。遷禮部尙書兼給事中。謂：「周惇頤、程顥、程頤爲百代絕學之倡，乞定議賜謚。」其後惇頤謚元，顥謚純，頤謚正，皆希夷發之。進端明殿學士、簽書樞密院事兼權參知政事。史彌遠柄國久，執政皆具員，議者頗譏其拱默。尋提舉臨安洞霄宮，薨，贈少師，謚宣獻。

徐應龍字允叔。淳熙二年第進士，調衡州法曹、湖南檢法官。潭獲劫盜，首謀者已繫獄，妄指逸者爲首，吏信之，及獲逸盜，治之急，遂誣服。吏以成憲讞于憲司，應龍閱實其辭，謂：「首從不明，法當奏。」時周必大判潭州，提刑盧彥德不欲反其事，將置逸盜于死，應龍力與之辨。先是，彥德許應龍京削，至是怒曰：「君不欲出我門邪？」應龍曰：「以人命傅文字，所不忍也。」彥德不能奪，聞者多其有守，交薦之。

改秩，知瑞州高安縣。呂祖儉言事忤韓侂胄，謫死高安，應龍爲之經紀其喪，且爲文誄之。有勸之避禍者，應龍曰：「呂君吾所敬，雖緣此獲譴，亦所願也。」朱熹貽書應龍曰：「高安之政，義風凜然。」主淮西機宜文字，知南恩州。

陳自強當國，乃舊同舍，應龍丐雷州而去。召監都進奏院，遷國子博士、守工部員外郎，進戶部侍郎，遷國子司業兼實錄院檢討官、崇政殿說書、守祕書少監兼權工部侍郎。

時金主徙汴，應龍言：「金人窮而南奔，將溢出而蹈吾之境。金亡，更生新敵，尤爲可慮。」兼侍講，言：「人主不能盡知天下人材，當責之宰相；宰相不能盡知天下人材，當採之公論。李吉甫爲相，號稱得人，而三人之薦，乃出於裴垍之疏。」

遷吏部侍郎，進刑部尚書兼侍讀。應龍在講筵，多指陳時政。一日讀吳起爲卒吮疽事，應龍奏：「起恤士卒如此，故能得其死力。今軍將得以賄遷，專事掊克，未免多怨。」上驚曰：「債帥之風，今猶未除邪？」宰相史彌遠聞而惡之，免侍讀。未幾，兼太子詹事。會景獻太子蒉，請老，上不許，徙吏部尚書。以煥章閣學士提舉嵩山崇福宮。嘉定十七年卒，贈開府儀同三司，謚文肅。

子榮叟，官至參知政事，謚文靖；深叟，官終將作監丞；淸叟，知樞密院事兼參知政事。各有傳。

莊夏字子禮，泉州人。淳熙八年進士。慶元六年，大旱，詔求言。夏時知贛州興國縣，上封事曰："君者陽也，臣者君之陰也。今威福下移，此陰勝也。積陰之極，陽氣散亂而不收，其弊爲火災，爲旱蝗。願陛下體陽剛之德，使後宮戚里、內省黃門，思不出位，此抑陰助陽之術也。"

召爲太學博士。言："比年分藩持節，詔墨未乾而改除，坐席未溫而易地，一人而歲三易節，一歲而郡四易守，民力何由裕？"遷國子博士。召除吏部員外郎，遷軍器監、太府少卿。出知漳州，爲宗正少卿兼國史院編修官，尋權直學士院兼太子侍讀。時流民來歸，夏言："荊襄、兩淮多不耕之田，計口授地，貸以屋廬牛具。吾乘其始至，可以得其欲；彼幸其不死，可以忘其勞。兵民可合，屯田可成，此萬世一時也。"

試中書舍人兼太子右庶子、左諭德，言：「今戰守不成，而規模不定，則和好之說，得以乘間而入。今日之患，莫大於兵冗。乞行下將帥，令老弱自陳，得以子若弟姪若壻強壯及等者收刺之，代其名糧。」上曰：「兵卒子弟與召募百姓不同，卿言是也。」除兵部侍郎、煥章閣待制，與祠歸。嘉定十年卒。

王阮字南卿，江州人。曾祖韶，神宗時，開熙河，擒木征；祖厚，繼闢湟、鄯；父彥傳，靖康勤王：皆有功。阮少好學，尙氣節。常自稱將種，辭辯奮發，四坐莫能屈。嘗謁袁州太守張栻，栻謂曰：「當今道在武夷，子盍往求之。」阮見朱熹于考亭，熹與語，大說之。登隆興元年進士第。

時孝宗初卽位，欲成高宗之志，首詔經理建業以圖進取，而大臣巽懦幸安，計未決。阮試禮部，對策曰：

臨安蟠幽宅阻，面湖背海，膏腴沃野，足以休養生聚，其地利於休息。建康東南重鎭，控制長江呼吸之間，上下千里，足以虎視吳、楚，應接梁、宋，其地利於進取。建炎、紹興間，敵人乘勝長驅直擣，而我師亦甚憊也。上皇遵養時晦，不得與平，乃駐臨安，所以爲休息計也。已三十年來，闕者全，壞者修，弊者整，廢者復，較以曩昔，倍萬不侔。主上獨見遠覽，舉而措諸事業，非固以臨安爲不足居也。戰守之形既分，動靜進退之理異也。

古者立國，必有所恃，謀國之要，必負其所恃之地。秦有函谷，蜀有劍閣，魏有成皋，趙有井陘，燕有飛狐，而吳有長江，皆其所恃以爲國也。今東南王氣，鍾在建業，長江千里，控扼所會，輟而弗顧，退守幽深之地，若將終身焉，如是而曰謀國，果得爲善謀乎？且夫戰者以地爲本，湖山回環，孰與乎龍盤虎踞之雄？胥潮奔猛，孰與乎長江之險？今議者徒習吳、越之僻固，而不知秣陵之通達，是猶富人之財，不布於通都大邑，而匣金以守之，愚恐半夜之或失也。儻六飛順動，中原在跬步間，況一建康耶？古人有言：「千里之行，起於足下。」人患不爲爾。

知貢舉范成大得而讀之，歎曰：「是人傑也。」

調南康都昌主簿，以廉聲聞，移永州教授。獻書闕下，請罷吳、楚牧馬之政，而積馬於蜀茶馬司，以省往來綱驛之費、歲時分牧之資，凡數千言。紹熙中，知濠州，請復曹瑋方田，修种世衡射法，日講守備，與邊民親訪北境事宜。終阮在濠，金不敢南侵。改知撫州。

韓侂胄宿聞阮名，特命入奏，將誘以美官，夜遣密客詣阮，阮不答，私謂所親曰：「吾聞公卿擇士，士亦擇公卿。劉歆、柳宗元失身匪人，爲萬世笑。今政自韓氏出，吾肯出其門哉？」陛對畢，拂衣出關。侂胄聞之大怒，批旨予祠。阮於是歸隱廬山，盡棄人間事，從容觴詠而已。朱熹嘗惜其才氣術略過人，而留滯不偶云。嘉定元年卒。

王質字景文，其先鄆州人，後徙興國。質博通經史，善屬文。游太學，與九江王阮齊名。阮每云：「聽景文論古，如讀酈道元水經，名川支川，貫穿周匝，無有間斷，咳唾皆成珠璣。」

質與張孝祥父子游，深見器重。孝祥爲中書舍人，將薦質舉制科，會去國不果。著論五十篇，言歷代君臣治亂，謂之朴論。中紹興三十年進士第，用大臣言，召試館職，不就。明年，金主完顏亮南侵，御史中丞汪澈宣諭荆、襄，又明年，樞密使張浚都督江、淮，皆辟爲屬。入爲太學正。

時孝宗屢易相，國論未定，質乃上疏曰：

陛下卽位以來，慨然起乘時有爲之志，而陳康伯、葉義問、汪澈在廷，陛下皆不以爲才，於是先逐義問，次逐澈，獨徘徊康伯，難於進退，陛下意終鄙之，遂決意用史浩，而浩亦不稱陛下意，於是決用張浚，而浚又無成，於是決用湯思退。今思退專任國政，又且數月，臣度其終無益於陛下。

夫宰相之任一不稱，則陛下之志一沮。前日康伯持陛下以和，和不成；浚持陛下以戰，戰不驗；浚又持陛下以守，守既困；思退又持陛下以和。陛下亦嘗深察和、戰、守之事乎？李牧在鴈門，法主於守，守乃有戰。祖逖在河南，法主於戰，戰乃有和。羊祜在襄陽，法主於和，和乃有守。何至分而不使相合？

今陛下之心志未定，規模未立。或告陛下，金弱且亡，而吾兵甚振，陛下則勃然有勒燕然之志；或告陛下，吾力不足恃，而金人且來，陛下卽委然有盟平涼之心；或告陛下，吾不可進，金不可入，陛下又蹇然有指鴻溝之意。使臣爲陛下謀，會三者爲一，天下烏有不治哉？

天子心知質忠，而忌者共讒質年少好異論，遂罷去。會虞允文宣撫川、陝，辟質偕行。一日令草檄契丹文，援毫立就，辭氣激壯。允文起執其手曰：「景文天才也。」入爲敕令所删定官，遷樞密院編修官。允文當國，孝宗命擬進諫官，允文以質鯁亮不回，且文學推重於時，可右正言。時中貴人用事，多畏憚質，陰沮之，出通判荆南府，改吉州，皆不行，奉祠山居，絕意祿仕。淳熙十五年卒。

陸游字務觀，越州山陰人。年十二能詩文，蔭補登仕郎。鎖廳薦送第一，秦檜孫塤適居其次，檜怒，至罪主司。明年，試禮部，主司復置游前列，檜顯黜之，由是爲所嫉。檜死，始赴福州寧德簿，以薦者除敕令所删定官。

時楊存中久掌禁旅，游力陳非便，上嘉其言，遂罷存中。中貴人有市北方珍玩以進者，游奏：「陛下以『損』名齋，自經籍翰墨外，屏而不御。小臣不體聖意，輒私買珍玩，虧損聖德，乞嚴行禁絕。」

應詔言：「非宗室外家，雖實有勳勞，毋得輒加王爵。頃者有以師傅而領殿前都指揮使，復有以太尉而領閤門事，瀆亂名器，乞加訂正。」遷大理寺司直兼宗正簿。

孝宗卽位，遷樞密院編修官兼編類聖政所檢討官。史浩、黃祖舜薦游善詞章，諳典故，召見，上曰：「游力學有聞，言論剴切。」遂賜進士出身。入對，言：「陛下初卽位，乃信詔令以示人之時，而官吏將帥一切玩習，宜取其尤沮格者，與衆棄之。」

和議將成，游又以書白二府曰：「江左自吳以來，未有捨建康他都者。駐蹕臨安出於權宜，形勢不固，饋餉不便，海道逼近，凜然意外之憂。一和之後，盟誓已立，動有拘礙。今當與之約，建康、臨安皆係駐蹕之地，北使朝聘，或就建康，或就臨安，如此則我得以暇時建都立國，彼不我疑。」

時龍大淵、曾覿用事，游爲樞臣張燾言：「覿、大淵招權植黨，熒惑聖聽，公及今不言，異日將不可去。」燾遽以聞，上詰語所自來，燾以游對。上怒，出通判建康府，尋易隆興府。言者論游交結臺諫，鼓唱是非，力說張浚用兵，免歸。久之，通判夔州。

王炎宣撫川、陝，辟爲幹辦公事。游爲炎陳進取之策，以爲經略中原必自長安始，取長安必自隴右始。當積粟練兵，有釁則攻，無則守。吳璘子挺代掌兵，頗驕恣，傾財結士，屢以過誤殺人，炎莫誰何。游請以玠子拱代挺。炎曰：「拱怯而寡謀，遇敵必敗。」游曰：「使挺遇敵，安保其不敗。就令有功，愈不可駕馭。」及挺子曦僭叛，游言始驗。

范成大帥蜀，游爲參議官，以文字交，不拘禮法，人譏其頽放，因自號放翁。後累遷江西常平提舉。江西水災，奏：「撥義倉振濟，檄諸郡發粟以予民。」召還，給事中趙汝愚駁之，遂與祠。起知嚴州，過闕，陛辭，上諭曰：「嚴陵山水勝處，職事之暇，可以賦詠自適。」再召入見，上曰：「卿筆力回斡甚善，非他人可及。」除軍器少監。

紹熙元年，遷禮部郎中兼實錄院檢討官。嘉泰二年，以孝宗、光宗兩朝實錄及三朝史未就，詔游權同修國史、實錄院同修撰，免奉朝請，尋兼祕書監。三年，書成，遂升寶章閣待制，致仕。

游才氣超逸，尤長於詩。晚年再出，爲韓侂胄撰南園閱古泉記，見譏清議。朱熹嘗言：「其能太高，迹太近，恐爲有力者所牽挽，不得全其晚節。」蓋有先見之明焉。嘉定二年卒，年八十五。

方信孺字孚若，興化軍人。有雋材，未冠能文，周必大、楊萬里見而異之。以父崧卿蔭，補番禺縣尉。盜劫海賈，信孺捕之，盜方沙聚分鹵獲，惶駭欲趨舟，信孺已使人負盜舟去矣，乃悉縛盜，不失一人。

韓侂胄舉恢復之謀，諸將僨軍，邊釁不已。朝廷尋悔，金人亦厭兵，乃遣韓元靚來使，而都督府亦再遣壯士遺敵書，然皆莫能得其要領。近臣薦信孺可使，自蕭山丞召赴都，命以使事。信孺曰：「開釁自我，金人設問首謀，當何以答之？」侂胄矍然。假朝奉郎、樞密院檢詳文字，充樞密院參謀官，持督帥張巖書通問于金國元帥府。

至濠州，金帥紇石烈子仁止于獄中，露刃環守之，絕其薪水，要以五事。信孺曰：「反俘、歸幣可也，縛送首謀，於古無之，稱藩、割地，則非臣子所忍言。」子仁怒曰：「若不望生還耶？」信孺曰：「吾將命出國門時，已置生死度外矣。」

至汴，見金左丞相、都元帥完顏宗浩，出就傳舍。宗浩使將命者來，堅持五說，且謂：「稱藩、割地，自有故事。」信孺曰：「昔靖康倉卒割三鎭，紹興以太母故暫屈，今日顧可用爲故事耶？此事不獨小臣不敢言，行府亦不敢奏也。請面見丞相決之。」將命者引而前，宗浩方坐幄中，陳兵見之，云：「五事不從，兵南下矣。」信孺辯對不少詘。宗浩叱之曰：「前日興兵，今日求和，何也？」信孺曰：「前日興兵復讎，爲社稷也。今日屈己求和，爲生靈也。」宗浩不能詰，授以報書曰：「和與戰，俟再至決之。」

信孺還，詔侍從、兩省、臺諫官議所以復命。衆議還俘獲，罪首謀，增歲幣五萬，遣信孺再往。時吳曦已誅，金人氣頗索，然猶執初議。信孺曰：「本朝謂增幣已爲卑屈，況名分地界哉？且以曲直校之，本朝興兵在去年四月，若貽書誘吳曦，則去年三月也，其曲固有在矣。如以強弱言之，若得滁、濠，我亦得泗、漣水。若夸胥浦橋之勝，我亦有鳳凰山之捷。若謂我不能下宿、壽，若圍廬、和、楚果能下乎？五事已從其三，而猶不我聽，不過再交兵耳。」

金人見信孺忠懇，乃曰：「割地之議姑寢，但稱藩不從，當以叔爲伯，歲幣外，別犒師可也。」信孺固執不許。宗浩計窮，遂密與定約。復命，再差充通謝國信所參謀官，奉國書誓草及許通謝百萬緡抵汴。宗浩變前說，怒信孺不曲折建白，遽以誓書來，有「誅戮禁錮」語。信孺不爲動，將命曰：「此事非犒軍錢可了。」別出事目。信孺曰：「歲幣不可再增，故代以通謝錢。今得此求彼，吾有隕首而已。」將命曰：「不爾，丞相欲留公。」信孺曰：「留於此死，辱命亦死，不若死於此。」會蜀兵取散關，金人益疑。

信孺還，言：「敵所欲者五事：割兩淮一，增歲幣二，犒軍三，索歸正等人四，其五不敢言。」侂胄再三問，至厲聲詰之，信孺徐曰：「欲得太師頭耳。」侂胄大怒，奪三秩，臨江軍居住。

信孺自春至秋，使金三往返，以口舌折強敵，金人計屈情見，然憤其不屈，議用弗就。已而王柟出使，定和議，增幣、函首，皆前信孺所持不可者。柟白廟堂：「信孺辯折敵酋於彊愎未易告語之時，信孺當其難，柟當其易。柟每見，金人必問信孺安在，公論所推，雖敵人不能掩也。」乃詔信孺自便。

尋知韶州，累遷淮東轉運判官兼提刑。知眞州，卽北山匱水築石堤，袤二十里，人莫知其所爲。後金人薄儀眞，守將決水匱以退敵，城乃獲全。山東初內附，信孺言：「豪傑不可以虛名駕馭，武夫不可以弱勢彈壓，宜選威望重臣，將精兵數萬，開幕山東，以主制客，以重馭輕，則可以包山東，固江北，而兩河在吾目中矣。」坐責降三秩，再奉祠，稍復官。

信孺性豪爽，揮金如糞土，所至賓客滿其後車。使北時，年財三十。既齟齬歸，營居室巖竇，自放於詩酒。後貲用竭，賓客益落，信孺尋亦死矣。

王柟字汝良，大名人。祖倫，同簽書樞密院事。倫使北死，孝宗訪求其孫之未祿者三人官之，柟其一也。調通州海門尉。乘輕舟入海濤，捕劇賊小吳郎，幷其徒十七人獲之，獄成，不受賞。

韓侂胄以恢復起兵端，天子思繼好息民，凡七遣使無成。續遣方信孺往，將有成說矣，坐白事忤侂胄得辠。欲再遣使，顧在廷無可者，近臣以柟薦，擢監登聞鼓院，假右司郎中，使持書北行。柟歸白其母，母曰：「而祖以忠死國，故恩及子孫。汝其勉旃，毋以吾老爲念。」乃拜命，疾驅抵敵所。

金將烏骨論等四人列坐，問：「韓侂胄貴顯幾年矣？」柟對：「已十餘年，平章國事財二年耳。」又問：「今欲去此人可乎？」柟曰：「主上英斷，去之何難。」四人相顧而笑。有完顏天寵者，袖出文書，云：「王柟雖持韓侂胄書，乃朝廷有旨遣其來元帥府議和，宜詳議以報。」於是金人知侂胄已誅，和議遂決。

柟持金人牒歸，求函侂冑首，以起居郎許奕爲通謝使，柟爲通謝所參謀官。柟自軍前再還，議以侂冑首易淮、陝侵地，從之。柟奏：「和約之成，皆方信孺備嘗險阻再三將命之功，臣因人成事，乞錄信孺功而蠲其過。」朝論以柟不掩人揚己多之。守軍器少監，知楚州，累官至太府卿。告歸，以右文殿修撰知太平州，加集英殿修撰，致仕。卒，贈寶章閣待制。

論曰：樓鑰渾厚正大，李大性直言不愧其先，任希夷請謚先儒，徐應龍在經筵多所裨益，莊夏、王阮、王質皆負其有爲之才，卒奉祠去國。陸游學廣而望隆，晚爲韓侂冑著堂記，君子惜之，抑春秋責賢者備也。方信孺年少奉使，而以意氣折金人。王柟北歸，請錄信孺之功，長者哉！

宋史卷三百九十六

列傳第一百五十五

史浩　王淮　趙雄　權邦彥　程松　陳謙　張巖

史浩字直翁，明州鄞縣人。紹興十四年登進士第，調紹興餘姚縣尉，歷溫州教授，郡守張九成器之。

秩滿，除太學正，升國子博士。因轉對，言：「普安、恩平二王宜擇其一以係天下望。」高宗領之。翌日，語大臣曰：「浩有用才也。」除秘書省校書郎兼二王府教授。三十年，普安郡王爲皇子，進封建王，除浩權建王府教授。詔建王府置直講、贊讀各一員，浩守司封郎官兼直講。一日講周禮，言：「膳夫掌膳羞之事，歲終則會，惟王及后、世子之膳羞不會。至酒正掌飲酒之事，歲終則會，惟王及后之飲酒不會，世子不與焉。以是知世子膳羞可以不會，世子飲酒不可以無節也。」王作而謝曰：「敢不佩斯訓。」

三十一年，遷宗正少卿。會金主亮犯邊，下詔親征。時兩淮失守，廷臣爭陳退避計，建王抗疏請率師爲前驅。浩爲王力言：「太子不可將兵，以晉申生、唐肅宗靈武之事爲戒。」王大感悟，立俾浩草奏，請扈蹕以供子職，辭意懇到。高宗方怒，覽奏意頓釋，知奏出於浩，語大臣曰：「眞王府官也。」既而殿中侍御史吳芾乞以皇子爲元帥，先視師。浩復遺大臣書，言：「建王生深宮中，未嘗與諸將接，安能辦此。」或謂使王居守，浩復以爲不可。上亦欲令王徧識諸將，遂扈蹕如建康。

三十二年，上還臨安，立建王爲皇太子，浩除起居郎兼太子右庶子。孝宗受禪，遂以中書舍人遷翰林學士、知制誥。張浚宣撫江、淮，將圖恢復，浩與之異議，欲城瓜洲、采石。浚奏：「不守兩淮而守江，不若城泗州。」除參知政事。有詔議應敵定論，洪遵、金安節、唐文若等相繼論列，宰執獨無奏。上以問浩，浩奏：「先爲備禦，是謂良規。儻聽淺謀之士，興不教之師，寇去則論賞以邀功，寇至則斂兵而遁跡，謂之恢復得乎？」薦樞密院編修官陸游、尹穡，召對，並賜出身。隆興元年，拜尚書右僕射，首言趙鼎、李光之無罪，岳飛之久冤，宜復其官爵，祿其子孫。悉從之。

李顯忠、邵宏淵奏乞引兵進取，浩奏：「二將輒乞戰，豈督府命令有不行耶？」浚請入覲，乞即日降詔幸建康，上以問浩，浩陳三說不可，退，又以詰浚曰：「帝王之兵，當出萬全，豈可嘗試以圖僥倖。」復辨論於殿上，浚曰：「中原久陷，今不取，豪傑必起而收之。」浩曰：「中原决無豪傑，若有之，何不起而亡金？」浚曰：「彼民間無寸鐵，不能自起，待我兵至爲內應。」浩曰：「勝、廣以鉏耰棘矜亡秦，必待我兵，非豪傑矣。」浚因內引奏：「浩意不可回，恐失幾會，乞出英斷。」省中忽得宏淵出兵狀，始知不由三省，徑檄諸將。浩語陳康伯曰：「吾屬俱兼右府，而出兵不與聞，焉用相哉！不去尚何待乎？」因又言：「康伯欲納歸正人，臣恐他日必爲陛下子孫憂。浚銳意用兵，若一失之後，恐陛下終不得復望中原。」御史王十朋論之，出知紹興。

先是，浩因城瓜洲，白遣太府丞史正志往視之，正志與浚論辯。十朋亦疏史正志朋比，併及浩，遂與祠，自是不召者十三年。起知紹興府、浙東安撫使。持母喪歸，服闋，知福州。淳熙初，上問執政：「久不見史浩，無他否？」遂除少保、觀文殿大學士、醴泉觀使兼侍讀。五年，復爲右丞相。上曰：「自葉衡罷，虛席以待卿久矣。」浩奏：「蒙恩再相，唯盡公道，庶無朋黨之弊。」上曰：「宰相豈當有黨，人主亦不當以朋黨名臣下。朕但取賢者用之，否則去之。」

樞密都承旨王抃建議以殿、步二司軍多虛額，請各募三千人充之。已而殿前司輒捕市人，京城騷動，被掠者多斷指，示不可用。軍人怙衆，因奪民財。浩奏：「盡釋所捕，而禽軍民首譁呶者送獄。」獄成議罪，欲取兵民各一人梟首以徇。浩曰：「諸軍掠人奪貨至於鬨，則始釁者軍人也，軍法從事固當。若市人陸慶童特與抗鬥爾，可同罰乎？陛下恐軍人有語，故一其罪以安之。夫民不得其平，言亦可畏，『等死，死國可乎〔一〕？』是豈軍人語。」上怒曰：「是比朕爲秦二世也。」浩徐進曰：「自古民怨其上者多矣，『時日曷喪，予及汝偕亡』，豈二世事。」尋求去，拜少傅、保寧軍節度使，充醴泉觀使兼侍讀。後有言慶童之冤者，上曰：「史浩嘗力爭，坐此求去，至今悔之。」

趙雄嘗薦劉光祖試館職，光祖答策，論科場取士之道，進入，上親批其後，略曰：「用人之弊，人君乏知人之哲，宰相不能擇人。國朝以來，過於忠厚，宰相而誤國，大將而敗軍，未嘗誅戮。要在人君必審擇相，相必當爲官擇人，懋賞立乎前，誅戮設乎後，人才不出，吾不信也。」手詔旣出，中外大聳。議者謂曾覿視草，爲光祖甲科發也。上遣覿持示浩，浩奏：「唐、虞之世，四凶極惡，止於流竄，三考之法，不過黜陟，未嘗有誅戮之科。誅戮大臣，秦、漢法也。太祖制治以仁，待臣下以禮，列聖傳心，迨仁宗而德化隆洽，本朝之治，與三代同風，此祖宗家法也。聖訓則曰『過於忠厚』。夫爲國而底於忠厚，豈有所謂過哉？臣恐議者以陛下自欲行刻薄之政，歸過祖宗，不可不審也。」

及自經筵將告歸，乃於小官中薦江、浙之士十五人，有旨令升擢，皆一時選也。如薛叔似、楊簡、陸九淵、石宗昭、陳謙、葉適、袁燮、趙靜之、張子智，後皆擢用，不至通顯者六人而已。

十年，請老，除太保致仕，封魏國公。晚治第鄞之西湖上，建閣奉兩朝賜書，又作堂，上爲書「明良慶會」名其閣、「舊學」名其堂。光宗御極，進太師。紹熙五年薨，年八十九，封會稽郡王。寧宗登極，賜謚文惠，御書「純誠厚德元老之碑」賜焉。嘉定十四年，追封越王，改謚忠定，配享孝宗廟庭。

浩喜薦人才，嘗擬陳之茂進職與郡，上知之茂嘗毀浩，曰：「卿豈以德報怨耶？」浩曰：「臣不知有怨，若以爲怨而以德報之，是有心也。」莫濟狀王十朋行事，詆浩尤甚，浩薦濟掌內制，上曰：「濟非議卿者乎？」浩曰：「臣不敢以私害公。」遂除中書舍人兼直學士院，待之如初。蓋其寬厚類此。子彌大、彌正、彌遠、彌堅。彌遠嘉定初爲右丞相，有傳。

王淮字季海，婺州金華人。幼穎悟，力學屬文。登紹興十五年進士第，爲台州臨海尉。郡守蕭振一見奇之，許以公輔器。振帥蜀，辟置幕府。振出，衆欲留，淮曰：「萬里將母，豈爲利祿計。」皆服其器識，遷校書郎。

高宗命中丞舉可爲御史者，朱倬舉淮，除監察御史，尋遷右正言。首論：「大臣養尊，小臣持祿，以括囊爲智，以引去爲高。願陛下正心以正朝廷，正朝廷以正百官。」宰相湯思退無物望，淮條其罪數十，於是策免。至於吏部侍郎沈介之欺世盜名，都司方師尹之狡險，大將劉寶掊克結權倖，皆劾罷之。又奏：「自治之策，治內有三：正心術，寶慈儉，去壅蔽。治外有四：固封守，選將帥，明賞罰，儲財用。」上深嘉歎。

除祕書少監兼恭王府直講。時恭王生子挺，淮白于丞相，曰：「恭王夫人李氏生皇嫡長孫，乞討論典禮。」錢端禮怒其名稱，奏：「淮有年鈞以長之說。」上曰：「是何言也，豈不啓邪心？」出淮知建寧府，改浙西提刑。入見，陳閩中利病甚悉。帝褒嘉之，且令一至東宮，皇太子待以師儒，特施拜禮。尋召，除太常少卿，除中書舍人兼直學士院。龍大淵贈太師，仍畀儀同三司恩數，張說除太尉、在京宮觀，皆封還詔書。除翰林學士、知制誥，訓詞深厚，得王言體。上命擇文學行誼之士，淮薦鄭伯熊、李燾、程叔達，皆擢用。

淳熙二年，除端明殿學士、簽書樞密院事。辛棄疾平茶寇，上功太濫。淮謂：「不核眞僞，何以勸有功。」文州蕃部擾邊，吳挺奏：「庫彥威失利，靖州夷人擾邊。」楊倓奏：「田淇失利。」淮謂：「二將戰歿，若罪之，何以勸來者。」上嘗諭曰：「樞密臨事盡公，人無間言，差除能守法甚善。」薦軍帥吳拱、郭田、張宣。除同知樞密院事、參知政事。

時宰相久虛，淮與李彥穎同行相事。淮謂：「授官當論賢否，不事形迹。誠賢，不敢以鄉里故舊廢之；非才，不敢以己私庇之。」上稱善。擢知院事、樞密使。上言武臣嶽祠之員宜省，淮曰：「有戰功者，壯用其力，老而棄之，可乎？」趙雄言：「北人歸附者，畀以員外置，宜令詣吏部。」上曰：「姑仍舊。」淮曰：「上意卽天意也。」雄又奏言：「宗室嶽祠八百員，宜罷。」淮曰：「堯親睦九族，在平章百姓之先；骨肉之恩疏，可乎？」時辛棄疾平江西寇，王佐平湖南寇，劉焞平廣西寇，淮皆處置得宜，論功惟允。上深嘉之，謂：「陳康伯雖有人望，處事則不及卿。」

八年，拜右丞相兼樞密事。先是，自夏不雨至秋，是日甘雨如注，士大夫相賀，上亦喜命相而雨，乃命口算諸郡絹錢盡蠲一年，爲緡八十餘萬。

趙雄罷相，蜀士之在朝者皆有去意。淮謂：「此唐季黨禍之胎也，豈聖世所宜有。」皆以次進遷，蜀士乃安。樞密都承旨王抃怙寵爲姦，淮極陳其罪，謂：「人主受謗，鮮不由此。」上卽斥之，且曰：「丞相直諒無隱，君臣之間正宜如此。」章穎論事狂直，上將黜之，淮曰：「陛下樂聞直言，士大夫以言相高，此風可賀也。黜之適成其名。」上說，穎復留。

時以荒政爲急，淮言：「李椿〔三〕老成練達，擬除長沙帥，朱熹學行篤實，擬除浙東提舉，以倡郡國。」其後推賞，上曰：「朱熹職事留意。」淮言：「修舉荒政，是行其所學，民被實惠，欲與進職。」上曰：「與升直徽猷閣。」成都闕帥，上加訪問，淮以留正對。上曰：「非閩人乎？」淮曰：「立賢無方，湯之執中也。必曰閩有章子厚、呂惠卿，不有曾公亮、蘇頌、蔡襄乎？必曰江、浙多名臣，不有丁謂、王欽若乎？」上稱善。拜左丞相。

天長水害七十餘家，或謂不必以聞，淮曰：「昔人謂人主不可一日不聞水旱盜賊，記曰：『四方有敗，必先知之。』豈可不以聞？」鎭江饑民彊借菽粟，執政請痛懲之，淮曰：「令甲，饑民罪不至死。」進士八人求以免舉恩爲升等，淮曰：「八人得之，則百人援之。」龔頤以執政之客補官，求詣銓曹，淮以此門不可啓，絕其請。嘗言跅弛之士，緩急能出死力，乃以周極知安豐軍，辛棄疾與祠。

上章力求去，以觀文殿大學士判衢州。淮力辭，改提舉洞霄宮。光宗嗣位，詔詢初政，淮以盡孝進德，奉天敬民，用人立政，罔不在初。母亡，居喪如禮。得疾，忽語家人曰：「易卦六十四，吾年亦然。」淳熙十六年薨。訃聞，上哀悼，輟視朝，贈少師，謚文定。

初，朱熹爲浙東提舉，劾知台州唐仲友。淮素善仲友，不喜熹，乃擢陳賈爲監察御史，俾上疏言：「近日道學假名濟僞之弊，請詔痛革之。」鄭丙爲吏部尙書，相與叶力攻道學，熹由此得祠。其後慶元僞學之禁始於此。

趙雄字溫叔，資州人。爲隆興元年類省試第一。虞允文宣撫四蜀，辟幹辦公事，入相，薦于朝。乾道五年，召見便殿，孝宗大奇之，卽日手詔除正字。

范成大使金，將行，雄當登對，允文招與之語。既進見，雄極論恢復。孝宗大喜曰：「功名與卿共之。」卽除右史，兩月除舍人。金使耶律子敬賀會慶節，雄館伴。子敬披露事情不敢隱，邏者以聞。上夜召雄，雄具以子敬所言對，上喜。金使入辭，故事當用樂，雄奏：「卜郊有日，天子方齋，樂不可用。」上難之，遣中使諭雄，雄奏：「金使必不敢不順，卽有他，臣得引與就館。」上大喜。雄請復置恢復局，日夜講磨，條具合上意，除中書舍人。自選人入館至此，未滿歲也。

時金將起河南之役，議盡以諸陵梓宮歸于我。上命雄出使賀生辰，仍止奉遷陵寢及正受書儀。雄既見金主，爭辨數四。其臣屢喝起，雄辭益力，卒得請乃已，金人謂之「龍門」。嘗上疏論恢復計，大略謂：「莫若由蜀以取陝西，得陝西以臨中原，是秦制六國之勢也。」八年，以母憂去。

淳熙二年，召爲禮部侍郎，除端明殿學士、簽書樞密院事。一日奏事，上曰：「今夏蠶麥甚熟，絲米價平可喜。」雄奏：「孟子論王道始於不饑不寒。」上曰：「近世士大夫好高論，恥言農事，微有西晉風。豈知周禮與易言理財，周公、孔子曷嘗不以理財爲務？且不獨此，士夫諱言恢復，不知其家有田百畝，內五十畝爲人所據，亦投牒理索否？」雄曰：「陛下志在大有爲，敢不布堯言，書之時政記。」十一月，同知樞密院事。五年三月，參知政事。十一月，拜右丞相。每進見，必曰「二帝在沙漠」，未嘗離諸口也。

朱熹累召不出，雄請處以外郡，命知南康軍。熹極論時事，上怒，諭雄令分析。雄奏：「熹狂生，詞窮理短，罪之適成其名。若天涵地育，置而不問可也。」會周必大亦力言之，乃止。紹興帥張津獻羡餘四十萬緡，雄乞降旨下紹興，以其錢爲民代輸和買身丁折帛錢之半，使取諸民者，民復得之，足以見聖主之德。

自雄獨相，蜀人在朝者僅十數。及眷衰，有言其私里黨者，上疑之。已而陳峴爲四川制置，王渥爲茶馬，命從中出。雄求去，詔勉留，曰：「丞相任事不避怨，選才無鄉舊。」蓋有所激也。祖宗時蜀人未嘗除蜀帥，雄請外，除觀文殿大學士、四川制置使。王藺爲御史，以故事不可，上疏論之。雄乞免，改知瀘南安撫使。上思雄不忘，改知江陵府。江陵無險可恃，雄請城江陵，城成，民不告擾。

張栻再被召，論恢復固當，第其計非是，卽奏疏。孝宗大喜，翌日以疏宣示，且手詔云：「恢復當如栻所陳方是。」卽除侍講，云：「且得直宿時與卿論事。」虞允文與雄之徒不樂，遂沮抑之。廣西橫山買馬，諸蠻感悅，爭以善馬至。上知栻治行，甚嚮栻，衆皆忌嫉。洎栻復出荆南，雄事事沮之。時司天奏相星在楚地，上曰：「張栻當之。」人愈忌之。

光宗將受禪，召雄，雄上萬言書，陳脩身齊家以正朝廷之道，言甚剴切。詔授寧武軍節度使、開府儀同三司，進衞國公，改帥湖北。疾甚，改判資州，又除潼川府，改隆興府。紹熙四年薨，年六十五，贈少師。嘉定二年，謚文定。

權邦彥字朝美，河間人。登崇寧四年太學上舍第，調滄州〔三〕教授，入爲太學博士，改宣教郎，除國子司業。宣和二年，使遼。明年，抗表請帝臨雍。爲學官積十餘年，改都官郎中、直秘閣、知易州，移相州，復召爲都官郎中。與王黼議不合，鐫職，知冀州。金人再入，高宗開大元帥府，起兩河兵衞汴京，邦彥提所部兵二千五百人，與宗澤自澶淵趨韋城，據刀馬河，諸道兵莫有進者。會敵兵大至，移屯南華。二帝北遷，邦彥與澤五表勸進。

建炎元年五月，召還，命知荆南府，改東平府。時東州半已入金，至是圍益急，邦彥誓以死守，居數月城破，猶力戰不已。民義而從之，突圍以出，遂奔行在。有司議失守罪，將重坐之，帝以其父母妻子皆沒於敵，總貶二秩。俄除寶文閣直學士兼知江州、本路制置使。既抵鎭，三年冬，聞父死，乃解官。

四年，起復，知建康府，辭，不許。劇盜張琪殘徽州，邦彥遣裨將平之。改江、淮等路制置發運使，以治辦稱。言者論：「三年天下之通喪，後世有從權奪服者，所以徇國家之急。比年如權邦彥、姜仲謙，至幕職亦起復，幾習宣、政之風，望革其弊，以明人倫、厚風俗。」詔邦彥任軍賦，宜如舊，餘悉罷之。

紹興元年，召爲兵部尙書兼侍讀。二年，除端明殿學士、簽書樞密院事。初，邦彥獻十議以圖中興，大略謂：「宜以天下爲度，進圖洪業，恢復土宇，勿苟安於東南。駕御諸將，當威之以法，而限之以爵。命讀講之臣，取累朝訓典及三代、漢、唐中興故事，日陳于前，以裨聖學。又監觀傷善妨賢之讒，偷安苟容之佞，市恩立威之姦，懷諼罔上之欺，聽其言，察其事，則忠邪判。愛民先愛其力，寬民先節其用。朘己奉以佐國，當自執政始。分閫而屬大事，類非偏裨之所能爲，必得賢臣大將然後可。制置一官可省，宜令沿江州縣各備境內，總以漕帥，上自荆、鄂、江、池，下至采石、京口，委任得人，乃防秋上策。宗室中豈無傑然有人望，可以濟艱難、贊密勿、留宿衞者，願求其人置諸左右。人事盡則天悔禍，不可獨歸之數。」

呂頤浩素善邦彥，薦用之。給事中程瑀劾邦彥五罪，三疏不報。邦彥在樞密，又言：「宜乘機者三，譬奕之爭先，安可隨應隨解，不制人而制於人哉？」尋兼權參知政事。帝嘗對輔臣言湖南事，頤浩言：「李綱縱暴，恐治潭無善狀。」帝曰：「綱在宣和間論水災，以得時望。」邦彥曰：「綱元無章疏，第略虛名耳。」蓋助頤浩以排綱也。三年，卒。

邦彥與政幾一年，碌碌無所建明，充位而已。無子，以姪嗣衍爲後。有遺藁十卷，號瀛海殘編，藏於家。

程松字冬老，池州青陽人。登進士第，調湖州長興尉。章森、吳曦使北，松爲傔從。慶元中，韓侂胄用事，曦爲殿帥。時松知錢塘縣，諂事曦以結侂胄。侂胄以小故出愛姬，松聞，以百千市之，至則盛供帳，舍諸中堂，夫婦奉之謹。居無何，侂胄意解，復召姬，姬具言松謹待之意，侂胄大喜，除松幹辦行在諸軍審計司、守太府寺丞。未閱旬，遷監察御史，擢右正言、諫議大夫。

呂祖泰上書，乞誅侂胄、蘇師旦，松與陳讜〔四〕劾祖泰當誅，祖泰坐真決，流嶺南。松滿歲未遷，意殊怏怏，乃獻一妾于侂胄，曰「松壽」。侂胄訝其名，問之，答曰：「欲使疵賤姓名常蒙記憶爾。」除同知樞密院事，自宰邑至執政財四年。

開禧元年，以資政殿大學士知成都府、四川制置使。侂胄決議開邊，期以二年四月分道進兵，命松爲宣撫使，興元都統制吳曦副之，尋加曦爲陝西招撫使，許便宜從事。松將東軍三萬駐興元，曦將西軍六萬駐河池。松至益昌，欲以執政禮責曦庭參，曦聞之，及境而返。松用東西軍一千八百人自衞，曦多抽摘以去，松殊不悟。曦遣其客納款于金，獻關外四州地，求爲蜀王。有告曦叛者，松哂其狂。及金人取成州，守將棄關遁，吳曦焚河池還興州。松以書從曦求援兵，曦答以「鳳州非用騎之地，漢中平衍，可騎以驅馳，當發三千騎往。」蓋紿之也。

未幾，金人封曦爲蜀王。曦遣松書諷使去，松不知所爲。興元帥劉甲、茶馬范仲任見松，謀起兵誅曦，松恐事泄取禍，卽揖二人起去。會報金人且至，百姓奔走相蹂躪，一城如沸。松亟望米倉山遁去，由閬州順流至重慶，以書抵曦，丐贐禮買舟，稱曦爲蜀王。曦遣使以匣封致餽，松望見大恐，疑其劍也，亟逃奔。使者追及，松不得已啓視之，則金寶也。松乃兼程出峽，西向掩淚曰：「吾今獲保頭顱矣。」曦誅，詔落職，降三官，筠州居住，再降順昌軍節度副使，澧州安置。又責果州團練副使、賓州安置。死賓州。

陳謙字益之，温州永嘉人。乾道八年進士，授福州戶曹、主管刑工部架閣文字，遷國子錄、敕令所删修官、樞密院編修官。陳中興五事，至李綱議建鎭事，上曰：「綱何足道。」謙曰：「陛下用大臣，審出綱上，宜如聖訓。今顧出綱下遠甚，奈何？」上蹙然，遂極論踰數刻。

孝宗內禪，通判江州，知常州，提舉湖北常平。平辰州峒徭，加直煥章閣，除戶部郎中，總領湖、廣財賦。謙乃丞相趙汝愚客，會黨論起坐斥。後數年，起爲提點成都府路刑獄，移京西運判，復直煥章閣。

韓侂胄謀擾金人，令獻馬者補官，七州民相扇爲盜。謙移書侂胄曰：「今若倚羣盜行剽掠之策，豈得以敗亡爲戲乎？」既而屢論襄帥皇甫斌、李奕罪，且求罷。上諭旨薛叔似協和之。遷司農少卿、湖廣總領，除宣撫司參謀官。

金兵深入，陷應城，焚漢川，漢陽空城走，武昌震懼。謙以寶謨閣待制副宣撫，即日置司北岸，命土豪趙觀覆之中流，士馬溺死甚衆，餘兵皆返走。未幾，奪職，罷。後復知江州。侂胄死，和議已決，謙復罷，奉祠。卒，年七十三。

謙有雋聲，早爲善類所予。晚坐僞禁中廢，首稱侂胄爲「我王」，士論繇是薄之。

張巖字肖翁，大梁人，徙家揚州，紹興末渡江，居湖州。爲人機警，柔回善諧。登乾道五年進士第，歷官爲監察御史，與張釜、陳自強、劉三傑、程松等阿附時相韓侂胄，誣逐當時賢者，嚴道學之禁。

進殿中侍御史，累遷給事中，除參知政事。以言者罷爲資政殿學士、知平江府，旋升大學士、知揚州。時邊釁方開，詔巖與程松分帥兩淮，已而召還，爲參知政事兼同知國用事。開禧二年，遷知樞密院事。明年，除督視江、淮軍馬。

時方信孺使金議和，値吳曦以蜀叛，議未決，曦伏誅。金人尋前議，信孺再行。侂胄趣巖遣畢再遇、田琳合兵剿敵，且募生擒僞帥。未幾，川、陝戰屢衄，大散關陷，敵情復變。巖開督府九閱月，費耗縣官錢三百七十餘萬緡，見和議反復，乃言不知兵，固求去。

侂胄誅，御史章燮論巖與蘇師旦朋姦誤國，奪兩官。寧宗謂兵釁方開，巖嘗言其不可，許自便，復元官，奉祠。以銀青光祿大夫致仕，薨，贈特進。

論曰：史浩宅心平恕，而不能相其君恢復之謀。王淮爲僞學之禁，毒痡善類。趙雄與虞允文協謀用兵，而舊史謂二人沮抑張栻，何哉？邦彦守城力戰，惜乎助呂頤浩攻李綱，君子少之。程松、陳謙、張巖誣諛之徒，何足算哉！

校勘記

〔一〕死國可平　「死」字原脫，據樓鑰攻媿集卷九三史浩神道碑、史記卷四八陳涉世家改。

〔二〕李椿　原作「李椿年」，「年」字衍，據攻媿集卷八七王淮行狀、本書卷三八九李椿傳刪。

〔三〕滄州　楊萬里誠齋集卷一二四權邦彦墓誌銘、李幼武四朝名臣言行錄別錄下卷一權邦彦條都作「青州」。

〔四〕陳讜　原作「陳黨」，據本書卷四五五呂祖泰傳、慶元黨禁改。